紙上吉金

鐘鼎彝器善本
過眼録·下（酒器 水器）

仲威／编著

文物出版社

鐘鼎彝器善本過眼録 (凡例)

· 本書收録鐘鼎彝器拓本，均爲近十年間在上海圖書館碑帖整理工作中的最新發現。

· 將鐘鼎彝器分爲樂器、食器、酒器、水器四大類，樂器細分爲鐘、鎛、句鑃；食器細分爲鼎、鬲、甗、簋、簠、豆；酒器細分爲爵、角、觚、觶、尊、壺、卣、罍；水器細分爲盤、盉、匜。各器的編排次序以銘文字數多寡爲準。

· 文字部分，先著録器物形制、器物流傳和器物銘文，再著録拓本鑒藏、拓本題跋、拓本尺寸和館藏號等。爲便於識讀，凡遇題跋文字中異體字，均以正字釋録。

· 圖片部分，既有拓本全圖，又有局部。凡涉及版本鑒定者，還適當插入考據對照圖。凡有器形實物照片者，一并收録以供參考。

· 本書以吳鎮烽《商周青銅器銘文暨圖像集成》爲重要參考工具，有關器物時代與形制、流傳和收藏、銘文和釋讀皆以此書爲準。爲便於讀者查檢，每件器物還附録了此書的編序號。

· 各種器物合拓一紙者，列入"鐘鼎彝器集拓"類。

· 書後附帶《鐘鼎彝器善本題跋者人名索引》。

目
録

酒器

爵

角

觚

水器

盤

盉

匜

鐘鼎彝器集拓

紙上吉金

鍾鼎彝器善本過眼録

酒器

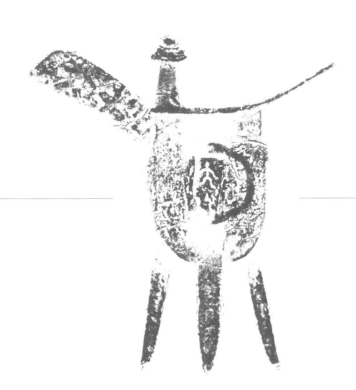

爵

立戈爵

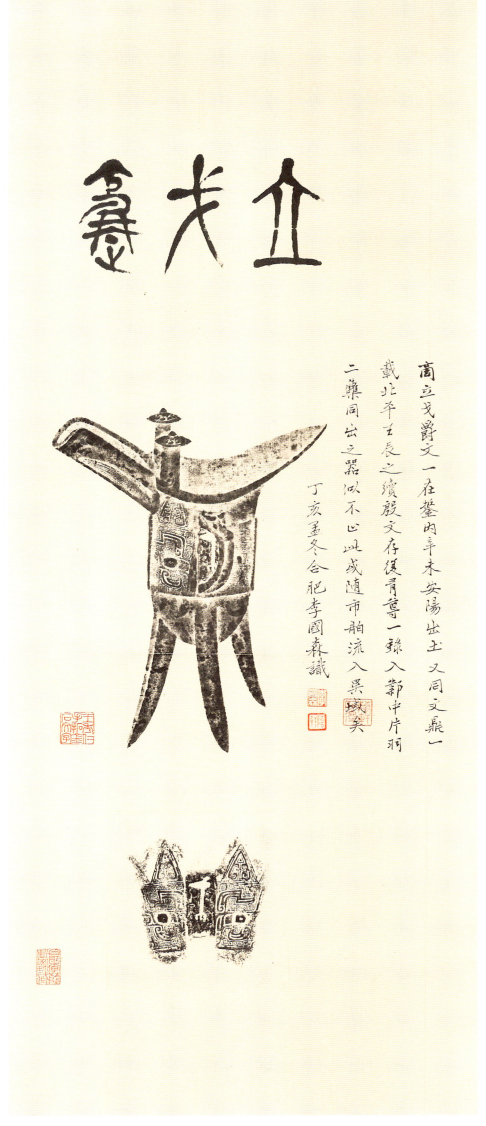

商代晚期器。口沿上有一對菌狀柱，直腹卵形底，三棱錐足，獸首扁環鋬，鋬內鑄有一象形"戈"字，腹部飾有獸面紋並以雲雷紋襯底。民國辛未（1931）河南安陽出土，後歸李國森收藏，現藏上海博物館。

鋬內鑄銘文"戈"字。《商周青銅器銘文暨圖像集成》未著錄。

李國森藏本

此爲李國森藏本，王秀仁手拓，鈐有"蔭軒所得""蔭軒""李國森""合肥李蔭軒家珍藏""王秀仁手拓金石文字"印章。

民國三十六年（1947）李國森題跋：

> 商立戈爵，文一在鋬內，辛未（1931）安陽出土，又同文鼎一，載北平王辰之《續殷文存》，復有尊一錄入《鄴中片羽二集》，同出之器，似不止此，或隨市舶流入異域矣。丁亥（1947）孟冬合肥李國森識。

與Z2118《鄉宁爵》（李國森藏本）同屬一套。

李國森（1911—1972），字蔭軒，號選青。安徽合肥人。李鴻章侄孫，即李鴻章五弟李鳳章的孫子。古籍、彝器、錢幣、璽印收藏頗豐，身後藏品多捐贈給上海博物館。

卷軸裝　畫芯縱64、橫32.5釐米　館藏號：Z1490

鄉寧爵

商周晚期器，長流較淺，尾近口部較寬，口沿上有一對菌狀柱，直腹卵形底，三棱錐足，獸首扁環鋬，流尾下及頸部飾有蕉葉紋，腹部飾有獸面紋並以雲雷紋襯底。通高 17 釐米，流至尾長 14.7 釐米。民國庚午辛未間（1930—1931）河南安陽出土，後歸李國森收藏，現藏上海博物館。

鋬內鑄銘文"鄉寧"2 字。

見載於《商周青銅器銘文暨圖像集成》第 15 冊，編號：07416。

李國森藏本

此爲李國森藏本，王秀仁手拓。

民國三十六年（1947）李國森題跋：

　　鄉寧爵文二，鋬內兩子奉尊下橫形，鋬上獸首後有陽識"工"文一，或商代之"饗皿"二字，器小而精，庚午辛未（1930—1931）間安陽出土同文鼎二，方一，圓一，方殷一，觚二，均載《鄴中片羽》初、三兩集，《善齋吉金録》又載壺一，諸器恐皆流入異域。又，美洲芝加哥博物院亦藏有同文器蓋四足方斚一，竝同地所出，不知尚有其他器否？如許鴻寶，國人不知保愛，任其流落，據余所知現存國中只此一爵耳。

　　丁亥（1947）孟冬，合肥李國森識於選青草堂。

亞羅爵文二扳內兩子奉尊下橫形扳上獸脊後骨陽識亞文一或商代之饗

皿二字器小而精康午辛末閒安陽出土同文鼎二方一圓一彀一瓿二均

戴郼中片羽初三兩隸蕭叁吉金錄又戴壺一諸器恐皆流入異域又美洲芝

加哥博物院公藏骨同文器蓋四足方鼎一亦同地所出不知尚骨其他器否

如許鴻寶國人不知保愛任其流落懐余所知現存國中只此一爵耳

丁亥孟冬合肥李國森識於選青州堂

卷軸裝　畫芯縱64、橫32.5釐米　館藏號：Z2118

天父乙爵

商代晚期器，流槽上翹，口沿上有一對菌狀柱，尾較長，腹壁垂直卵形底，內側有獸首鋬，三棱錐足外撇。舊爲方維祺（蓮卿）藏器，現藏上海博物館。

鋬內鑄銘文"天父乙" 3 字。

見載於《商周青銅器銘文暨圖像集成》第 15 冊，編號：07747。

張廷濟跋本

此本方維祺（蓮卿）藏全形拓本，鈐有"蓮卿珍藏"印章，另有道光十七年（1837）張廷濟題記。

張廷濟題端：

商子父乙爵。蓮卿大兄屬，張廷濟。

張廷濟題跋：

右爵一，文曰"子父乙"在鋬內，字畫精深，色質醇古，商器中之最精者。

蓮卿世講博雅多識，既藏有周水字鐘三家彝，又於吳門得此，物聚所好，豈不信然。

道光十七年（1837）丁酉九月九日，叔未張廷濟，時年七十。

張廷濟 (1768—1848) 一字説舟，又字作田，號叔未、眉壽老人。浙江嘉興人。嘉慶三年（1798）鄉試第一名（解元）。家藏鼎彝、碑拓及書畫甚多，築"清儀閣"藏之。工詩詞，精金石考據學，尤擅文物鑒賞。著有《清儀閣雜詠》《清儀閣金石題識》《清儀閣印存》《清儀閣集古款識》《清儀閣題跋》《清儀閣日記》《清儀閣詩稿》《清儀閣雜稿》《清儀閣所藏古器物文》《眉壽堂集》《桂馨堂集》《眉壽翁跋語》《順安詩草》等。

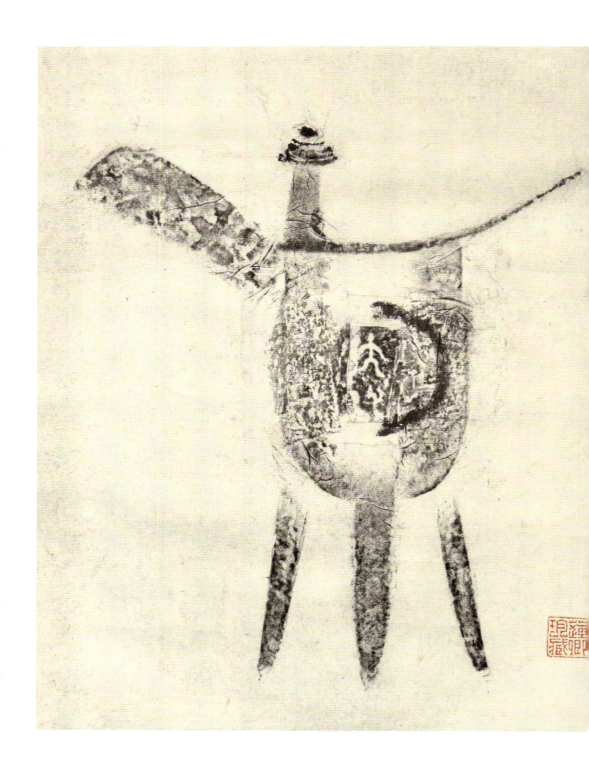

右爵一支曰子父乙在鋬內字畫精深色質
醇古商器中之最精者
蓮鄉世講博雅多識既藏有周水字鐘三家彞
又於吳門得此物聚兩好豈不信然
道光十七年丁酉九月九日
梓未張廷濟 時年七十

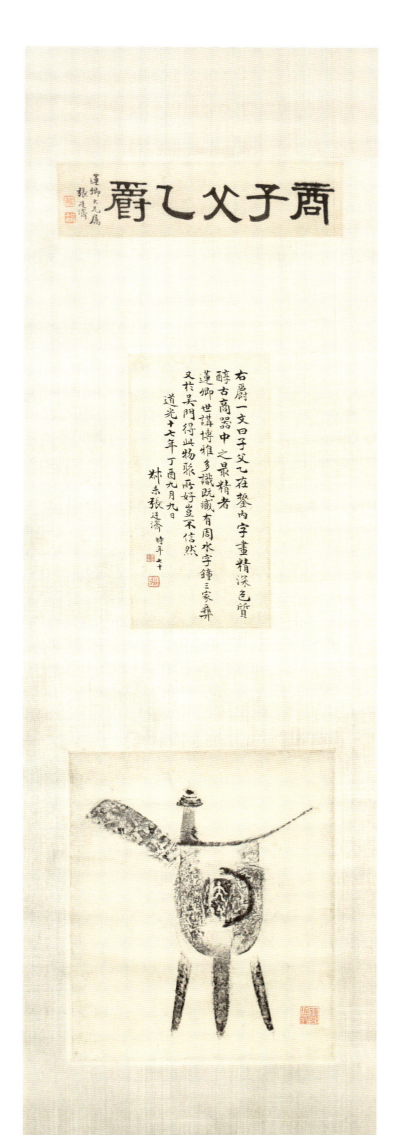

卷軸裝　全形拓片縱 24、橫 19.5 釐米　館藏號：Z2256

者飼爵

商代晚期器，又名"亞醜爵"或"諸姒與太子爵"。口部有長流槽，尾部上翹，流折處有一對束傘形方柱，方體平底，下有四條刀形足外撇，流下和尾下均有扉棱，腹部和足部飾有下卷角獸面紋，流部飾有龍紋，均以雲雷紋襯底。張廷濟、張慶榮（張廷濟之子）遞藏，後歸美國底特律某私人收藏。

尾內鑄銘文 9 字，其文曰：

亞醜，諸姒與太子尊彝。

見載於《商周青銅器銘文暨圖像集成》第 17 冊，編號：08568。

者飼爵

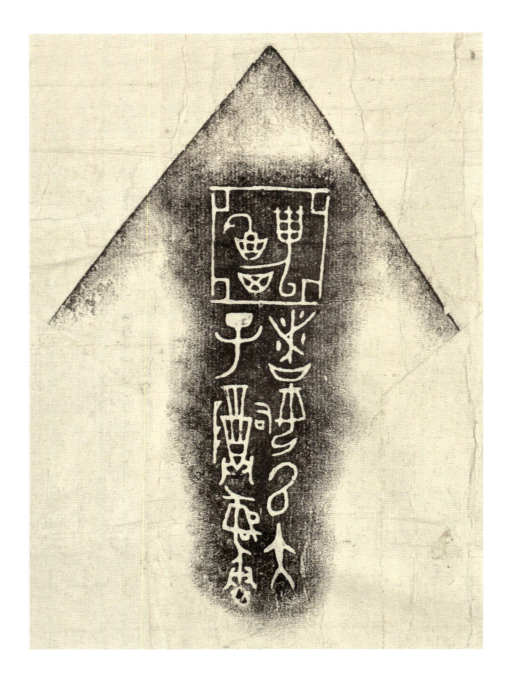

秦文錦藏本

此爲張慶榮（稚春）、王祖錫（惕安）、秦文錦（絅孫）遞藏本，有民國五年（1916）趙時棡題記，鈐有"張慶榮稚春""惕安欣賞""叔孺借看"印章。

趙時棡題端：

者女方爵。絅孫道兄出清儀閣原拓屬題，丙辰（1916）新正，趙時棡署。

與 Z2383《天黽鼎》同屬一套。

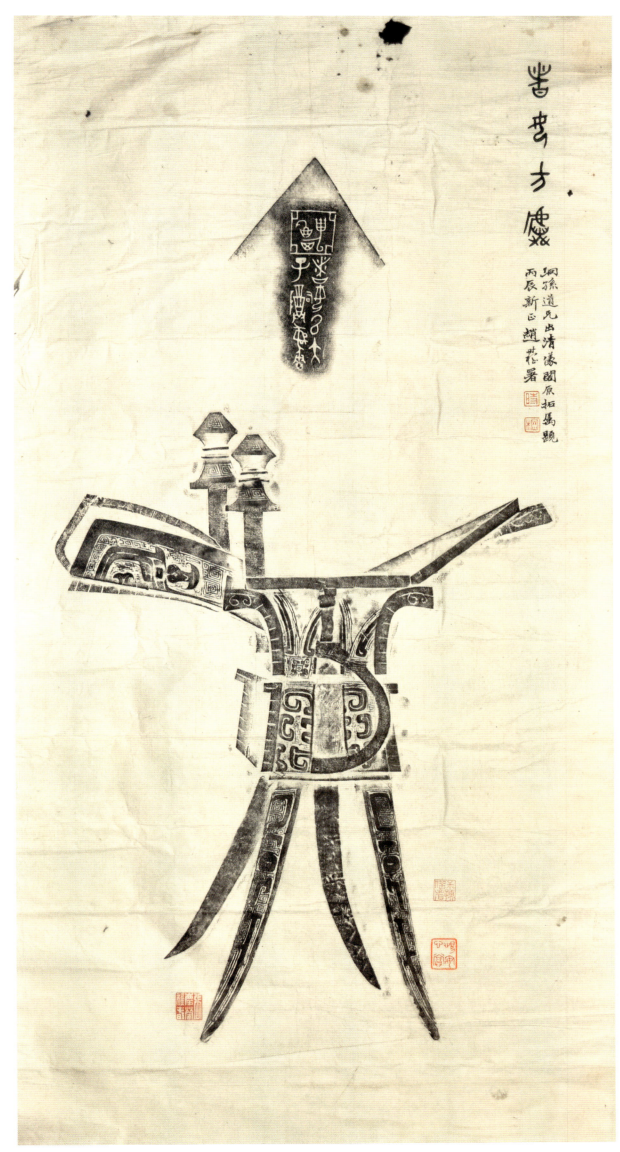

卷軸裝　畫芯縱 68、橫 33 釐米　館藏號：Z2382

此爲孫鼎（師匡）藏本，民國三十三年（1944）孫鼎請王秀仁合拓三爵，自右而左分別爲：

（1）菓大爵

西周早期器，孫鼎舊藏，現藏北京故宫博物院。

尾内鑄銘文 8 字，其文曰：

　　菓大作父辛寶尊彝。

見載於《商周青銅器銘文暨圖像集成》第 17 册，編號：08565。僅見銘文拓片，未見全形拓或實物照片。

（2）聞爵

西周早期器，陳介祺舊藏，後經童大年、孫鼎遞藏，現藏北京故宫博物院。

内壁鑄銘文 5 字，其文曰：

　　聞作寶尊彝。

見載於《商周青銅器銘文暨圖像集成》第 17 册，編號：08478。僅見銘文拓片，未見全形拓或實物照片。

（3）耴父丙爵

西周早期器，童大年舊藏，上海博物館藏。

鋬内鑄銘文三字"耴父丙"，柱上"聞"兩字。

見載於《商周青銅器銘文暨圖像集成》第 16 册，編號：07791。僅見鋬内銘文三字拓片，未見全形拓或實物照片。

童大年跋本

民國三十三年（1944）童大年題跋：

　　去年仲夏，予得聞爵于金古齋金從仁處，吳清卿《憨齋集古録》載：首一字從"虎"，從"耳"，許書所無，作器者之名也，此爵字在腹，係陳簠齋晚年所得器，吳子苾《攟古録》亦收入，師匡先生極愛之，即歸梁鼎山房。越一載，君又於金估之從弟處得菓大爵，文在右柱側腹内，與麒爵在口下腹内者，方位微有不同，見羅叔言《三代吉金文存》《貞松堂集古遺文》首一字亦不識。今歲三月，予復于通古齋屠瑞祥處得耴父丙爵，文在鋬内右柱有"聞"二字，《集古》《攟古》二録俱載，潘伯寅藏聿貝父辛爵，鋬内"父辛"二字，柱上"聞"二字，"聿"字、"父"字皆反文，與此正同，蓋潘爵爲父廟之第八器，此爲父廟之第三器，殆即一人所作，"父丙"二字正文，"聿"亦反文，"聞"《説文》乖也，從二臣相違，《廣韻》《集韻》音懍，人名，周穆王臣伯，聞通作囧，抑爲匜象形字，亦作器者之名歟？師匡先生倩山陰王秀仁合拓之，屬識顛末即希鑒正，甲申秋七月，童大年年七十二書於緑雲盦。

童大年（1874—1955），原名暠，字醒盦，又字心安、心龕，號性涵、松君五子、金鼇十二峰松下第五童子。上海崇明人。西泠印社元老，精研六書，尤善篆隸。有《依古廬篆痕》《童子雕瑑》等傳世。

三爵

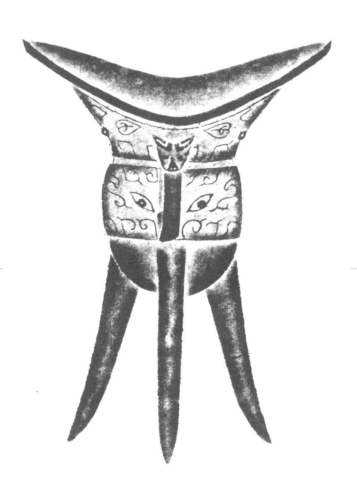

冀祖己角

商代晚期器，兩翼上翹，卵圓形腹，内側有一獸首鋬，三棱錐足，腹飾獸面紋。曹秋舫懷米山房舊藏，後歸顧子嘉、張熙。

鋬内鑄銘文 3 字，其文曰："冀祖己"。

見載於《商周青銅器銘文暨圖像集成》第 17 册，編號 08734。

張熙藏本

此爲張熙藏本，存有吴昌碩、褚德彝、張熙題記。
褚德彝外簽：

商且己角拓本，安心室藏器，庚申十月松窗題。

民國九年（1920）吴昌碩題記：

商祖己角。《禮‧禮器》"尊者舉觶，卑者舉角"，注三升曰觶，四升曰角，則器形雖同而容量略有等差。"冀"析木形，孫爲祖作，則稱"祖己"以云者，爲宗廟祭器之次第。蓋見商人尚質之義，製作精湛，明目炯炯若電，時露獸威，可寶也。

吴昌碩年七十七，時在庚申六月。

民國十一年（1922）褚德彝題跋：

是角文在鋬内，曰"祖己冀子孫"，宋人薛尚功謂商代尚質，皆以天干命名，如尚書武丁太甲之類，然考古彝器文中祖父之名皆用天干數字，而子孫造器者之名反奇古不可盡識，無是理也。近人吴恒軒中丞謂彝器文中之祖甲父乙是指宗廟之次第而言，祖己者指六廟之器也，然亦於古無徵。《禮》"内事用剛日"，注：内事，指賓客祭祀，言天干謂之剛日，古祭日必卜，卜得吉日即以日干係于祖父之下，他器有僅言日庚日乙者，更明顯可證。查客先生得此器曾以見示，色如琅玕古翠可揃，愛玩不能釋手，因題數語于拓本之上，以志墨緣。

壬戌二月，褚德彝記。

民國十一年（1922）張熙題跋：

此祖己角爲吴縣曹氏懷米山房舊藏，同治時爲吾里顧子嘉先生壽藏所得，宣統三年歸余齋，商器中至精品也，而蒼翠欲滴，尤爲世所僅見，歐陽文忠曰"足吾所好玩而老焉"，

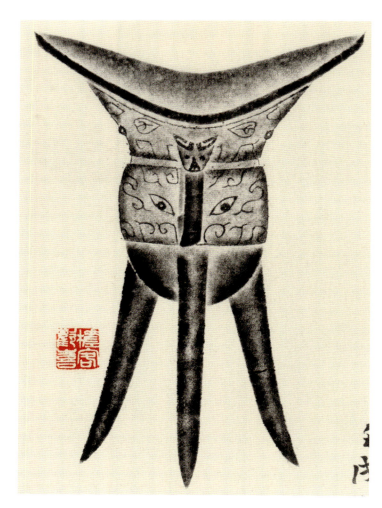

余於斯器果如所言，則亦云幸矣。
　　壬戌二月十七日，病退記此，
槎客張熙。
　　張熙 (1875—1922)。又名張增熙，字弁群，號查客、槎客，浙江南潯人。爲富紳"南潯四象"之一張頌賢之孫，張寶善之長子，張靜江之長兄。在上海、紐約、巴黎和倫敦等地開辦通運公司，發展對外貿易，張增熙任總經理。酷愛好金石書畫碑帖，富收藏，精鑒別。

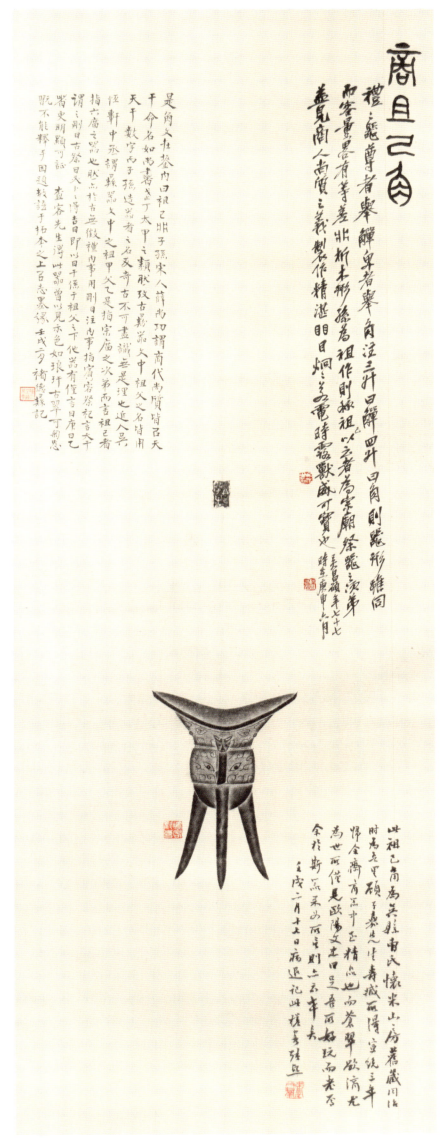

卷軸裝　畫芯縱136、橫47釐米　館藏號：Z1548

亞弭父丁角

商代晚期或西周早期器，兩翼上翹，口弧曲，卵圓腹凸底，一側有獸首扁環鋬，三條三棱錐足，蓋作圓雕鳳鳥形。

鋬內鑄銘文 4 字，其文曰：

亞弭父丁

《商周青銅器銘文暨圖像集成》未見收錄。

王國維跋本

此爲徐乃昌藏本，係王國維鐘鼎彝器題跋四條屛之一。

民國十一年（1922）王國維題跋：

此角蓋作獸形，其獸有鼻，甚長，蓋象也。古酒器多作鳥獸形，如觥作兕形，尊作犧象形，卣作饕餮形，皆是。涇陽端氏有飛燕角，作燕張翅之狀，阮文達公所藏子燮兕觥，其器今在濰縣陳氏，不可得見。然文達謂其物如爵而高大，又謂其制無雙柱，無流，同於角，有三足，同於爵，故以《毛傳》釋角爵之兕觥當之，不知兕觥即估人所謂虎頭匜，阮氏之器則宋以後所謂角也。阮氏角蓋作犧形，此角蓋作象形，蓋古酒器多狀犧象，不獨尊制然矣。壬戌（1922）歲不盡四日，海寧王國維。

審諦拓本，蓋上獸首之突出者，不類鼻形，疑即牛角之一，拓本無全拓兩角之理，則此亦犧首角，與阮氏所謂兕觥正同，此器不知藏誰氏。

隨庵先生能就原器審諦，辨其爲犧爲象著之此跋之後，則於考古學上不爲無補也。次日國維又書。

此即端氏所藏飛燕角也，曩在丹徒劉氏抱殘守闕齋見之，其蓋作燕，張兩翅，形甚似，器則前底後昂，驟觀之，乃不覺有軒輊之狀。古人制作之工，乃至於此，前題此拓，乃誤以燕首之飾爲象牙，爲牛角，視之不明，是爲不恕，惶愧惶愧。癸亥（1923）仲春八日，國維又記。

與象支卣、剌鼎、魚父卣同爲一套四條屛。

此角蓋作獸形其獸首甚長蓋象
也古酒器多作馬象形如牰作牛尊
作犧象形百作饕餮形皆是渼陽瑞
氏有飛熊角作燕翅之狀沅文達
公所藏子愛兒視其器今在鄞縣陳
氏不可得見矣文達謂其物如爵而
高大又謂其制無雙柱無派同於角
有三足同代爵故以毛傳釋甫爵之
況醜富之不知兒之諸卿佔人所謂角
疑即牛角之一拓本無全拓兩角之理則
此尊攤首角與沅氏所謂兒融合同此器
頸匜沅氏之器則宗以後而謂角也
古酒器多狀攤形此角蓋作象形蓋
玉戊藏不盡四日海角王國維
蓋諸拓本蓋上獸首之突出者不類角形
隨厓先生能就厓蓋斷辭其為橫
為象著之此欲之後則竹考古學上
不為無補也次日國維又書
此即端氏所藏飛熊蓋角也蓋在辛亥劉氏抱
殘守缺齋見之其器張兩起前甚似
器則前說波卒雖顯之乃不費有斜難之狀
之後角為象守萬牛角視之不明走為不類獸
牠~癸亥仲春八日國維又記

卷軸裝　畫芯縱 92、橫 33 釐米　館藏號：Z1068-1071

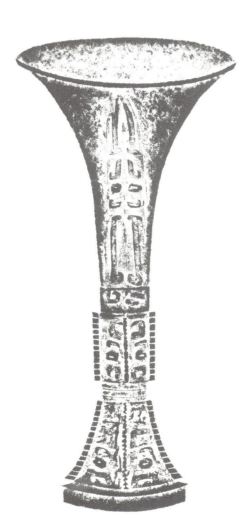

觚

史觚

　　商代晚期器。喇叭口，長頸，直腹，圈足沿下折，腹部與圈足各有四道扉棱，飾有獸面紋。河南洛陽出土，李國森舊藏，現歸瑞典斯德哥爾摩遠東古物博物館（韋森氏藏品）。

　　圈足內鑄銘文一"史"字。

　　見載於《商周青銅器銘文暨圖像集成》第 17 冊，編號 08863。

史觚

李國森藏本

　　此爲李國森藏本，王秀仁手拓，鈐有"蔭軒所得""合肥李蔭軒家珍藏""王秀仁手拓金石文字""李國森""蔭軒"印章。

　　民國三十六年（1947）李國森題跋：

　　　史觚文一，器出洛陽，甲戌（1934）獲於滬肆，幸未經俗賈潤色洗剔，仍存原製。丁亥（1947）李國森識。

　　依裝裱形式看與 Z1532《冀亞次觚》同屬一套。

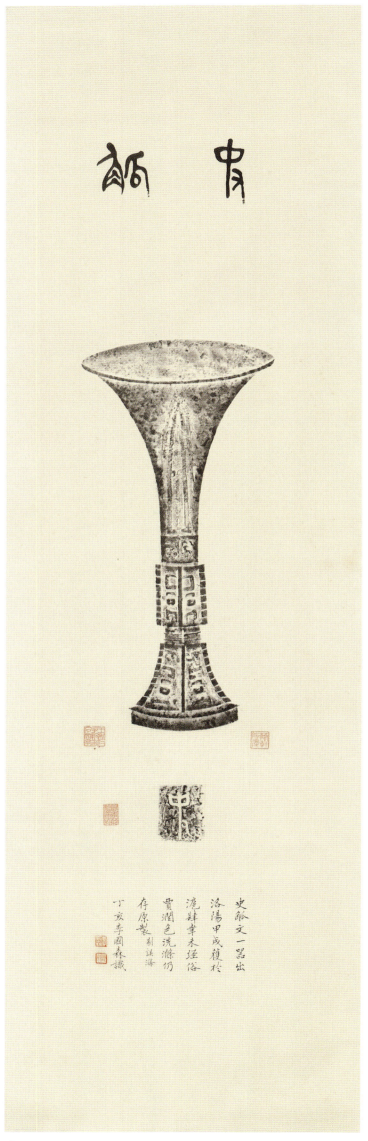

卷軸裝　畫芯縱 101、橫 32 釐米　館藏號：Z1562

子荷戈觚

商代晚期器。喇叭口，長頸，直腹，圈足沿下折，腹部飾有獸面紋。民國二十一年（1932）河南鄭州出土，李國森藏器。

圈足內鑄銘文一"𠂤"字。

《商周青銅器銘文暨圖像集成》未見著錄。

李國森藏本

此爲李國森藏本，王秀仁手拓，鈐有"蔭軒所得""合肥李蔭軒家珍藏""王秀仁手拓金石文字""安吳潘大""庸鐵"印章。

民國三十六年（1947）李國森題跋：

子荷戈觚，商製鑄款在足，文一。壬申（1932）出鄭州，癸酉（1933）浴佛日與立戈爵同獲自順德鄧氏風雨樓。

丁亥（1947）孟冬，合肥李國森識庸鐵書。

按：李國森題跋，多爲安徽涇縣潘庸鐵代筆書寫。

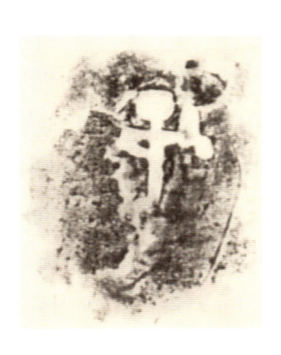

子荷戈觚商製鑄款壬足文一壬申出鄭州癸酉浴佛日尚立戈爵同獲自順德鄧氏風雨廔

丁亥孟冬合肥李國森識庸鐵書

卷軸裝　畫芯縱 64、橫 32.5 釐米　館藏號：Z1561

冀亞次觚

商代晚期器，喇叭口，長頸，圈足有折沿，腹部與圈足有四道扉棱，頸部飾有蕉葉紋，腹部與圈足飾有獸面紋。光緒十年（1884）洛陽故城出土，吳大澂舊藏，後歸李國森，現藏上海博物館。

圈足内飾有銘文 3 字："冀亞次"。

見載於《商周青銅器銘文暨圖像集成》第 18 册，編號 09671。

李國森藏本

此爲李國森藏本，王秀仁手拓，鈐有"蔭軒所得""合肥李蔭軒家珍藏""王秀仁手拓金石文字"印章。

有民國丁亥（1947）李國森題跋：

析子孫亞次觚，商製，鑄款在足。光緒甲申（1884）後出洛陽故城，吳清卿中丞載入《窸齋集古録》，乙亥（1935）北游與《刀形父丁殷》同日獲自尊古齋。丁亥冬，李國森識，庸鐵書。

下鈐"安吳潘大""庸鐵"印章。

箕亞次觚

卷軸裝　畫芯縱101、橫32釐米　館藏號：Z1532

米宮彝瓶

西周早期器，喇叭口，長頸，腹部微鼓，飾有獸面紋。民國二十三年（1934）洛陽出土，李國森舊藏，現藏上海博物館。

圈足鑄銘文5字：𤔲米宮尊彝（陽文），然所見拓片皆"米宮彝"3字，現據李國森題跋更正爲5字，參見本書似向卣之李氏題記。

見載於《商周青銅器銘文暨圖像集成》第18冊，編號：09711。僅見銘文拓片，無全形拓片或實物照片，著録爲銘文"米宮彝"三字。

李國森藏本

此爲李國森藏本，王秀仁手拓，鈐有"蔭軒所得""合肥李蔭軒家珍藏""李國森""蔭軒""王秀仁手拓金石文字"印章。

民國三十六年（1947）李國森題跋：

米宮瓶，"米"上奪"𤔲"字，"彝"上奪"尊"字，銘文不全，與卣尊盉等器甲戌（1934）同出洛陽。

丁亥冬，李國森識。

米宮尊

米宮舩米上尊罍字彝上
尊尊字銘文不全丙卣尊
盉等器甲戌同出洛陽
丁亥冬李國森識

禾戊祖戊觚

商代晚期器。喇叭口，长颈鼓腹，高圈足沿下折，腹部与圈足各有四道扉棱，颈上飾有蕉葉紋，圈足飾有夔紋和獸面紋。劉喜海、陳介祺、奚旭、劉體智遞藏。

圈足內鑄銘文 4 字，其文曰：

禾戊祖戊。

見載於《商周青銅器銘文暨圖像集成》第 18 冊，編號：09726。銘文拓片不完整，釋爲"木戊祖戊"，未見全形拓本，僅見勾綫圖描。

奚旭藏本

此拓爲劉喜海舊藏，後歸奚旭文彝軒。鈐有"燕庭收藏鐘鼎文字""奚氏吉金""奚旭長生安樂"印章。

褚德彝外簽：

禾斧祖戊觚，文彝軒藏，松窗題。

奚旭（1880—1919），又名奚光旭，字萼銘、鄂銘，號鄂廬、埜鶴，齋名萼廬、文彝軒、小冬花庵、寶鼎精舍等。江蘇江陰人。清末民國初上海顏料鉅賈，收藏家。

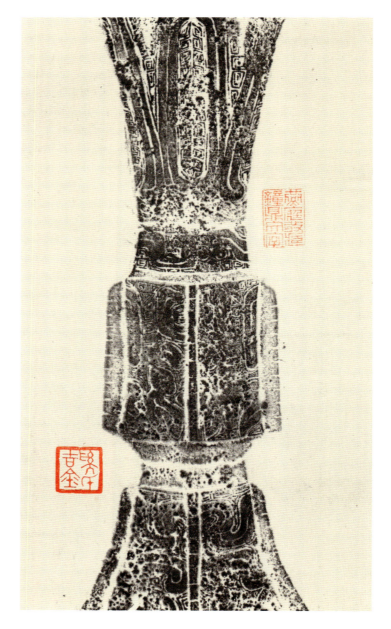

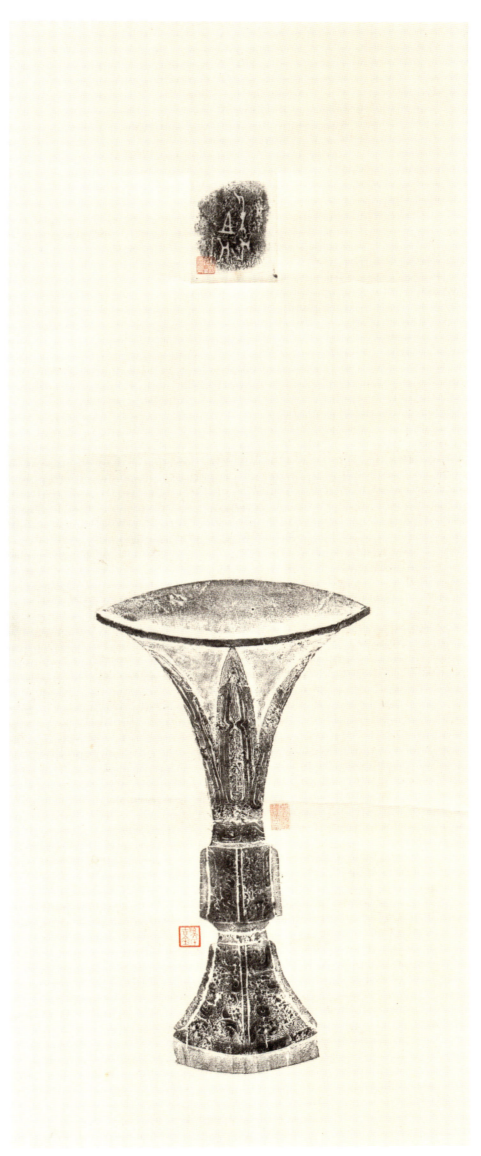

卷軸裝　畫芯縱 76、橫 29 釐米　館藏號：Z1605

觶

子癸觶

商代晚期器，侈口長頸，鼓腹圓底，高圈足，蓋面隆起，上有菌狀鈕。蓋飾有鳥紋，頸部飾有三角紋和鳥紋，腹部飾有大鳥紋，圈足飾夔紋。劉體智舊藏，現藏 Vander Mandele.

器與蓋同銘，各三字，其文曰：

子癸蠺。

見載於《商周青銅器銘文暨圖像集成》第 19 冊，編號：10382。

褚德彝跋本

此爲褚德彝跋本，鈐有"恒齋所藏""鍾山逋客"印章。

卷軸頂部有民國十四年（1925）褚德彝題跋：

此器乃卣也，《爾雅》卣中尊也，尊小而有蓋者，即謂之卣，大卣則用提梁耳。銘三字，器蓋文同。商代尚質，人名見於《尚書》《史記》者多用天干，即見於彝器者，祖父下皆以天干爲名。宋人謂是廟主之次第，或謂祭日之次第，然解祖父則可通。此器子癸，廟主、祭日二説皆不適用，余謂正以天干代一至十之數耳。"蠺"字未見他器，"古"象蟲形，或謂即古"蠶"字，故《書》伏羲氏化蠶爲絲，黄帝元妃西陵氏始養蠶，《夏小正》妾婦始蠶，《殷墟書契前編》卜蠺吉與此正同，葉釋爲蠶，可以爲證，著一"蠶"字乃后妃親蠶時祭廟之器也。乙丑（1925）四月褚德彝記。

此器乃卣也尔疋卣中尊也尊小而有蓋者即謂之卣大卣則用提梁耳銘三字器蓋文同商代尚質人名見作尊彝文祝者多用天干即見祁彝諸者祖父□皆以天干為名宋人認是廟主之次第或認即彝同之次彝肤解祖父列可通此器子癸廟主彝日二說皆不適用余謂正以天干代之玉五十三敦耳此字未見他器乙象彝形或認即古楚帑字故書伏羲氏化蝽鳥之坐黃帝元妃嫘祖氏祧致蝽鳥夏小正妾婦祧蝽殷書報考獎偏卜磁吉與此正同彝報考蝽帑方同有証蓄一楚帑字乃后妃親蝽作時彝廟之器也乙丑四月褚德彝記

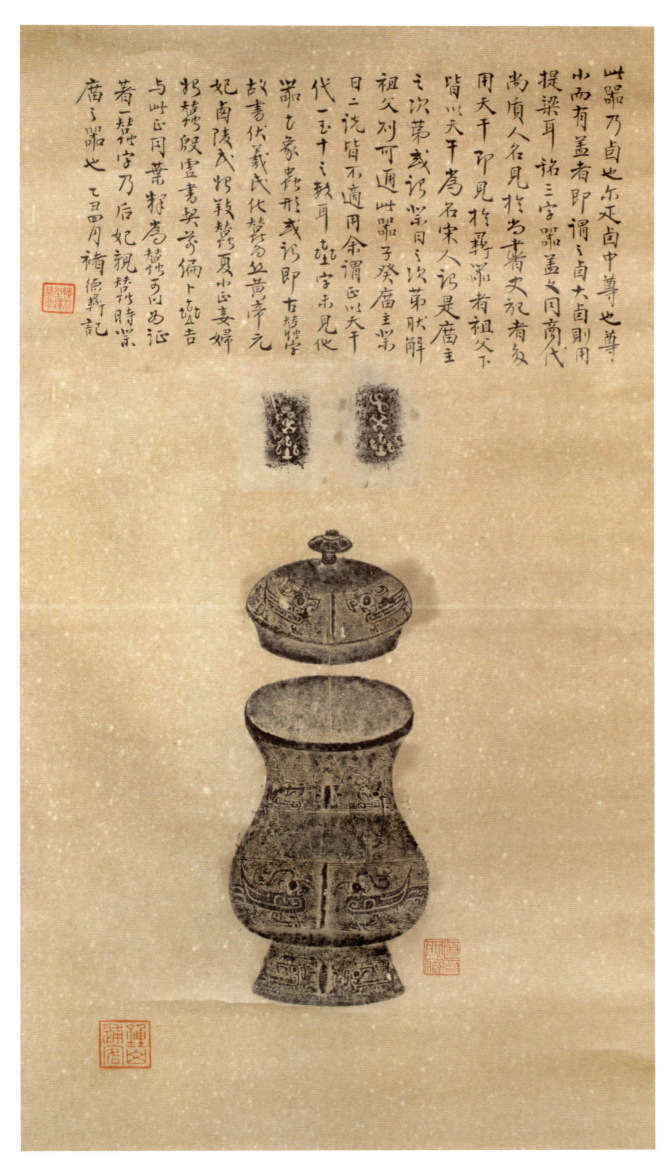

子癸□觶

卷軸裝　畫心縱60.5、橫34 釐米　館藏號：Z2003

寧觶

西周早期器，喇叭口，長頸，腹微鼓，圈足外侈，頸部和圈足飾有兩道弦紋。陝西關中出土，曾經李國松（木公）、李國森（邵齋）遞藏。

內底鑄銘文4字，其文曰：

　　寧作父辛。

見載於《商周青銅器銘文暨圖像集成》第19冊，編號：10563。

李國森藏本

此爲李國森藏本，王秀仁手拓，鈐有"蔭軒所得""合肥李蔭軒家珍藏""王秀仁手拓金石文字"。

民國三十六年（1947）李國森題記：

寧作父辛觶，文四，器出關中，舊藏合肥李木公，甲戌（1934）嘉平與商鄉鼎同歸余齋。丁亥（1947）初冬蔭軒識。

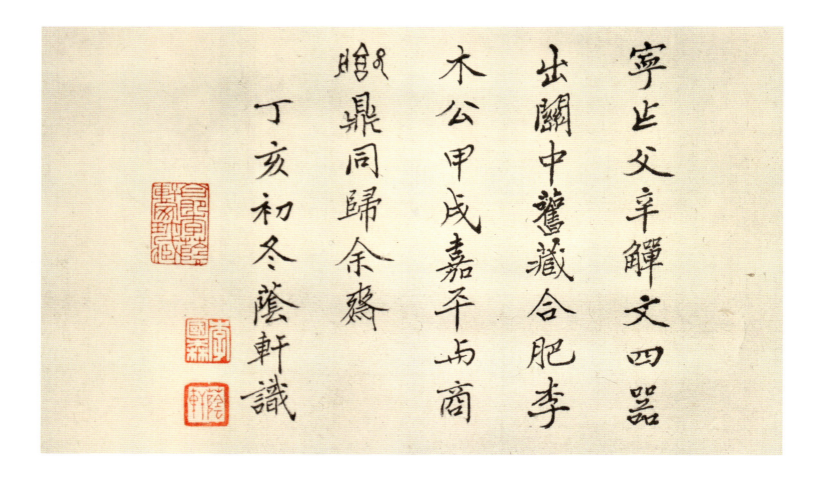

寧此父辛觶文四器出關中舊藏合肥李木公甲戌嘉平與商鼎同歸余齋丁亥初冬蔭軒識

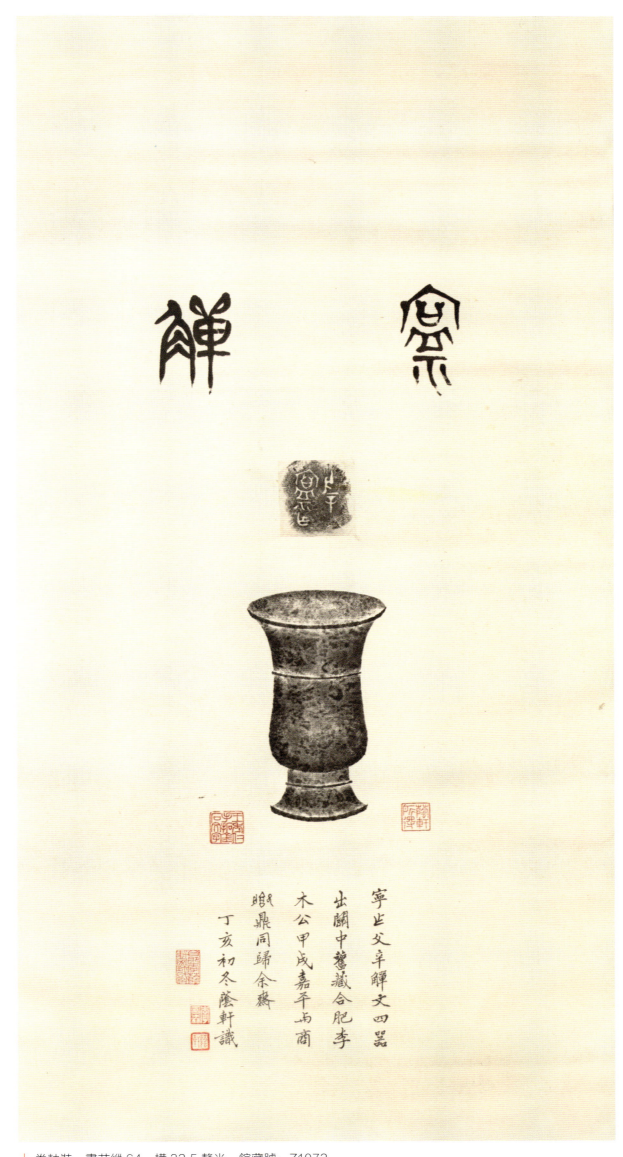

義楚觶

春秋晚期器，光緒戊子（1888）江西高安城西四十里漢建成侯墓山下田中出土。器呈喇叭口，長頸，鼓腹，圈足外侈，通高20.3、腹深18.1、口徑8.2、底徑6釐米，重0.4千克。經鄒凌瀚、張鳴珂、龐澤鑾、鄒安、劉體智遞藏，現藏臺北故宮博物院。

外壁鑄銘文5字，其文曰：

義楚之祭觶。

見載於《商周青銅器銘文暨圖像集成》第19冊，編號：10598。

鄒安藏本

此為鄒安跋本，羅振玉題端：

義楚觶。適廬藏器，屬羅振玉署題。

卷軸上方，有民國己未（1919）王國維題記：

此器銘曰"義楚之祭觶"，其器則觶也。同時所出一器，銘曰"邾王義楚耑"，其吉金自作祭耑，其形制與此同，張公束大令以"觶""耑"二字，即《說文》"蠲"字，余謂《說文》"觶""觛""卮""蠲""觶"五字實為一字也。《說文》"觶，鄉飲酒角也"，受四升，其重文作"觶""觗"二體。而《漢書·高帝紀》注引應劭曰："卮，鄉飲酒禮器也。古以角作，受四升。"古"卮"作"觗"，其說全與《說文》"觶"字注同，頗疑《說文》"觶"之第一重文"觶"字當作"觗"，是"觶""卮"為一之證也。《說文》"觛，小觶也。"又《急就篇》顏本"蠡斗參升半卮觛"，皇象本"觛"作"篿"，蓋假"篿"為"觶"，是"觶""觛"為一之證也。《說文》"卮，一名觛"，又"卮""觛"為一之證。"蠲""觶"二字亦本一字，古書多以"耑"為"專"，《急就篇》顏本之"蹲踔"，皇本

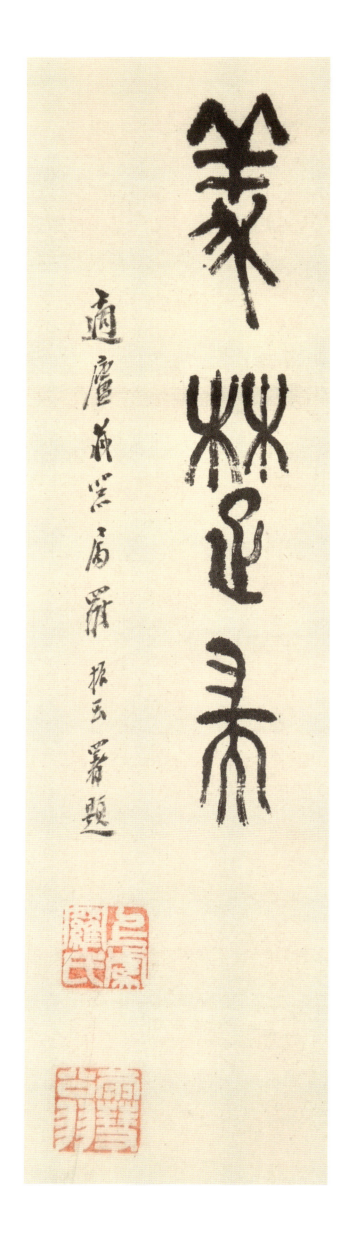

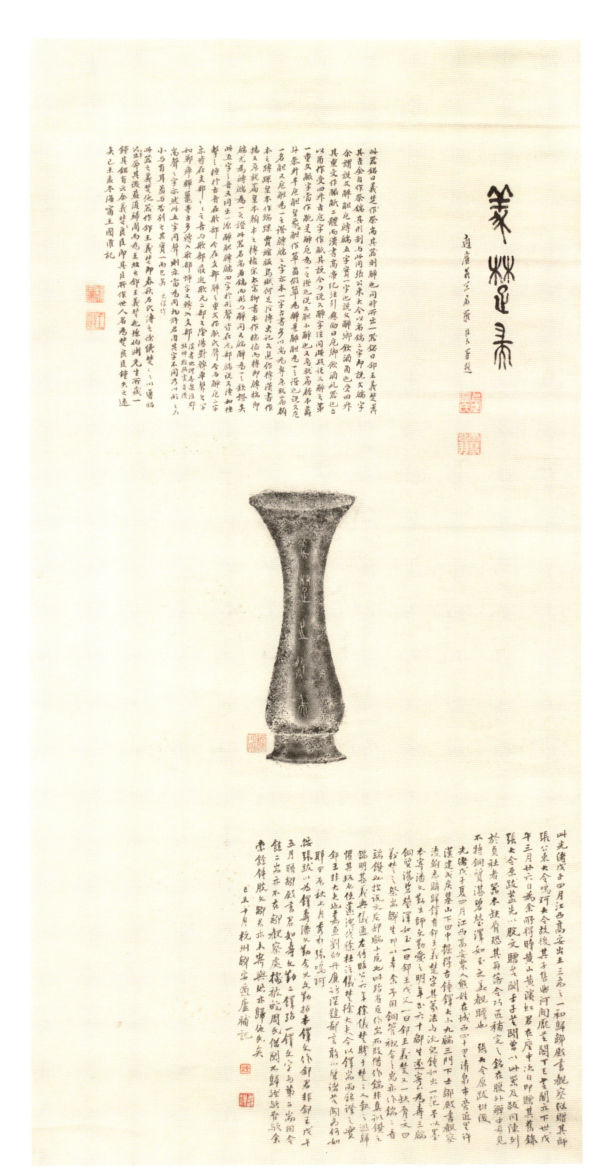

義楚觶

卷軸裝　畫芯縱 95、橫 44 釐米　館藏號：Z1491

作"踹跟",賈誼《服鳥賦》"何足控搏",《史記》《文選》作"槫",《漢書》作"揣",又《急就篇》皇本顏本之"槫楯",宋太宗御書本作"楯楯",而"槫"即"𤰚","楯"即"𤮔",尤爲"𤰚""𤮔"爲一之證。此器名"嵩",若"鍴",而形與"觶"同,又"𤮔""觶"爲一之鐵證矣,此五字之音,又同出一源,"觶""觗""𤰚""𤮔"四字於形聲皆在元部,"𤮔"《説文》讀如"棰擊"之"棰",於古音在"歌"部,今在"支"部。"觶"之重文作"觗","氏"聲,今與"觶""厄"二字亦皆在"支"部。"支"部之音與"歌"部最近,"歌""元"二部又陰陽對轉,車聲之字如:"𨏥""癉""驒""𨏥"等古多轉入"歌"部,"蟬"字又轉入"支"部,《漢書·地理志》:樂浪郡黏蟬縣。服虔音提,"嵩"聲之字亦然。此五字同聲則亦當爲同物,許君因其字不同,乃以形之大小與有耳蓋與否別之,其實一而已矣。

此器之"義楚",他器作"鄦王義楚",即《春秋左氏傳》之徐儀楚,儀楚以魯昭公二年出奔,其後蓋復歸國而爲王,故云"鄦王義楚"也。孫伯淵先生所藏一鍾,其銘有云"余義楚之良臣",即其臣所作,世人名爲"楚良臣鍾",失之遠矣。己未(1919)孟冬,海寧王國維記。

卷軸下方,民國八年(1919)鄒安題跋:

此光緒戊子(1888)四月江西高安出土三嵩之一,初歸鄒殿書觀察,繼贈其師張公束大令鳴珂,大令故後,其子售與河間龐芝閣,丁巳(1917)芝閣亦下世,戊午(1918)三月廿六日爲余所得,時黃山黃賓虹君在座中,次日即贈其舊錄張大令原跋,蓋先以脫文贈芝閣,壬子(1912)芝閣曾以此器及跋同陳列於貞社者。器本缺唇,恐其再落,令巧匠補完之。銘在腹外,觶中稀見,不特銅質湛碧,瑩澤如玉之美觀瞻也。張大令原跋附後:

光緒戊子夏四月,江西高安農人熊姓在城西四十里清泉市旁近里許漢建成侯墓山下田中掘得古鐘鐸大小九嵩。三門下士鄒殿書觀察凌翰悉購歸,鐸有"鄦王義楚"字,其篆法與《沈兒鐘》如出一范,予以墨本寄潘文勤,京師文勤愛之,明年正六十,鄒生遂寄以爲壽。三嵩銅質湛碧瑩澤如玉,一曰"鄦王戊父",一曰"鄦王義楚",又一缺唇,文曰"義楚之祭嵩",鄒生即以奉余,予用銅管襯合之。"嵩"亦作"鍴","鍴"音"端",鑽也。按《説文·厄部》"𤮔",小厄也,此殆省"厄"作"嵩",而假借作"鍴",非真訓鑽之鍴明甚。"義"與"儀"通,《左傳·昭公》六年徐儀楚聘

于楚,楚人執之,逃歸,懼其叛也,使薳洩伐徐。杜注:儀楚徐大夫,今以鐸嵩兩銘證之,實鄦王非大夫也,嘉魚劉幼丹廉訪深題鄙言,敢以質諸芝閣爲何如耶,甲辰(1904)秋七月,秀水張鳴珂。

按張跋以爲鐸壽潘文勤,余見文勤拓本鐸文作"鄦君"非"鄦王",戊午(1918)五月晤鄒殿書君,知壽文勤二鐸,殆一鐸文字與第二嵩同,今餘二嵩亦不在鄒觀察處,據被皖周氏借閱不歸,然歟否歟。余索餘鐸脫文,鄦君亦未寄與,恐亦歸他氏矣。己未(1919)十月,杭州鄒安適廬補記。

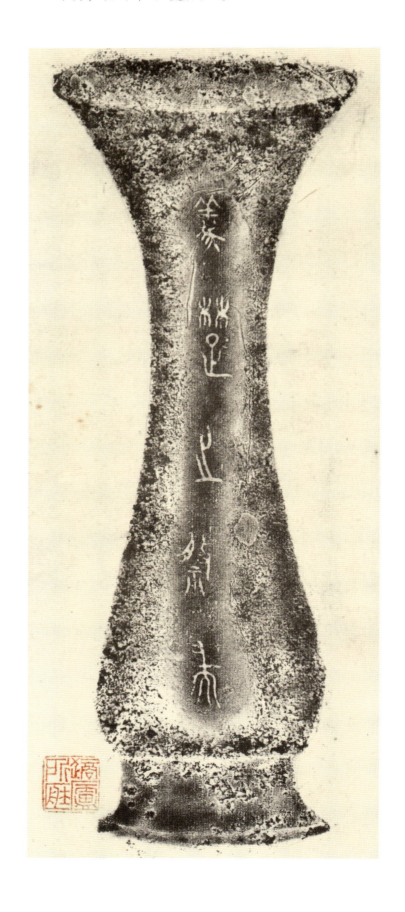

此器銘曰義楚之祭耑其器則觶也同時所出一器銘曰郐王義楚羼其吉金自作祭鍴其形制与此同張公束大令以耑鍴二字即說文鍴字余謂說文觶觛卮𩨷鍴五字實一字也說文觶鄉飲酒角也受四升其重文作觗觝二體而漢書高帝紀注引應劭曰卮鄉飲酒禮器也古以角作受四升古卮字作觗其說全与說文觶字注同顏疑說文觶之第一重文觗字當作觝是觶卮為一之證也說文觛小觶也又急就篇顏本蠡斗參升半卮觛皇象本觛作簞蓋假簞為觶是觶觛為一之證也說文卮一名觛又卮觛為一之證𩨷鍴二字亦本一字古書多以耑為專急就篇顏本之𩨷踝皇本作踹踝賈誼服鳥賦何足控摶史記又遂作槫漢書作揣又急就篇皇本顏本之摶梪宋太宗御書本作揣梪而槫即𩨷揣即鍴亢為𩨷鍴為一之證此器名耑若鍴而形与觶同又鍴觶為一之鐵證矣此五字之音又同出一源觶觛𩨷鍴四字於形聲皆在元部鍴說文讀如捶擊之捶於古音在歌部今在支部觶之重文作觗氏聲今与觶卮二字亦皆在支部支之音与歌部最近歌元二部又陰陽對轉卑聲之字如鄲𤝖蟬鼉等古多轉入歌部蟬字又轉入支部（漢書地理志樂浪郡黏蟬縣服虔音提）耑聲之字亦然此五字同聲則亦當為同物許君因其字不同乃以形之大小与有耳蓋与否別之其實一而已矣（之誤作）此器之義楚他器作郐王義楚即春秋左氏傳之徐儀楚也以魯昭公六年出奔其後蓋復歸國而為王故云郐王義楚也孫伯淵先生所藏一鍾其銘有云余義楚之良臣即其臣所作世人名為楚良臣鍾失之遠矣己未孟冬海甯王國維記

此光緒戊子四月江西高安出土三耑之一初歸鄒㲄書觀察從贈其師張公束大令鳴珂大令歿後其子售與河間龐芝閣丁巳芝閣亦下世戊午三月廿六日為余所得時黃山黃賓虹君在座中次日即贈其舊錄張大令原跋並先以肬文贈芝閣壬子芝閣曾以此器及跋同陳列於貞社者器本缺脣恐其再落令巧匠補完之銘在腹外觶中亦見不特銅質湛碧瑩澤如玉之美觀瞻也　張大令原跋附後

光緒戊子夏四月江西高安農人熊姓在城西四十里清泉市旁近里許漢建成侯墓山下田中掘得古鐘鐸大小九器三門下士鄒㲄書觀察淩翰恚賄歸鐸有郐王義楚字其篆法与沇兒鐘如出一範寄以墨本寄潘文勤京師文勤愛之明年正六十鄒生遂寄以為壽三器銅質湛碧瑩澤如玉一曰郐王戊文一曰郐王義楚之又一缺脣文曰義楚之祭耑鄒生即以奉余予用銅管襯含之耑亦作鍴二音端鑽也按說文卮部鍴小卮也此器有卮作耑而段借作鍴非真訓鑽之鍴明甚義與儀通左傳昭公六年徐儀楚聘于楚楚人執之逃歸懼其叛也使薳洩伐徐杜注儀楚徐大夫今以鐸耑兩銘證之實郐王非大夫也嘉魚劉幼丹廉訪深韙鄙言敢以質諸芝閣為何如耶甲辰秋七月秀水張鳴珂

按張跋以為鐸壽潘文勤余見文勤拓本鐸文作郐君非郐王戊午五月晤鄒㲄書君知壽文勤之鐸係一鐸文字与第二耑同今餘二耑亦不在鄒觀察處據祓乾周氏借閱不歸狂鼓存余索錄肬文鄒君亦未寄與恐亦歸他氏矣

己未十月杭州鄒安適廬補記

持戈執盾虎形觶

商代晚期器，侈口長頸，鼓腹圓底。頸部飾有雲雷紋和連珠紋，圈足雲雷紋。內底鑄有"子持戈執盾虎形"圖案。《商周青銅器銘文暨圖像集成》未載。

李國森藏本

此爲李國森藏本，王秀仁手拓，鈐有"蔭軒所得""合肥李蔭軒家珍藏""王秀仁手拓金石文字"。

民國三十六年（1947）李國森題跋：

商子持戈執盾虎形觶，同光間出土，未經著錄，癸酉（1933）初秋，由畫友張石圍而歸余齋，余識石圍由其弟子石友亦張姓，性謙和，書畫篆刻俱有韻味，與余爲金石交，惜天不假年，逾冠而夭，今墓木已拱，爲之憮然，偶跋斯器，附識於後。

丁亥（1947）初冬，合肥李國森識於選青草堂。

商子持戈執盾虎形彞同瓷閒出土未經著錄癸酉
初妹由畫友張石園而歸余齋余識石園由其弟子
石友么張娃性謨和書畫篆刻俱呂韻味与余為金

偶跋斯器附識於後
石文揩天不偽李逾冠而天今墓木已拱為之慨然
丁亥初冬合肥李國森識於選青艸堂

卷軸裝　畫芯縱64、橫32.5釐米　館藏號：Z2470

尊

辛尊

西周早期器，河南洛陽出土。器形呈喇叭口，長頸鼓腹，圈足外侈，腹部飾有兩道細弦紋。經王文燾、劉體智、容庚遞藏。

內底鑄銘文 4 字，其文曰：

辛作寶彝。

見載於《商周青銅器銘文暨圖像集成》第 21 册，編號：11509。

辛尊

王文燾跋本

此爲王文燾藏本，存有民國十六年（1927）王文燾題記兩則。鈐印"琡廡所弃""平生有三代文字之好""福迎齋所藏經籍金石圖畫印"等。

王文燾外簽：

辛尊全拓椿蔭舊藏，今存其影，丁卯歲暮裝竟并署。

銘文拓片右側，王文燾題記：

辛尊。此器爲余家故物，甲辰年（1904）得於粵中，據售者云舊爲筠清館所弃云。壬戌（1922）出以易米，不知今歸何所。丁卯（1927）秋日，無意中獲此拓本，如過故人，亟留存之，物去拓留，如雪泥鴻爪，亦足以慰情也。語云"萬物過眼即爲我有"，矧尚有此影耶。籀廡記。

全形拓片左側，王文燾題記：

此商器也，樸素無華，五色陸離，銘在器腹，筠清館著錄一卣，文與此同。劉楚園參議藏一鼎腹銘四字，文亦相同，篆法三器如一，殆一人所作，惟未目睹鼎卣之形，不識亦如此廛素帶中環而無饕餮雲雷之形否耶。

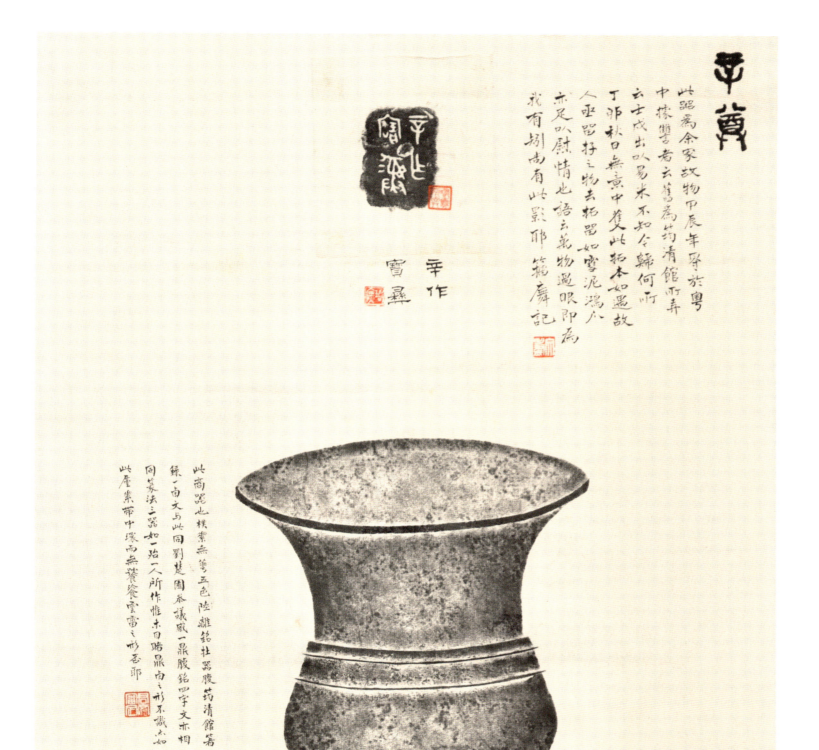

平寶

此器為余家故物甲辰年歸於粵
中撿舊者云舊為筠清館听弄
云士戌出以易米不知今歸何听
丁卯秋日無重中雊此拓本如墨故
人亚留拧之物去拓留如雲泥鴻爪
赤足以慰情也語云萬物過眼即為
我有埽尚有此影邢篋庽記

平作
寶彝

此商彝也槫業無等五色陸離銘杜器腹筠清館著
錄一禸文与此同劉楚圖承議藏一鼎腹銘四字文亦相
同篆法立器如一冶八人所作惟末日暗鼎肉之形不識公如
此庽業帶中環而無饕餮雲雷之形忘耶

卷軸裝　畫芯縱 44、橫 30 釐米　館藏號：Z2236

茻

尊

西周早期器，喇叭口，長頸，下腹外傾垂，矮圓足，腹部有一半環形把手。頸飾兩道弦紋，腹部和圈足飾有雲雷紋襯底的獸面紋。盧芹齋舊藏，現藏美國紐約賽克勒氏。

內底鑄銘文4字，其文曰：

茻作旅彝。

見載於《商周青銅器銘文暨圖像集成》第21冊，編號：11510。

王懿榮跋本

此爲毅臣先生藏本，存王懿榮題跋，全形拓工精湛。
光緒八年（1882）王懿榮題記：

周人字文已不盡合六書，惟指事、象形字與畫往往分。此猶當是倉聖遺意，今人但能識秦以後字，此器第一字，故不能鑿釋，於此已發其凡於毅臣先生鑒家知之，懿榮說。壬午（1882）十月道出長安。

下鈐"王懿榮印"印章。
外簽題：

博古器文，王懿榮志。

王懿榮（1845—1900），字廉生、蓮生、濂生。山東福山人。光緒六年（1880）進士，授翰林編修，三爲國子監祭酒。晚清金石學家，甲骨文發現第一人。富收藏，精鑒別，近代收藏家無以過矣。有《漢石存目》《翠墨園語》《福山金石志殘稿》《王文敏公遺集》傳世。

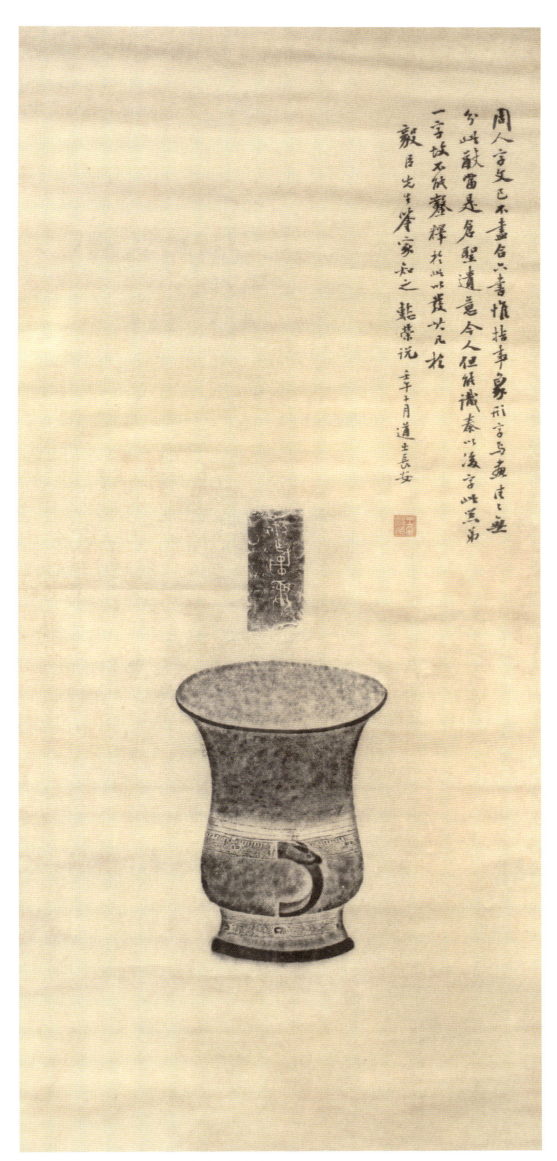

周人字文已不盡合六書惟指事象形字為尤古之無
今此款當是倉聖遺意今人但識秦以後字此寫弟
一字故石鼓篆釋共此以覆此凡柜
毅居先生鑒家知之 黃棠記 壬午十月道出長安

尊

卷軸裝　畫芯縱 94、橫 43 釐米　館藏號：Z1175-1177

虘尊

　　西周早期器，通高 9.4 寸，口徑 7.9 寸。大口筒狀三段式，侈口長頸，鼓腹，圈足外侈。頸與圈足有一道弦紋，腹部飾有兩道夔紋帶，前後有浮雕獸頭。原藏錢坫十六長樂室，後歸歐陽務耘，現藏日本東京書道博物館。

　　內底鑄銘文 5 字，其文曰：

　　　　虘作寶尊彝。

　　見載於《商周青銅器銘文暨圖像集成》第 21 冊，編號 11563，無全形拓，僅存綫描圖。

王文燾藏本

　　此拓爲王文燾藏本，據黃士陵題跋記載，出自民國初期歐陽務耘新得器，另據王文燾題跋記載，其器形、銘文、尺寸與錢坫藏器悉同，言下之意，歐陽務耘藏器與錢坫藏器不是同一件。然筆者對照兩者的銘文拓片，卻高度吻合，甚至連鏽斑痕亦相同，當同一器無疑。如此説來，莫非錢坫舊藏虘尊，民國初又歸歐陽務耘收藏，最後流落日本。

　　右側有黃士陵題記：

　　　　虘尊。銘曰"虘作寶尊彝"五字，與《積古齋》虘卣銘同，阮文達公釋作"虘"，云作器者名。一釋作"惠"，吳清帥云：古'虘'字小篆作'虘'，許説礙不行也，從"叀"引而止之也，古文不從"叀"。三水歐陽務耘新得器，雪澂先生屬，黃士陵并記。

　　左側有王文燾題記：

　　　　右虘尊銘五字，三水歐陽氏所藏，與錢氏十六長樂室（錢坫）所藏形制尺寸銘文悉同，《積古齋》《攈古錄》《愙齋》諸家均著錄。錢云：《説文》作"虘"，礙不行也。從"惠"引而止之也。古文"惠"字有作"虘"者，錢氏尚有重鼎、虘甗、虘卣，文達（阮元）"虘"爲作器者名，吳氏愉庭（吳雲）云：《薛氏款識》

有《盠和鐘》《晉姜鼎》兩"惠"字均與此略同，一作"虘"，一作"虘"，《鐘銘》云："畯惠在位"，《鼎銘》云："眉壽作惠"，以文義繹之，當釋作"惠"，不當作"虘"，則此"虘"亦當作"惠"也，審矣。按：《虘鼎》銘文曰："王命虘戡東反人虘肇從虘征攻戰無敵相刊及身孚戈用作寶鼎，子子孫孫永寶用（從瑞安孫籀廎釋文），"虘"文與此同，當爲一人作，是"虘"爲軍旅之臣，從虘征而有武功，因以俘戈之金而鑄宗廟彝器，鼎巨，故詳功績，尊小，故只紀其名耳。

　　宣統庚申（1920）春暮，文燾識。

　　黃士陵（1849—1909），字牧甫、穆甫、穆父，號黟山人、牧父、倦叟、黟山病叟、倦遊窠主。安徽黟縣人。清代著名書畫篆刻家，篆刻爲"黟山派"開宗大師。曾爲吳大徵的幕僚，與兩廣總督端方、湖廣總督張之洞過從甚密。除去篆刻成就，黃士陵還有繪製"博古圖"絕技。有《黟山人黃牧甫印存》《黃牧甫治印》傳世。

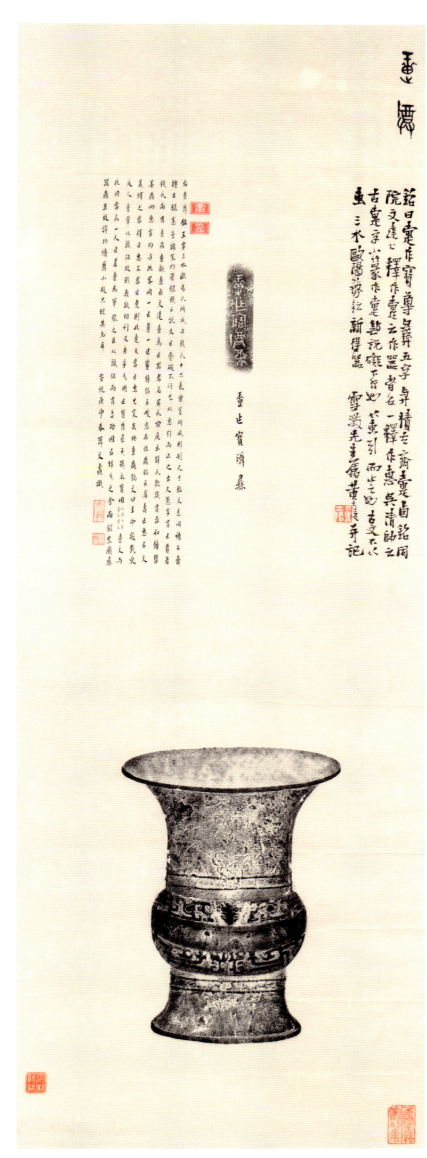

作祖己尊

又名"冄尊"，西周早期器，器形呈喇叭口，長頸鼓腹，圈足外侈，頸部下方飾有兩道細弦紋，腹部飾有卷角獸面紋。四明周湘雲月湖草堂舊藏。

内底鑄銘文7字，其文曰：

作祖己寶尊彝冄。

見載於《商周青銅器銘文暨圖像集成》第21冊，編號：11624。僅見銘文拓片，未見實物照片。

褚德彝跋本

此爲周湘雲（雪盦）藏本，鈐有"月湖草堂"印章，存有民國九年（1920）褚德彝題記。

褚德彝題跋：

傳世古器以尊爲最古，上古穴居時代，窪尊杯飲，器用陶制，夏商以來，始有合土範金之制，《周禮·春官·司尊彝》掌六尊，尊者盛酒器，宗廟用以享獻，禮儀用以酬酢，惟尊居爵、觶、斝、角諸器之首，謂之尊者，所以別尊卑也。此尊銘七字，文曰"作祖己寶尊彝冄"，"且"古"祖"字，"祖己"者，祖廟中己日所作之器也。商代文義簡古，往

往以天干繫于祖父之下，"作祖己"者，言己日祭祖廟所作之祭器耳。"冄"字，宋人薛尚功、王俅均釋爲"舉"，謂之舉者，指行禮時一獻而言，其説尚可通，近人吳退樓謂"冄"乃古"鼎"字，取草書"冄"字爲證，殊近穿鑿矣。

雪盦觀察得此尊出以見視，刻鏤精妙，通體色如翡翠，古器不可多得之品，摩挲賞析，眼福不淺，率題數語于墨本之上方。庚申（1920）四月，褚德彝記。

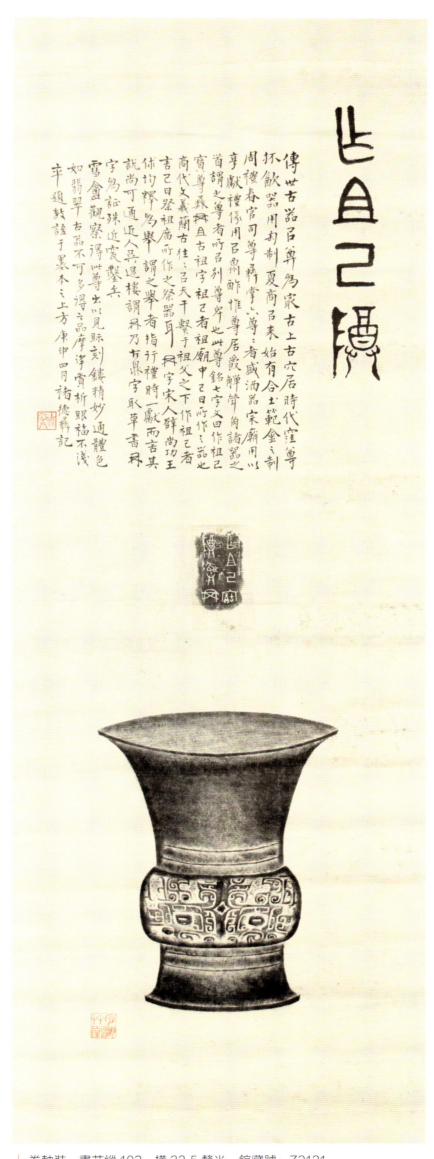

傳世古器呂尊為冣古上古穴居時代窪尊
抔飲器用刲制夏商呂來始有合土範金之制
周禮春官司尊彝掌六尊三者威酒器宋廟用以
享獻禮徇用呂鼎酢推尊居殷彝觶等角諸器之
首謂之尊彝者也此尊銘七字文曰作祖己
寶尊彝舛且古祖字祖己者祖廟中己日所作之器也
商代文義蘭古往：呂天干繫于祖父之下作祖己者
吉己日祭祖廟所作之祭器耳
說尚可通近人鮮尚功王
字多訛珠近爰鑿兵
雪盦觀察得此尊
如翡翠古器不可多得六品摩津貲析眼福不淺
辛題鼓諗于墨本之上方庚寅四月祐德韓記

子殷尊

西周早期器，民國初年河南洛陽出土，器形呈喇叭口，長頸鼓腹，圈足外侈，頸下部和圈足上部各有兩道細弦紋，腹部飾有獸面紋。經李國松、李國森（蔭軒）舊藏，現藏上海博物館。

內底鑄銘文 7 字，其文曰：

子殷用作父丁彝。

見載於《商周青銅器銘文暨圖像集成》第 21 冊，編號：11635。僅收錄銘文拓片，未見器形照片或全形拓。

李國森跋本

此爲李國森邵齋藏器，蔭軒藏本，王秀仁手拓。鈐有 "合肥李蔭軒家珍藏""蔭軒所得""王秀仁手拓金石文字"印章。存有民國三十六年（1947）李國森題跋。

李國森題跋：

商子殷用作父丁彝尊文七，民初洛陽出土，次字不可識，舊藏從兄木公家，癸酉（1933）上元始歸余齋清供。丁亥（1947）冬，李國森識。

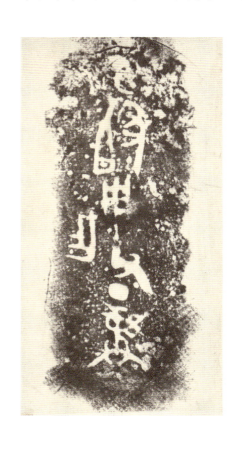

商子鼎用止父丁彝
尊文乚民初洛陽出
土次宇不可識舊藏
從兄木公家癸酉上
元始歸余盦清供
丁亥冬李國森識

卷軸裝　畫芯縱 118、橫 54 釐米　館藏號：Z2273

壺

芮伯壺

西周中期後段器，清咸豐年間出土。器修長，直口長頸，下腹向外傾垂，體飾寬頻絡紋，寬頻上有蟬紋。矮圈足沿外侈，蓋有榫口，圈狀捉手，蓋頂飾團鳥紋，蓋沿飾蟬紋。經端方、日本細川護立氏遞藏，後由古書商埃忻肯納慈收藏，2011年由中國國家文物局購回，現藏上海博物館。

器蓋同銘，各八字，其文曰：

　　芮伯啟作鬱公尊彝。

見載於《商周青銅器銘文暨圖像集成》第22冊，編號：12220。

芮伯壺

陳夔麟拓本

此本鈐有"陳少石傳古璽"印章，全形拓本，僅存器蓋銘文。

陳夔麟（1855—1928），字少石，號少室少樵。貴州貴陽人。陳夔龍之長兄。光緒六年（1880）進士，歷任湖北按察使、廣東布政使、江西按察使。金石書畫鑑藏家，著有《寶迁閣書畫錄》。

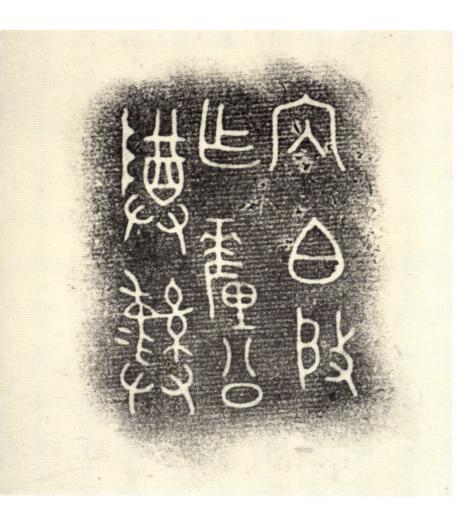

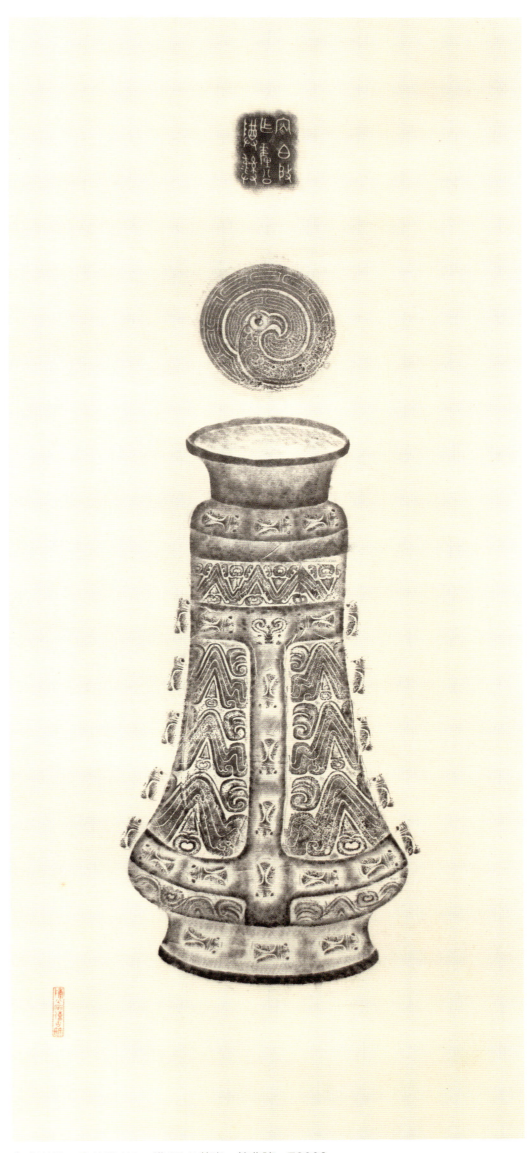

卷軸裝　畫芯縱 110、橫 33.5 釐米　館藏號：Z2002

虢季氏子組壺

西周晚期器，清陝西鳳翔縣出土。橢方體，直口長頸，頸上有一對鋪首銜環耳，鼓腹，腹飾有十字絡帶紋，其間填以竊曲紋，圈足飾有垂鱗紋，圈足下沿有邊圈。經吳雲、李鴻裔（蓮園）、鄒安遞藏，現藏美國。

內壁鑄銘文 17 字（重文 2 字），其文曰：

　　虢季氏子組作寶壺，
　子子孫孫永寶其享用。

見載於《商周青銅器銘文暨圖像集成》第 22 冊，編號：12351。

虢季氏子組壺

鄒安藏本

此爲鄒安藏本，鈐有"鄒壽祺""鄒安適廬""鄒王宜"印章。存有民國二十二年（1933）童大年題跋，其跋曰：

　　虢季氏子組壺。此壺爲吳退樓兩罍軒中物，後歸李蓮園，廿餘年前適廬先生曾得之，輾轉流入美博物院矣。留此墨影亦足以豪。屬爲題記，即希法家鑒正。癸酉（1933）秋日童大年。

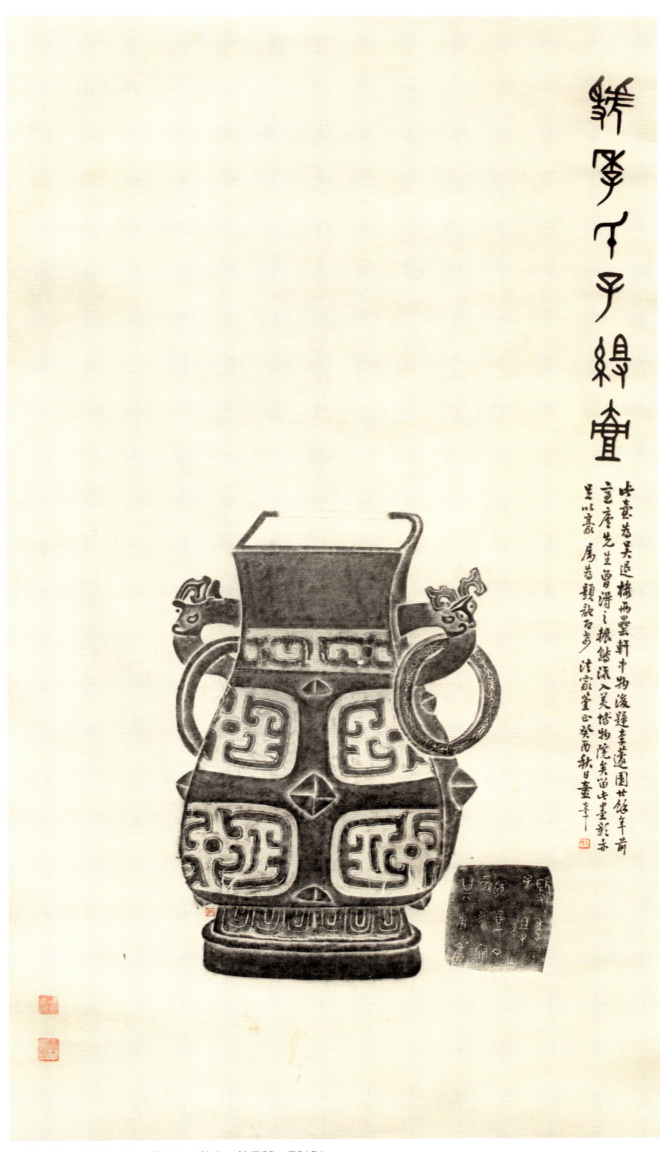

卷軸裝　畫芯縱 127、橫 67.5 釐米　館藏號：Z2151

事季良父壺蓋

　　西周晚期器，橢方形，上有方圈形捉手，下有長子口，蓋邊飾有對稱垂冠回首鳥紋，以雲雷紋襯底，高 14.3、縱 9.4、橫 14 釐米，重 2.38 千克。經素夢蟾、潘祖蔭、濰縣于氏遞藏，現藏上海博物館。

　　子口壁鑄銘文 42 字（重文 2 字），其文曰：

　　　　事季良父作敦姒尊壺，用盛旨酒，用享孝于兄弟、婚媾、諸老，用祈匄眉壽，其萬年令終難老，子子孫孫是永寶。

　　按：首字或釋爲“弁”，或釋爲“叕”

　　見載於《商周青銅器銘文暨圖像集成》第 22 冊，編號 12432。

王文燾藏本

　　此爲王文燾（君覆）藏本，有王文燾題記並釋文，銘文拓片出自原器，全形拓片出於模刻板，拓工精緻，一絲不苟。

　　民國十七年（1928）王文燾題記：

　　　　事季良父壺。叕季良父壺蓋精拓，甲子（1924）年得于滬，丁卯（1927）夏潢治爲軸，籀廎。

　　彝器傳世以“良父”名者有敦、簋、盃、壺及此壺蓋，共有五，唯此曰“叕季良父”與四器異，殆同名非一人也。此壺蓋爲山左濰縣于氏所藏，《筠清館金文》《石蓮閣》《攗古錄》《愙齋集古錄》均著錄之。此拓銘文爲原器所拓，形則另刊諸木而施墨者。戊辰（1928）夏四月，王君覆識。

及季良父壺蓋精拓甲子辛葊于滬丁卯夏潢治為軸 節盦

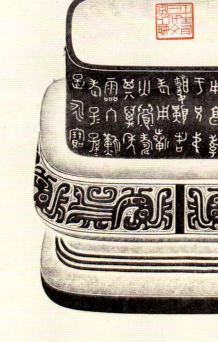

及李良
父作敬嬀
障壺用
盛旨酒
用高兄弟諸
于婚媾諸
考薦鼎
其萬孕鬻
壽老
考子孫
足永寶

彝器傳古以其父名有緩盉彖壺及此壺蓋共有五唯此尐口及李良父与西廎異弦同名非
一人也此壺蓋為山左濰縣十氏所藏筠清館金天石齋閣摭古錄憲幾筈集古錄均著錄
之此拓銘文為原器原拓形則另刊諸木而施墨者 戊辰夏月王君愙藏

卷軸裝　縱 71、橫 31.5 釐米　館藏號：Z1566

事季良父壺蓋

頌壺甲

頌壺甲

西周晚期器，橢方體，直口長頸，頸上有一對鋪首銜環耳，鼓腹，腹飾浮雕環帶紋和雙體蛟龍紋，圈足和蓋的捉手均飾有垂鱗紋。通高 63.9、口縱 16.8、橫 21 釐米，重 32.41 千克。原藏承德避暑山莊，後入北京故宮寶蘊樓，現藏臺北故宮博物院。

頌壺有兩件，一有蓋，一無蓋，有蓋者（稱"甲器"）臺北故宮博物院藏品，無蓋者（稱"乙器"）中國國家博物館藏品。

蓋榫和口內壁各鑄銘文 151 字（其中重文 2 字），其文曰：

> 唯三年五月既死霸甲戌，王在周康昭宮，
> 旦，王格太室，即立。宰引右頌入門，立中廷，

尹氏授王命書，王呼史虢生冊命頌。王曰：頌，令汝官司成周賈廿家，監司新造，賈用宮御。錫汝玄衣、黹純、赤市、朱衡、鑾旂、攸勒用事。頌拜稽首，受命冊，佩以出，返納瑾璋。頌敢對揚天子丕顯魯休，用作朕皇考恭叔、皇母恭姒寶尊壺，用追孝，祈匃康䤋、純祐、通祿、永命，頌其萬年眉壽，畯臣天子，令終，子子孫孫寶用。

見載於《商周青銅器銘文暨圖像集成》第 22 冊，編號：12451－12452。此書《頌壺》甲、乙二器之器蓋混淆，張冠李戴。

徐增祥藏本

此爲徐增祥（堯卿）雲溪草堂藏本，存有趙時棡、左權、張之綱等人題記，另有民國二十四年至二十六年間（1935—1937）鄒安、王禔、丁輔之、高野侯、秦文錦、黃葆戊等人觀款。此本器與蓋皆全，當爲臺

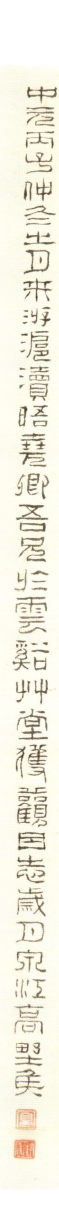
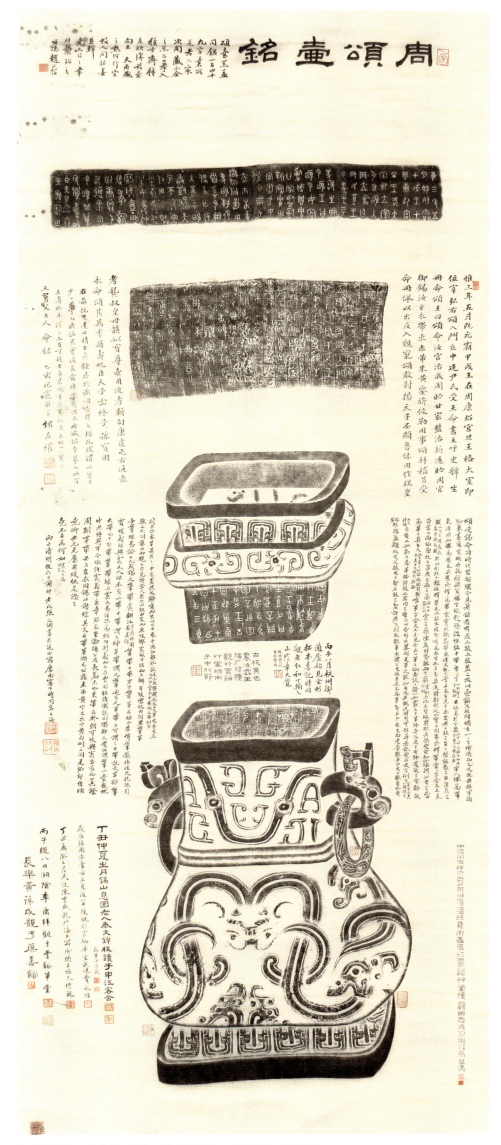

卷軸裝　畫芯縱 166、橫 65 釐米　館藏號：Z1440

惟三年五月既死霸甲戌王在周康昭宮旦王格大室即
位宰弘右頌入門立中廷尹氏受王命書王呼史虢生
冊命頌王曰頌命汝官嗣成周貯廿家監嗣新造貯用宮
御錫汝玄衣黹屯赤市朱黃鑾旂攸勒用事頌拜稽首受
命冊佩以出反入覲寵頌敢對揚天子丕顯魯休用作朕皇

考龏叔皇母龏姒寶尊壺用追孝蘄匄康虞屯右通彔
永命頌其萬年眉壽畍臣天子靈終子孫寶用

右頌壺阮文達以積古齋鐘鼎款識頌壺釋文按阮跋謂此寶下
少一用字与鼎銘異實誤蓋當時摹搨叚偍未盰減揭本摹入此字
未清晰耳摹文六有可疑者急景陶季天寶拍凍朱統一箋正
三舅父大人命錄　乙亥花寵前二日　甥左權

北故宫博物院藏器拓本，"蓋銘"與《商周青銅器銘文暨圖像集成》12452《頌壺乙》相同，"器銘"與12451《頌壺甲》相同，故知《商周青銅器銘文暨圖像集成》著錄有誤。

趙時棡題端：

    周頌壺銘。頌壺器蓋同銘，一百四十九字，曩所見者，只家次閑藏不全之器，已摹入《積古齋鐘鼎款識》，茲壺向在天府，藏之熱河行宮，故人間拓墨甚鮮。堯兄得之宜什襲珍之。叔孺趙時棡。

按：題端未署年款，推測當在民國二十四年至二十六年間（1935—1937）。

器銘拓本兩側，有民國二十四年（1935）左權錄

文並題記：

    右錄阮文達公《積古齋鐘鼎款識》頌壺釋文，按阮跋謂此"寶"下少一"用"字與鼎銘異，實誤，蓋當時據吳侃叔所藏搨本摹入此字未清晰耳，釋文亦有可疑者。急景凋年天寒指凍，未能一一箋正。

    三舅父大人命錄。乙亥（1935）祭灶前二日，甥左權。

蓋銘拓本下，有民國二十五年（1936）八月鄒安觀款：

    丙子（1936）八月杭州鄒適廬始見全形拓本喜記，時同觀者仁和丁輔之、山陰章天覺，錢塘誤仁和，會稽誤山陰。

後接有民國二十五年（1936）八月十五日王禔觀款：

古杭吳志抱汝霖王福庵禔獲觀於雲溪草堂，時丙子中秋節。

器身全形拓右側，有民國二十五年（1936）十一月高野侯觀款：

中元丙子仲冬之月，來游滬瀆晤堯卿吾兄於雲谿草堂獲觀，因志歲月，泉江高野侯。

器身全形拓左側觀款依次爲：

丁丑（1937）仲夏之月，錫山息園老人秦文錦校讀于申江客舍。長男淦侍觀。

歲在強圉赤奮若（丁丑）立夏後一日獲觀於雲谿草堂，武進費毓桂。

丁丑（1937）孟陬之月，武進陳重威觀於海上寓齋，猶子協恭侍觀。

丙子（1936）臘八日，湘陰李庸拜觀于雲谿草堂。

長樂黃葆戉觀于蔗香館。

卷軸中間左右兩側，有民國丙子（1936）張之綱題記：

頌受錫命同時作器顧夥，今見著錄者有鼎三、敦五、敦蓋三及此壺，銘文竝同，間有一二字增損而已，文既典雅可誦而篆畫復完晰無僞，經諸家釋定，絕尟賸誼，惟銘中"帶ᥬ"字（此拓"ᥬ"下半微泐），亦恒見於它器（如《宰辟父敦》《伯姬無惠寶父》諸鼎者），宋人釋爲"帶束"，孫淵如釋爲"帯屯"，吳愙齋釋爲"帶裳"，實竝誤，蓋"帶束"連文，既不詞且"束"字見於各器者，《大敦》作"朿"，《不嬰敦蓋》作"朿"，《智鼎》作"朿"（此文有漫羨，吳愙齋誤爲"龜"），於此形並不類，孫釋"帯屯"，此銘末段即有"屯右"字，"屯"作"ᥬ"，前後對勘形近而實不同，愙齋釋"帶裳"，"裳"字金文未見，以"裳"從"尚"，偏旁校之《智鼎》"尚"作"尚"（《陳公子甗》形同），"賞"作"尚"，《陳侯因資敦》"尚"作"尚"（《賓鉼》形同），與此亦皆絕異，則其誤更可知。竊謂此"ᥬ"字當爲"革"之真古文（《說文》革下所錄疑晚周體，非真古文，別有詳論），唯"革"字金文亦未見，今已從"革"之偏旁設二證，一如"霸"左下"革"，《師奎父鼎》作"屯"，《師遽敦》作"ᥬ"，《犥敦》（亦作《封敦》）作"ᥬ"。二如"勒"左旁"革"，《師酉敦》三器均作"ᥬ"，與此壺形竝略同，是"革"之最初古文，其蹤跡固有可推尋者，試更以"皮"字例之（"韋"字亦其一證，別有論著），形誼益顯，《叔皮父敦》"皮"作"屖"，《石鼓》作"屖"，許君言剝取獸革者，謂之"皮治去其毛"爲"革"，"屖"以"尸"象皮尚連屬獸身，"冖"皮，

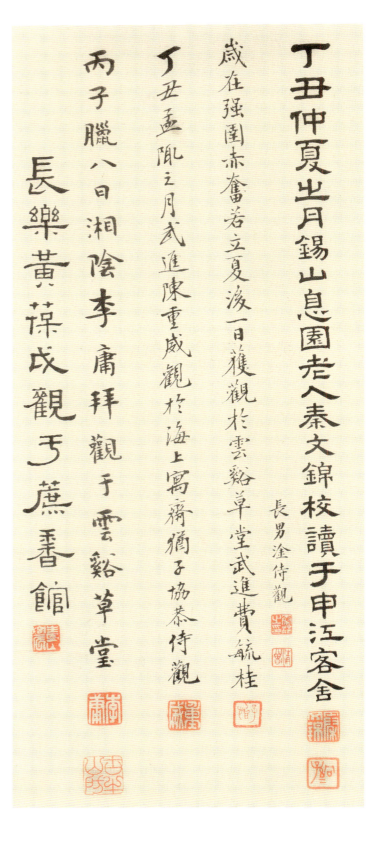

"廿" 獸首也。"鞹" 則以 "口" 象 "革" 著
於 "〇" 中，有甃然成鞹意，而皆以从 "乂"
象 "手" 治，此雖臆說（朱氏駿聲謂《說文》
古文 "革" 象首尾之形，非三十字中象殘毛，
非 "廿" 字，）然二形同意，比而觀之自見，
特金文省 "廿" 以致由宋而來考釋家咸目眩
而不辨耳。考《禮記·內則》男鞶革，女鞶絲。
《易訟》上九或錫之鞶帶，虞翻注（李鼎祚《周
易集解》）鞶帶大帶，男子鞶革。《左桓二年》
傳鞶，厲杜注及孔疏引《賈服義》竝與虞氏
人服，本有二帶，大帶謂之紳，革帶謂之鞶，
通言之革帶，亦可謂之大帶。《說文·革部》

鞶，大帶也，下引 "帶鞶" "帶絲"，與虞
氏易注竝屬約內則義而亦與賈服杜諸儒說同，
獨鄭氏禮注謂鞶小橐盛帨巾者，特異耳。今
依許虞義帶系章服至重，《論語·公冶長篇》
赤也束帶立於朝，可使與賓客言也，此其證周
制革帶必與玄衣同錫，此錯綜其文云帶革，猶
《毛公鼎》朱市 "黃它" 之云 "它黃" 句例正同。
是拓郅佳，頃堯卿老兄見屬，用綴紙尾詮之，
堯兄以屬何如。

丙子（1936）清明後六日，謝村老民張之
綱書於滬西寓樓南窗下，時同客海上。

右頁（自右至左）：

頌受錫命同時作器頌敦今見箸錄者有鼎三敦五敦盉三及此壺銘文莖同聞有一二字增損而已文既典雅可誦

而篆畫復完晰與諸經諸家釋定絕愍騰諠惟銘中帶一史二字此拓史下木恆見於它器

東條淵如辭為瑞老吳憲齋釋為帶裳實茲誤矣如寧辭父敦伯雄尊寶父諸鼎與宋人釋為帶裳

吳憲齋釋為帶裳實茲誤矣束連文既不雲且束字見于各器者大敦己束不襲敦盉之中曶鼎之

召裳從尚偏旁校之召鼎之尚己几陳医因資敦尚己尚賓釘與此大皆黑異則其誤更可知寧禰敦之更鎡敦

屬辭之真石文說文辭下所錄就既周體唯草字金文六本見今己此草之偏旁誤三證一如霸左下草師全父鼎之史師遽敦皆

左頁（自右至左）：

則召○象草箬花丨中有華然茂鄰意而皆以ナ象手治此難乑說未氏曉資謂說文古文草象首足尾

凡二形同意比而觀之自見特金文省廿以致由宋而來攷釋家感目眩而不辨耳故禮記內則男鞶革

女鞶絲易訟上九或錫之鞶帶虞翻注易集解李鼎祚周

賈服義茲與雲氏人服本有二帶大帶謂之紳革帶謂之鞶帶大帶說文革鞶

大帶也下引帶鞶革帶茲六句約內則義而六與賈服革帶說文革都鞶革

中有特異耳今依許雲義帶系章服至重論語公治長篇云束帶立於朝可使與賓客言也此其證

周制革帶必与玄衣同錫此錯綜其文云鞶革猶毛公鼎末市黃它之云它黃向例正同是郊佳項

堯卿老兄見屬用綴紙尾誌之

丙子清明後六日謝邠老氏張○綱書於滬西寓慶南窗下時同客上海

堯卿老兄屬何如（雲氏下落同字）

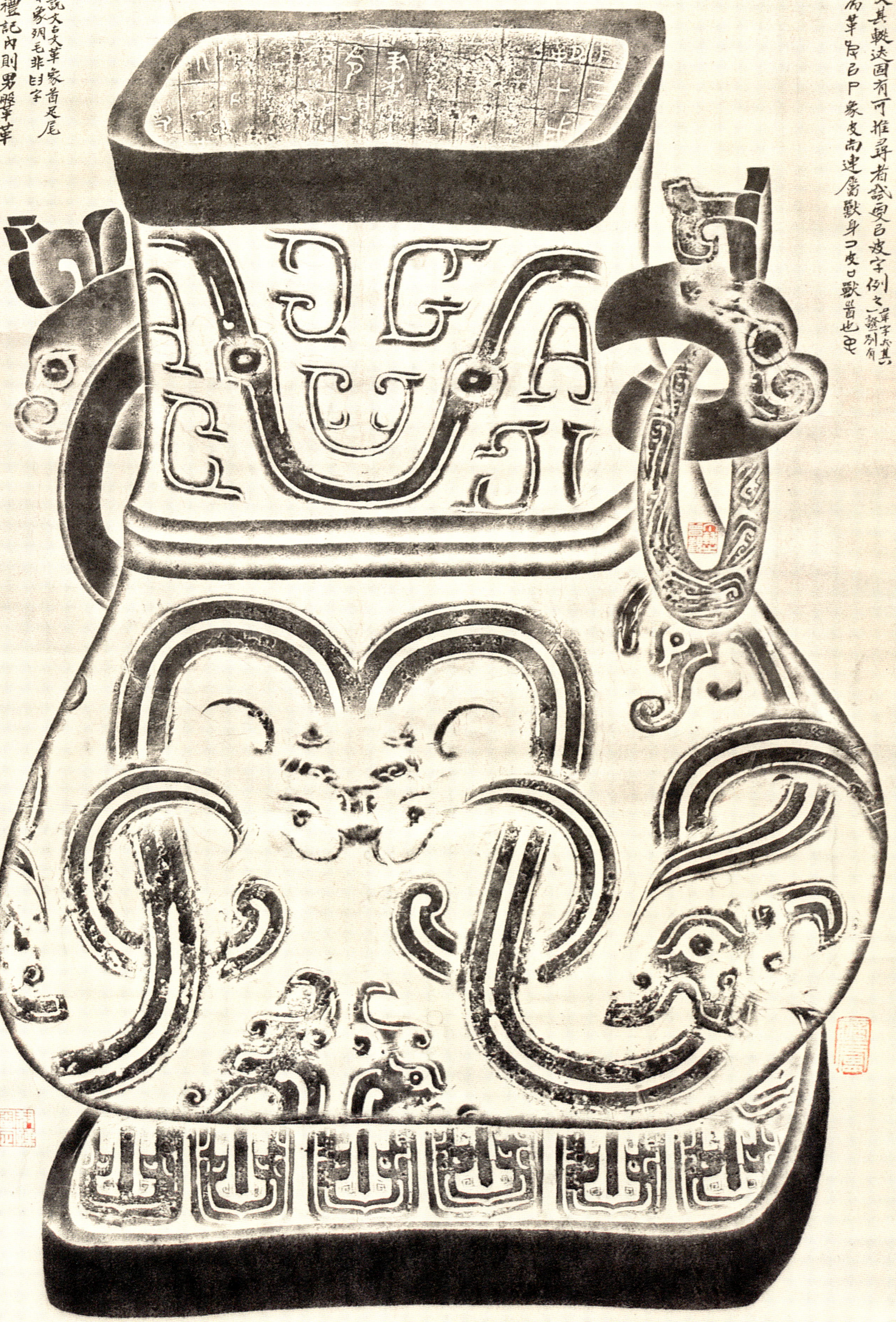

周希丁拓本

此爲周希丁（康元）拓本，鈐有"寶蘊樓藏器""康元手拓頌壺"印章。

此本器與蓋皆全，當出自北京故宮寶蘊樓藏器，"蓋銘"與《商周青銅器銘文暨圖像集成》12452《頌壺乙》相同，"器銘"與12451《頌壺甲》相同，故知《商周青銅器銘文暨圖像集成》著録有誤。觀此拓本可知上文"徐增祥藏本"亦出自周希丁之手。

周希丁（1891—1961），原名家瑞，又名康元。江西臨川人。長居北京，從事古器物傳拓及文物保管、鑒定工作，爲近現代鐘鼎彝器全形拓的重要代表人物。

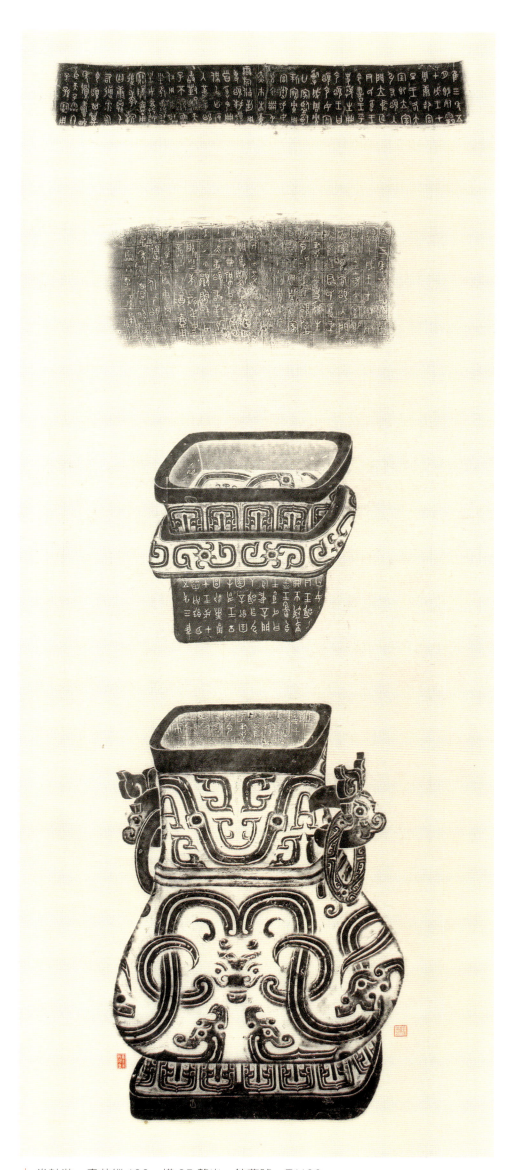

卷軸裝　畫芯縱 166、橫 65 釐米　館藏號：Z1198

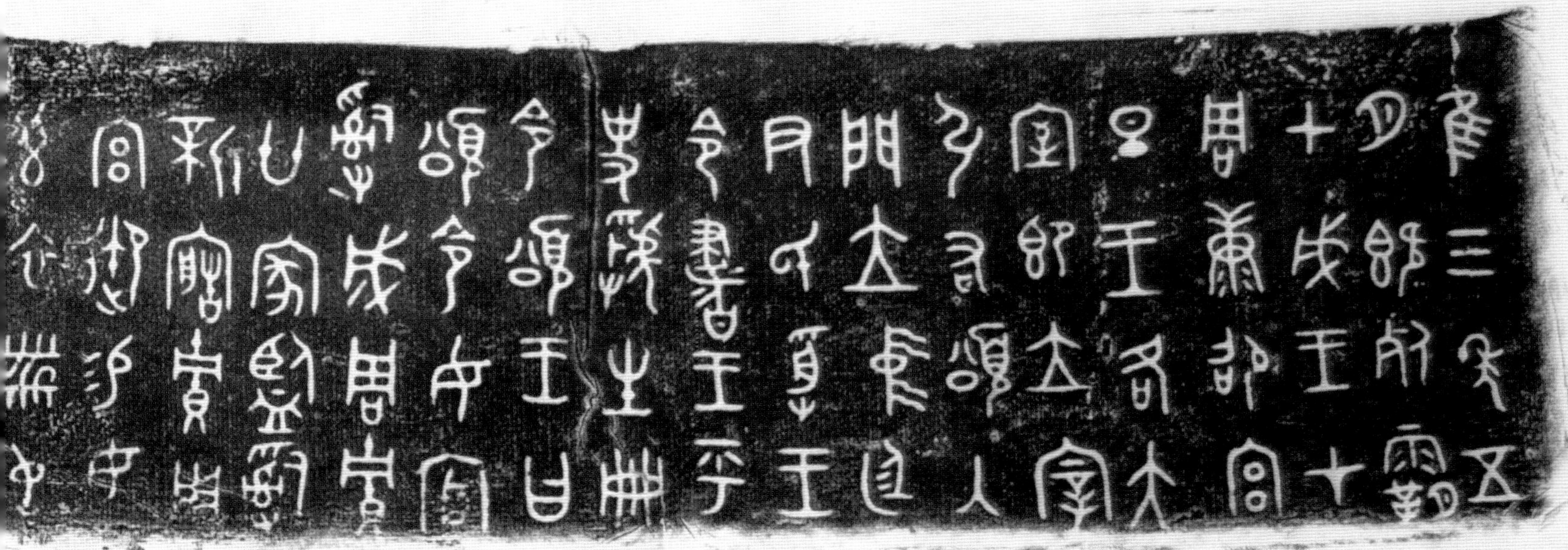

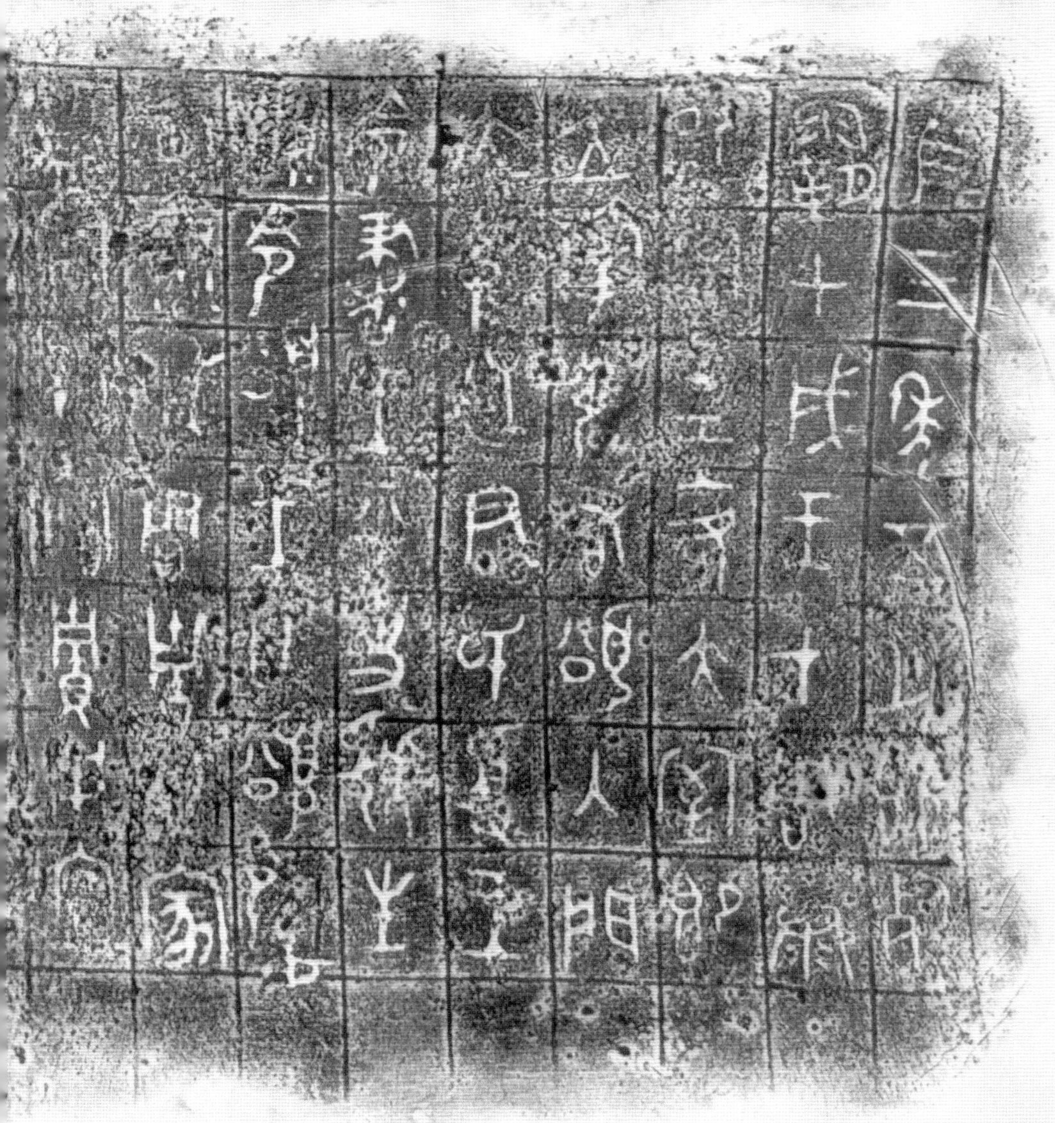

頌壺乙

西周晚期器，器形與“頌壺甲”相同，經趙之琛、錢水西、莫遠湖等人遞藏，後歸山東博物館。1959 年由山東博物館調入中國歷史博物館，現藏中國國家博物館。壺蓋久佚，壺高50.8、口縱17、橫20.3 三釐米。

鄒安跋本

此為肖琴舊藏《頌壺乙》鄒安跋本，全形拓本有器無蓋，銘文拓本則有蓋無器。銘文行款與原器相似，然文字筆畫出入較大，全形紋飾圖案亦大相徑庭，當為翻刻本。頌壺乙器蓋已佚，舊時尚有器蓋拓本留存，然世間流通者多為翻刻本，真本極少。

外簽：

鄒適廬題頌壺拓本，肖琴藏。

民國二十六（1937）鄒安題跋：

頌器傳世最多，如：《頌鼎》《頌敦》及《史頌》各器，惟《頌壺》至屬高大，《西清古鑒》外，向惟二蓋有拓本，乾嘉以來入錄者，如《積古》《攮古》《集古》及余輯《周金文存》數書，若此器從未道及，惟王忠愨《觀堂集林補遺》內曾及之，謂是金山錢錫之所藏，然有器無蓋，蓋則為秀水金岱峰所藏，其入《積古》《攮古》《集古》《周金文》者皆是蓋也。據《曝書亭集》：“原為錢唐王益朋太僕所得，器蓋俱全，後乃分入二家，不知何時為程君所得，并不知原蓋尚存人間否？”考《西清古鑒》一器在文革殿，今貯故宮博物院，曾有傳本，與此相較一扁一圓，竹垞老人以部大鼎燕重器為例，其聲價可知矣。

丁丑二月，清明前數日為肖琴先生謹題，適廬弟鄒壽祺時年七十四。

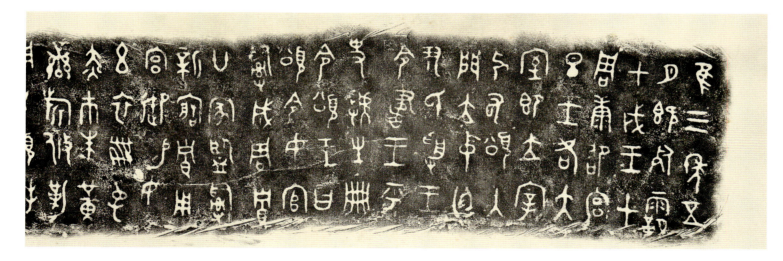

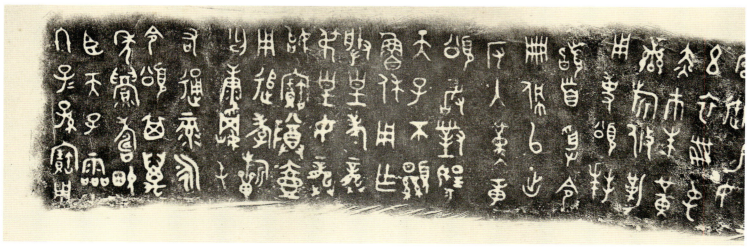

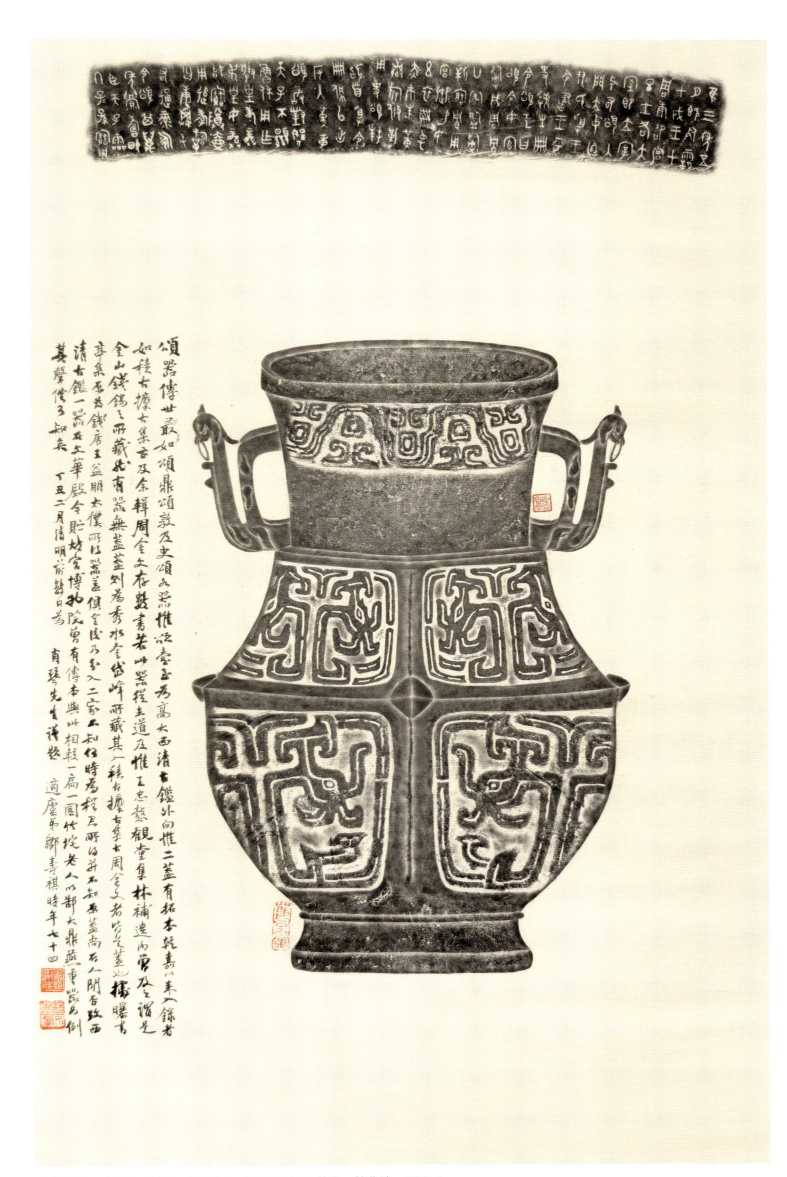

頌器傳世最多如頌鼎頌敦及史頌父器惟欽壽玉為高古西清古鑑外向惟二蓋有拓本乾嘉以來（錄者如稜古攈右集古及余輯周金文存敦書若此器稈去道及惟王忠慤觀堂集林補遺內賣及之謂先金山錢錫之所藏北有器無蓋蓋列為秀水金岱峰所藏其一稜古攈古集十周金文者皆先生蓋迎攈曙書其彙集居及錢庵王益朋太僕所以䇮蓋俱金陵乃余入二家正和以時為稱長所以并石知承蓋尚存人閒告致西清古鑑一器在文華殿今貯故宮博物院曾有傳本興此相較卷人以郭大鼎乳重器為倒其舉僅了知矣丁丑二月清明前戲日為肖琴先生詩題適塵弟鄭壽祺時年七十四

卷軸裝　畫芯縱135.5、橫65.5、壺高約54.5釐米　館藏號：Z2051

卣

挈父癸卣

挈父癸卣，西周早期器。橢圓形體，子母口，鼓腹圈足，頸部兩側有鈕，套接獸頭扁提梁。頸部飾有象鼻夔紋帶，提梁飾有蟬紋。合肥張廣建藏器。

內底及器蓋均鑄有銘文"挈父癸"三字。

見載於《商周青銅器銘文暨圖像集成》23冊，編號：12861。僅見此器繪圖本。

張廣建藏本

此張廣建藏拓本，器與蓋皆齊全，存全形拓並器蓋銘文拓，惜無題記，唯鈐有"合肥張廣建勛伯父藏器"印章，卷軸外簽："商卣拓本，民國甲子（1924）秋月，張廣建謹署。"

張廣建（1864—1938），字勛伯，安徽省合肥人。得袁世凱賞識，累官至山東布政使。辛亥革命期間，代理山東巡撫。民國北洋政府時期，出任甘肅都督、甘肅巡撫，北京政府授陸軍上將銜。

商卣

卷軸裝　畫芯縱 133.5、橫 56 釐米　館藏號：Z2295

荷父乙卣

荷父乙卣，商代晚期器。長子口，鼓腹，圈足延外侈，頸部有一對環鈕，套接扭索狀提梁。頸部飾有連珠紋，前後有浮雕獸首。況周儀舊藏，今下落不明。

內底鑄銘文"荷父乙"三字。

見載於《商周青銅器銘文暨圖像集成》23 冊，編號 12762。

況周儀藏本

此拓況周儀藏本，僅見卣身，不見卣蓋。有民國十年（1921）吳昌碩題端，另鈐有"桂林況氏收藏金石印""餐櫻廡""虞琴秘笈"印章。

卷軸右上角，吳昌碩題端：

> 商父乙卣。子執戈形
> 父乙。其會佚。辛酉（1921）
> 五月杪，吳昌碩題字。

況周儀（1859—1926），因避宣統帝溥儀諱，改名況周頤，字夔笙，一字揆孫，號玉梅詞人、玉梅詞隱、蕙風詞隱，廣西臨桂人。與王鵬運、朱孝臧、鄭文焯合稱"清末四大家"。著有《蕙風詞》《蕙風詞話》《存悔詞》《阮盦筆記五種》《粵西詞見》。

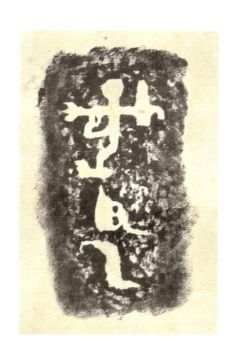

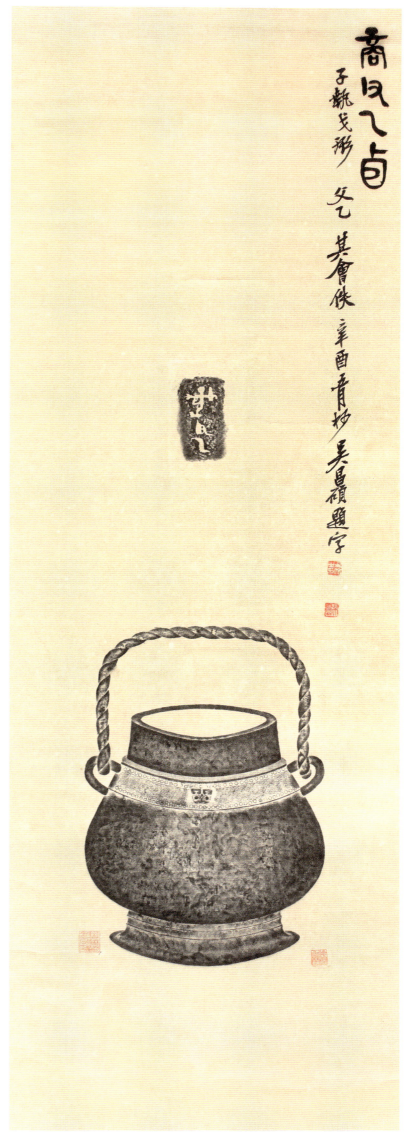

魚父卣

商代晚期器，斂口長唇，與蓋形成子母口，腹下垂，頸部有一對半環耳，套接獏頭扁提梁，圈足外侈，蓋上有圈狀捉手，頸部和蓋上飾有回首花冠夔紋帶，頸部前後加飾浮雕犧牲首，劉體智舊藏。

蓋器同銘，各三字："魚父乙"。

見載於《商周青銅器銘文暨圖像集成》第 23 冊，編號：12774，僅見銘文拓片，未見器形圖。

王國維跋本

此爲徐乃昌（隨庵）藏本，係王國維鐘鼎彝器題跋四條屏之一。

民國十一年（1922）十二月，王國維題跋：

酒器中罍最大，尊則有大有小，卣常在大小之間，故《尔雅》云：卣中尊也。卣字《盂鼎》作"𣥍"，他器或作"𣥍"，或作"𣥍"，《說文》"卣""卣"分爲二，其"卣"字，注云從卤，乃聲。然《殷墟卜辭》"卣"作"𣥍"，

其辭云：曶五𣥍，則知"𣥍"從"凵"，作者乃從"𠙴"之省，"𠙴"即古文"皿"字，《說文》以爲從乃，失之矣。據《卜辭》"𣥍"字觀之，其字蓋從皿，卣聲，或竟是象形字"𣥍"，象器形"𠙴"或"凵"，其承槃耳。

隨庵先生屬題此卣拓本，因書以質之。壬戌（1922）冬十二月歲除，海寧王國維。

與象支卣、剌鼎、亞弜父丁角同爲一套四條屏。

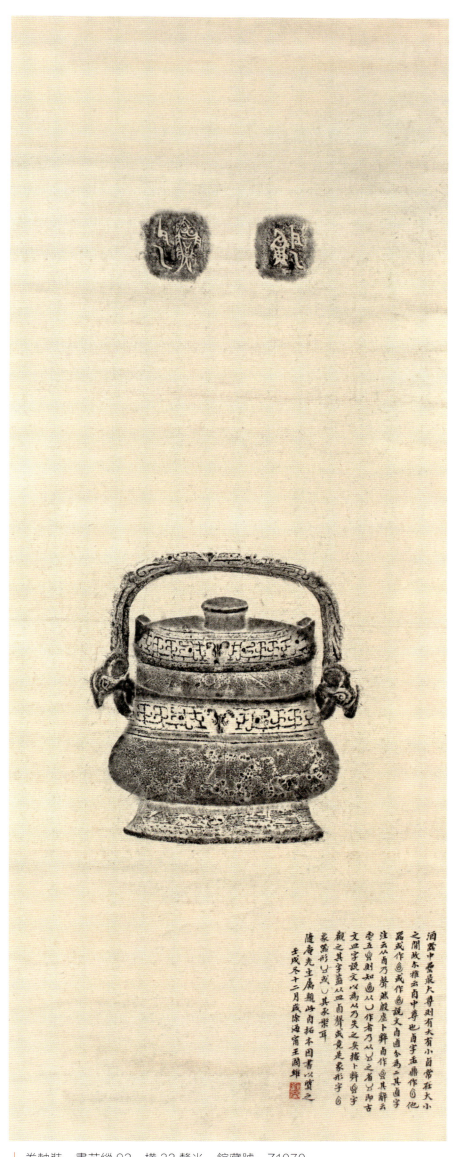

立父丁卣

商代晚期器，器呈橢圓形，鼓腹矮圈足，足沿外侈，頸兩側有一對環鈕，套接獸首扁提梁，外罩式蓋，蓋面隆起，上有花苞狀鈕，通體有四道扉棱，蓋沿飾有夔龍組成的獸面紋，頸部飾有鳥紋，蓋面和器腹飾有曲折角獸面紋，圈足飾長鳥紋。曹載奎舊藏，後歸美國羅賓森氏，現藏紐約薩克勒氏。

蓋器同銘，各4字，其文曰：

立父丁

見載於《商周青銅器銘文暨圖像集成》第23冊，編號：12913。

六舟拓本

此爲六舟拓本，僅拓器蓋銘文，鈐有"六舟拓贈""方外金石"印章。

與Z1527鄭虢仲簋（六舟拓本）同屬一套。

釋六舟（1791—1858），又名達受，字秋楫，號寒泉、萬峰退叟、南屏退叟、滄浪亭灑掃行者、小綠天庵僧等。浙江海昌人。能書善畫、擅詩文、工鐵筆，尤專精於摹拓碑帖鐘鼎。著有《小綠天庵吟草》《寶素室金石書畫編年錄》《山野紀事詩》《南屏行篋錄》等。

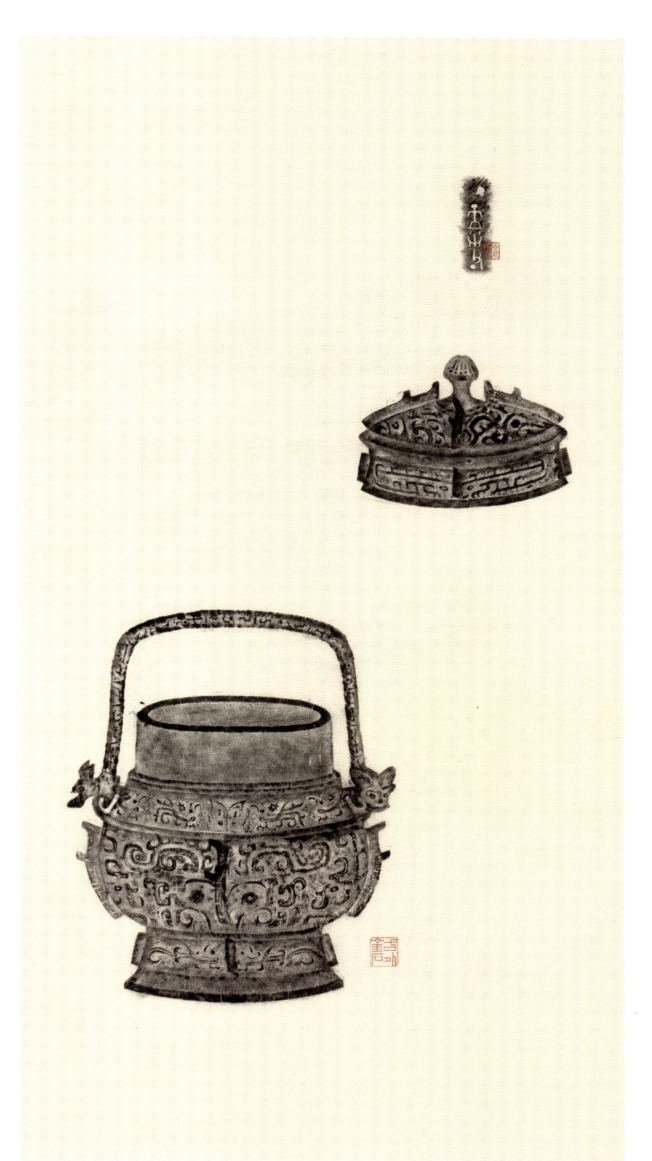

立[□]父丁卣

卷軸裝　畫芯縱 117、橫 45.5 釐米　館藏號：Z1526

85

卣

西周早期器，鼓腹，圈足沿外撇，頸兩側有小鈕，套接獏頭提梁，外罩式蓋，蓋面，上有圈狀捉手，蓋上和圈足均飾有斜角目雷紋，頸部飾有雲雷紋組成的夔龍紋，前後增飾有浮雕獸頭。現藏日本京都川合定治郎氏。

器蓋同銘，各 4 字，其文曰：

　　　郛作旅彝。

見載於《商周青銅器銘文暨圖像集成》第23 册，編號：13010。

王懿榮跋本

此爲毅臣先生藏本，存王懿榮題跋，全形拓工精湛。

光緒八年（1882）王懿榮題記：

　　　光緒八年十月，將歸京師，道出
　　長安，晤毅臣先生，出此拓本四幅索
　　題，拉雜書之，留以示同志者，懿榮記。

下鈐"王懿榮印"印章。

與師眉鼎、郛尊同屬一套。

王懿榮（1845—1900），字廉生、蓮生、濂生。山東福山人。光緒六年（1880）進士，授翰林院編修，三爲國子監祭酒。晚清金石學家，甲骨文發現第一人。富收藏，精鑒別，近代收藏家無以過矣。有《漢石存目》《翠墨園語》《福山金石志殘稿》《王文敏公遺集》傳世。

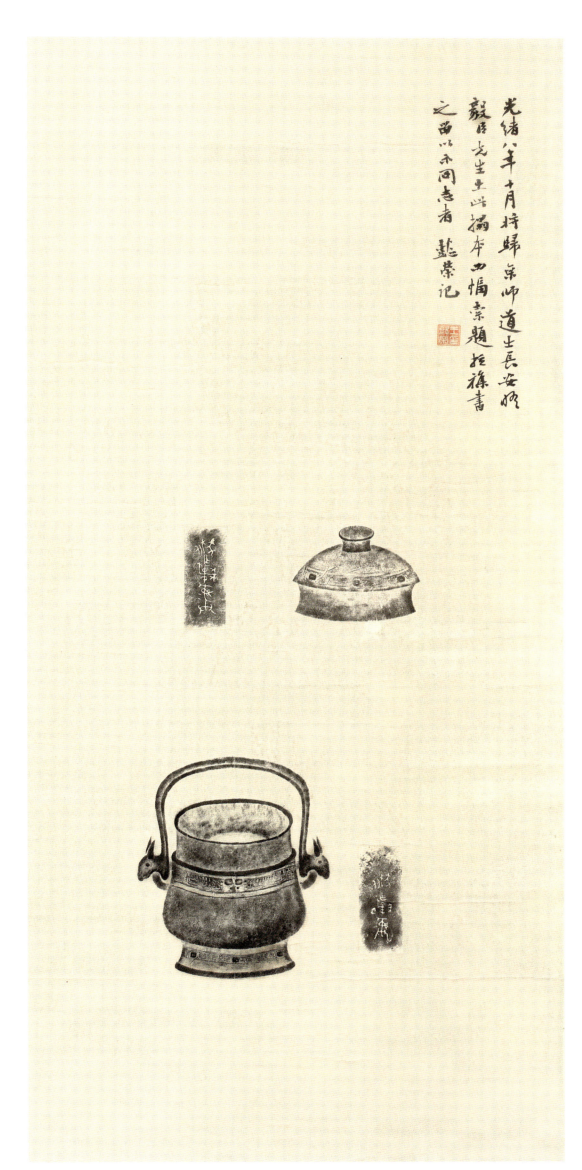

光緒八年十月持歸京師道士長安城
毅盧先生出此搨本四幅索題拈幾書
之品以不同志者 藝榮記

郮卣

卷軸裝　畫芯縱 94、橫 43 釐米　館藏號：Z1177

似向卣

似向卣，舊稱"米宮卣"。西周早期器，橢圓體，下腹向外傾垂，矮圈足外撇，頸部兩側有一對獸頭環鈕，套接提梁，蓋頂有花苞形鈕。器頸飾有雲雷紋，前後各有一對浮雕獸頭，圈足飾有兩道弦紋。民國二十三年（1934）洛陽故城出土，旋歸李國森收藏，今藏上海博物館。

蓋器同銘，各鑄陽文6字，其銘曰：

似向米宮尊彝。

見載於《商周青銅器銘文暨圖像集成》24冊，編號：13117。

李國森藏本

此爲李國森藏本，王秀仁手拓，鈐有"合肥李蔭軒家珍藏""王秀仁手拓金石文字""蔭軒所得"等印章。

卷軸下方，有民國三十六年（1947）李國森題記：

"𤔲米宮尊彝"，卣陽識文五，器蓋對銘，民國甲戌（1934）出洛陽故城，同文尊一、觚一，"米"上俱奪"𤔲"字，均歸余齋，別有一盃歸廬江劉慧之部郎，載《善齋吉金録》，傳世不知尚有他器否？劉釋作"垂"，究因其器"𧶠"下不全，"宮"字亦不清晰，故誤釋也。按《師望鼎》"宮"下亦有"又"形，蓋古"宮"字，或作此體耳。丁亥（1947）冬李國森識。

按：參見本書米宮彝觚，亦李國森蔭軒家藏之物。

李國森（1911—1972），字蔭軒，號選青。安徽合肥人。李鴻章的侄孫，即李鴻章的五弟李鳳章的孫子。古籍、彝器、錢幣、璽印收藏頗豐，身後藏品多捐贈給上海博物館。

餳宋侚尊彝國陽識文玉器蓋斜銘民
國甲戌出洛陽故城同文尊一盌一崇
上俱奪餳字均歸余齋別有一盃歸廬
江劉慧之部郎載嘉郎士金鏤傳岀不
知南胄他器否劉釋止亞完因其器也
下不全宝字乇不清晰故誤釋也按師
望鼎宮下名有又彤蓋古宝字咸止此
體耳　丁亥冬李國森識

卷軸裝　畫芯寬54、高119釐米　館藏號：Z1144

敪

卣

西周早期器，器型爲橢圓，鼓腹，長子口，圈足外侈，頸部兩側有一對環鈕，套接獏頭扁提梁，蓋面隆起，沿下折，上有花苞狀鈕。頸部飾有長鳥紋，蓋頂和腹部飾有直簾紋。程洪溥旧藏，現藏北京故宮博物院。

蓋器同銘，各10字，其文曰：

敪作旅彝，孫子用言出入。

見載於《商周青銅器銘文暨圖像集成》第24册，編號：13254。該書收入實物圖片與原器不符，疑爲誤入。

王國維跋本

此爲徐乃昌（隨庵）藏本，係王國維鐘鼎彝器題跋四條屏之一。

民國十一年（1922）十二月，王國維題跋：

銘中首一字從"攴"從"象"，不可識，古文"爲"字亦從"爪""象"，其誼均不易曉，古者中國產象，殷墟所出象骨頗多，曩頗疑其來自南方，然卜辭中有獲象之文，田狩所獲決非豢養物矣。《孟子》謂："周公驅虎豹犀象而遠之"。《呂氏春秋》云："殷人服象，爲虐於東夷"。則象中國固有之，春秋以後，乃不復見，故楚語云："巴浦之犀犛兕象"。蓋中原已無此物矣。"爲"從"爪""象"，或以服象爲誼。"敪"字或亦以"睘"爲誼與。國維。

與剌鼎、亞弜父丁角、魚父卣同爲一套四條屏。

銘中首一字從攴從象不可識古文爲字亦從爪象其誼均不易曉古者中國產象殷虛所出象骨頗多曩頗疑其來自南方然卜辭中有獲象之文田狩所獲決非豢養物矣孟子謂周公驅虎豹犀象而遠之呂氏春秋云殷人服象爲虐於東夷則象中國固有之春秋以後乃不復見故楚語云巴浦之犀犛兕象蓋中原已無此物矣爲從爪象或以服象爲誼敪字或亦以睘爲誼與　國維

銘中首一字以爻从象不可識古文爲象字亦从爻象其誼均不易曉古者中國產象殷虛所出象骨頗多蓋爾時其來自南方然卜辭中有獲象之文田狩所獲決非養物矣孟子謂周公驅虎豹犀象而遠之呂氏春秋云殷人服象爲虐於東夷則象固中國固有之春秋以後見故楚語云巴浦之犀兕象爲兒善中原已無此物矣爲从豕从象或以服象爲誼殺字其示以象爲誼與

國輝 〔印〕

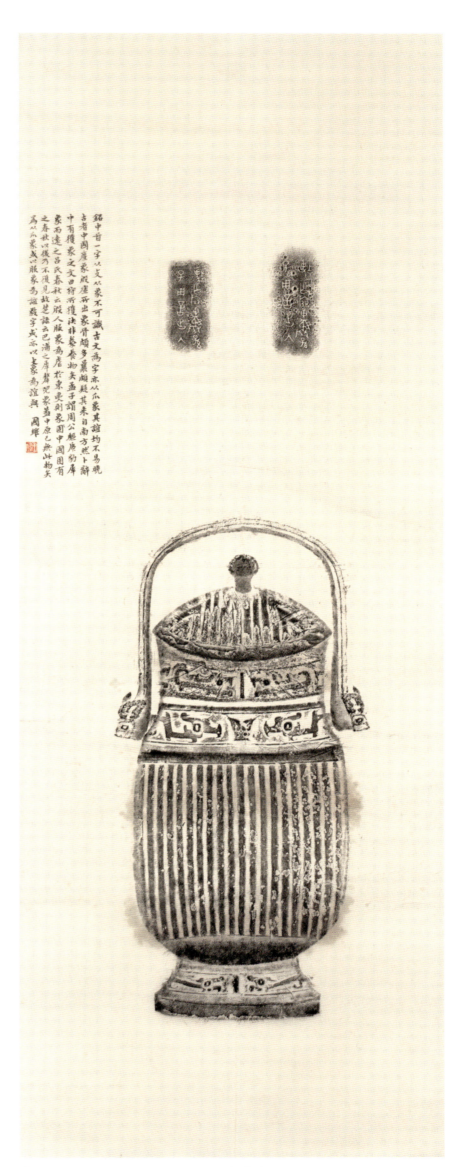

卷軸裝　畫芯縱 92、橫 33 釐米　館藏號：Z1071

庚嬴卣

庚嬴卣，西周中期前段器。橢圓體，下腹向外傾垂，矮圈足下沿外侈，頸部兩側有一對獸頭環鈕，套接提梁，蓋上有圈狀捉手，蓋兩端有犄角。蓋與器腹飾有鳳鳥紋，口下與圈足飾有分尾長鳥紋。器高29.1、縱17.8、橫28.8釐米。吳雲舊藏，現藏美國哈佛大學福格美術博物館。

蓋、器同銘，各53字（其中重文2字），其銘曰：

唯王十月既望，辰在己丑，王格于庚嬴宮，王蔑庚嬴曆，錫貝十朋，又丹一管。庚嬴對揚王休，用作厥文姑寶尊彝，其子子孫孫，萬年永寶用。

見載於《商周青銅器銘文暨圖像集成》24冊，編號：13337。

吳雲藏本

此爲吳雲藏本，李錦鴻手拓，拓工精湛，洵爲二百蘭亭齋藏拓善本。拓本鈐有"歸安吳氏二百蘭亭齋收藏吉金之印""錦鴻所拓"印章。

卷軸右上角，隸書題端："周庚嬴卣"。

卷軸左下角，有同治四年（1865）吳雲題記：

"蔑""曆"二字鐘鼎彝器文中屢見，《博古圖》《嘯堂集古録》《薛氏鐘鼎款識》及《阮氏積古齋》均釋作"蔑""曆"，余按《説文·禾部》有"穚"，禾也。《甘部》有"曆"，和也。釋爲"穚""曆"詳見《二百蘭亭齋金石記》。乙丑元旦平齋識。

卷軸右下角，有民國二十九年（1940）王禔觀款：

庚辰穀日，古杭王禔獲觀于滬上。

92

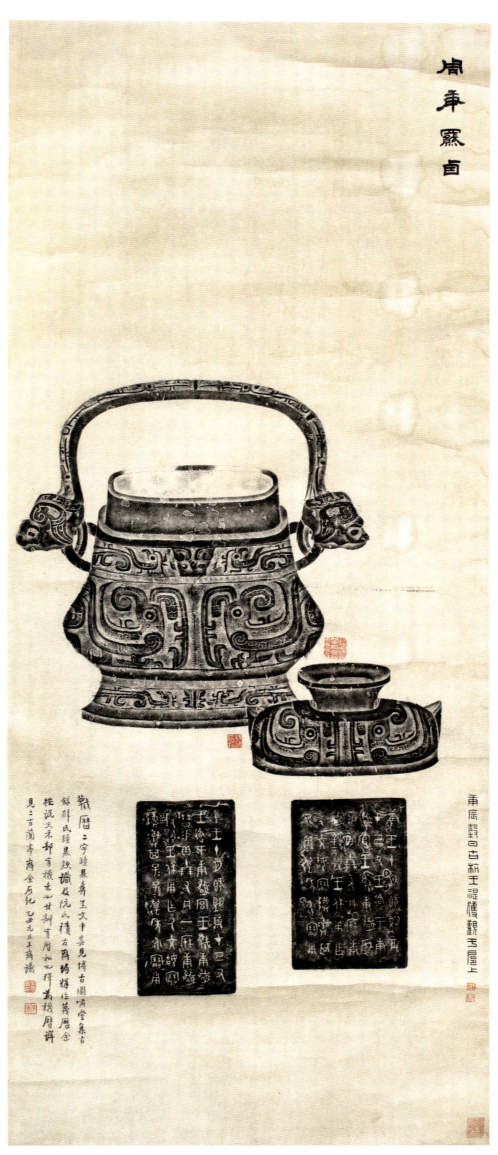

周 卣

承 扈 觀四古新王 提權觀 书 扈上

戴曆二字鐘彝最善其文中尝見博古圖嘯堂集古
錄群氏鐘鼎款識及阮氏積古齊鐘鼎彝器款
桉沉文禾部有燦木山廿州有會桖心释為戴曆葬
見三百蘭亭齊金石記 乙丑元王鈞識

卷軸裝　畫芯寬 45、高 109 釐米　館藏號：Z1087

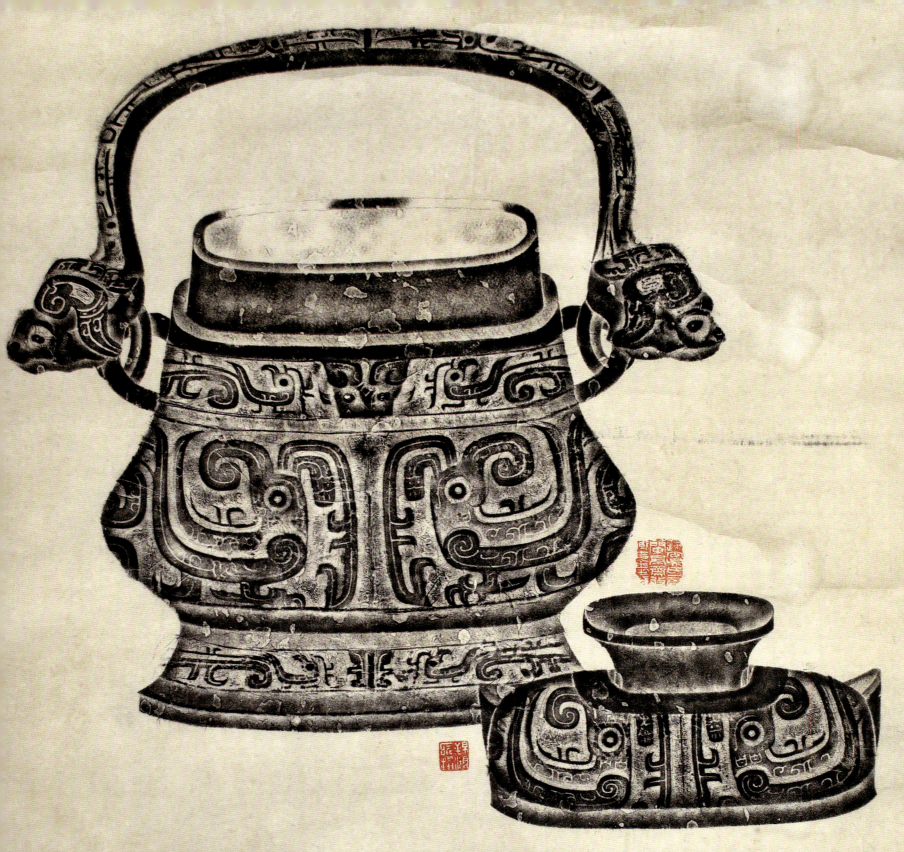

戲曆二字鐘彝黑文中尠見博古圖嘯堂
錄群彝鐘彝皴識及阮氏積古齋均將作羲麻
桉說文禾部有機未也甘邿有曆和也擇為穢曆
見三百蘭亭齋金石記乙丑元旦平齋識

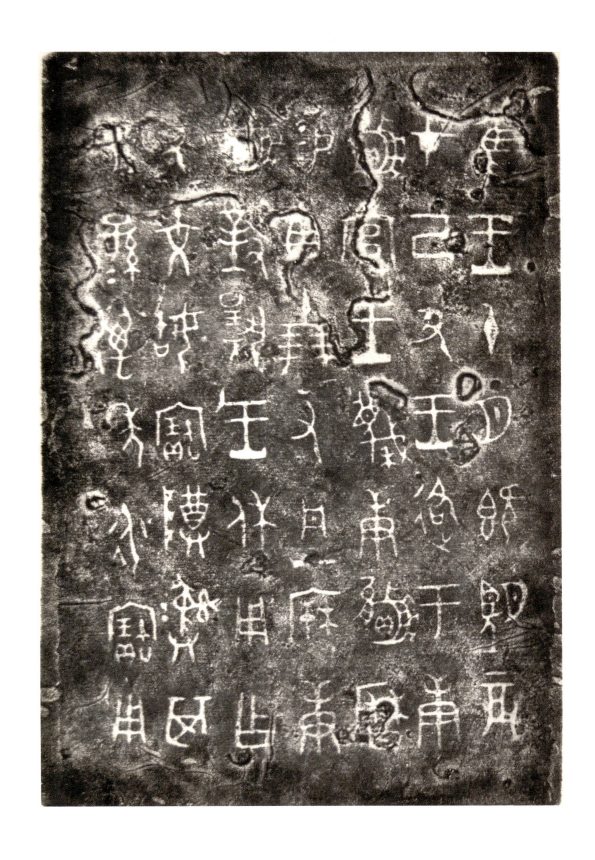

庚嬴卣

紙上吉金

鐘鼎彝器

善本過眼錄・酒器

亞龏孤竹罍

商代晚期器，長方體，直口短頸寬肩，腹部下收斂，方圈足外侈。肩上一對獸首環耳，體四隅和中綫有棱脊，下腹有浮雕獸首。頸部與圈足各飾有對稱彎角鳥紋。肩部中央有浮雕羊角獸首，兩側飾有曲折角鳥紋。腹部飾有上卷角獸首紋和對稱鈎喙鳥紋，通體以雲雷紋襯底。現藏上海博物館。器高 53 釐米，口沿縱 17.2、橫 20.1、腹深 46.7 釐米，重 29.68 千克。

口沿鑄銘文 4 字：

孤竹亞龏。

見載於《商周青銅器銘文暨圖像集成》第 25 冊，編號 13783。

此爲精拓本，無題跋與鈐印。

亞龏孤竹罍

| 全形拓罍　高 51 釐米　館藏號：Z2084

婦閘罍

商代晚期器，侈口束頸，圓肩收腹，平底矮圈足，肩上有一對獸首銜環耳，下腹有一個獸首鋬，頸飾兩周弦紋，肩是浮雕圓渦紋。蓋頂拱起呈圓球面，上有花苞形鈕。程源銓（齡孫）藏器，後散出，器蓋分離，器藏日本大阪江口治郎，蓋藏廣東省博物館。

器蓋同銘，各鑄銘文 10 字：

婦閘作文姑曰癸尊彝冀

見載於《商周青銅器銘文暨圖像集成》第 25 冊，編號：13819。

程源銓題記本

此拓爲程源銓（齡孫）贈吉文先生者，器蓋全，鈐有"新安程氏藏器""新安程氏遂吾廬齡孫藏器"印章。

程源銓（1888—1943），字齡孫，又名霖生。安徽歙縣人，民國間上海灘地產業、金融業巨子。

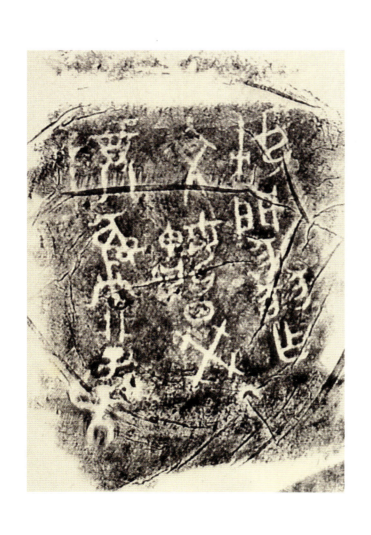

婦闒罍

吉夌吾兄清玩

弟程源銓

卷軸裝　畫芯縱 84.5、橫 35.5 釐米　館藏號：Z2226

齊侯罍甲

齊侯罍乙

齊侯罍，春秋晚期酒器。直口略侈，長頸，腹下垂，矮圈足，頸上有一對獸首銜環耳。頸、肩、腹飾有環帶紋，圈足飾蟠螭紋。通高 22.1、口徑 13.4、腹深 17.7 釐米，重 5.8 千克。

齊侯罍，舊時稱謂較多，或謂"陳洹子釳"，或稱"洹子孟姜壺"，又稱爲"齊侯壺"。從器形上來看，命名爲壺，似乎更爲科學，但爲避免歧義，現仍從其舊説，稱之爲"齊侯罍"。

齊侯罍，傳世共有甲乙兩件。

齊侯罍甲，頸內腹壁鑄銘文 141 字，阮元、吳雲、周湘雲遞藏，後歸上海博物館，1959 年，調撥中國歷史博物館，現藏中國國家博物館。

齊侯罍乙（舊稱"齊侯中罍"，或稱"齊侯女罍"，拓本在清代金石圈流傳稍晚於"齊侯罍甲"，故稱之爲"齊侯罍乙"），頸內腹壁鑄銘文 144 字，舊爲曹載奎、吳雲、盧江劉氏、周湘雲等人遞藏，後歸上海博物館。因甲乙兩罍曾經皆歸吳雲所有，故吳氏顏其齋曰"兩罍軒"。

內壁鑄銘文共 19 行，其文曰：

齊侯女雷聿喪其舅，齊侯命太子乘遽來句宗伯，聽命于天子，曰：期則爾期，余不其事，汝受刺，遣傳祇御，爾其躋受御。齊侯拜嘉命，

二上天子用璧、玉備一笥、于大無司誓、于大司命用璧、兩壺、八鼎，于南宮子用璧兩、備玉二笥、鼓鐘一肆，齊侯既躋洹子孟姜喪，其人民都邑謹要：無用縱爾大樂。用鑄爾羞瓶，用御天子之事，洹子孟姜用乞嘉命，用祈眉壽，萬年無疆，用御爾事。

"齊侯罍甲"與"齊侯罍乙"銘文內容大致相同，鑄刻行款不同，兩者的區別在於：

齊侯罍甲，第一行"齊侯女雷聿喪其舅"缺"女"字（注："女"字舊釋爲"中"。齊侯罍乙，因有"中"字，故舊時又稱爲"齊侯中罍"）。齊侯罍甲，第七行"于大無司誓"之前缺"一笥"兩字（注：齊侯罍乙"一笥"兩字在第八行最末）。

齊侯罍甲乙二器，見載於《商周青銅器銘文暨圖像集成》第 22 冊，編號 12449—12450。是書甲乙兩器命名顛倒，將甲器誤爲乙器，乙器誤作甲器。

因銘文位於器頸腹部之內壁，有開展弧度，傳拓極爲困難，拓紙皆需預先裁剪方可施拓。

此器翻刻本較多，極易真假混淆。其簡易鑒別方法，筆者歸納如下。

"齊侯罍甲"原器之顯著特徵是：倒數第二、第三行下方，有連片的斑駁的鏽蝕痕（位於第十七行"用

御天子之事"、第十八行"用旂眉壽"下方）。

　　"齊侯罍乙"原器之顯著特徵是：銘文前五行較漫漶，文字多遭侵蝕，第六至第十行筆畫則較粗肥，其中第七、第八行最末數字筆畫尤爲癡肥顯眼（注：七行"齊侯拜嘉命"之"拜嘉命"三字，八行"玉備一笥"四字）。其後九行銘文字口較清晰，筆畫較細勁。

　　原器拓片，上半截墨色一般較深，下半截較淺，上半截銘文在器身頸部，較易傳拓，下半截銘文在器身腹部，較難椎拓上墨。

周慶雲藏本

　　此爲周慶雲藏本，周氏先獲"吳雲手拓本"（甲乙二器全形及銘文拓本），後得光緒五年（1879）趙烈文《退樓所藏齊女二鈃歌》（按：趙氏題贈吳雲者），復將其合裝成手卷。

　　周慶雲外簽：
　　　　吳退樓所藏兩罍
　　　軒全形及銘精拓本，
　　　有趙惠甫長歌合裝，
　　　夢坡室珍藏。

　　手卷起首，有周慶雲題端：
　　　　歸安吳氏所藏兩
　　　罍精拓本，夢坡題。

　　後按"齊侯罍甲乙"二器全形拓與銘文拓，銘文拓片上鈐有"退樓手拓"印章，其下有周慶雲抄録《吳雲齊侯罍甲釋文》。銘文拓片出於原器，每行皆有裁剪痕。全形拓則出自模板，雖非原器，然拓工精良。此套"全形拓模板"與下文介紹之"陳景陶藏本"完全相同。

　　再接光緒五年（1879）趙烈文《退樓所藏齊女二鈃歌》，後接趙烈文題記：
　　　　己卯春暮，退樓

> 予浮齊侯二罍全形脫本復浮趙氏惠甫題
> 退樓所藏齊女二鈃詩合裝成幅其器舊藏
> 阮氏積古齋及曹氏懷米山房均稱曰罍
> 憲齋集古録以爲壺也吳氏攈古録以以爲
> 壺坐以趙氏説證之似以鈃爲當故退樓
> 屬惠甫柔其詩將以俟博雅論定之國
> 變後其女罍歸盧江劉氏延津之劍又
> 不知何時而合矣
> 己未七月夢坡居士識

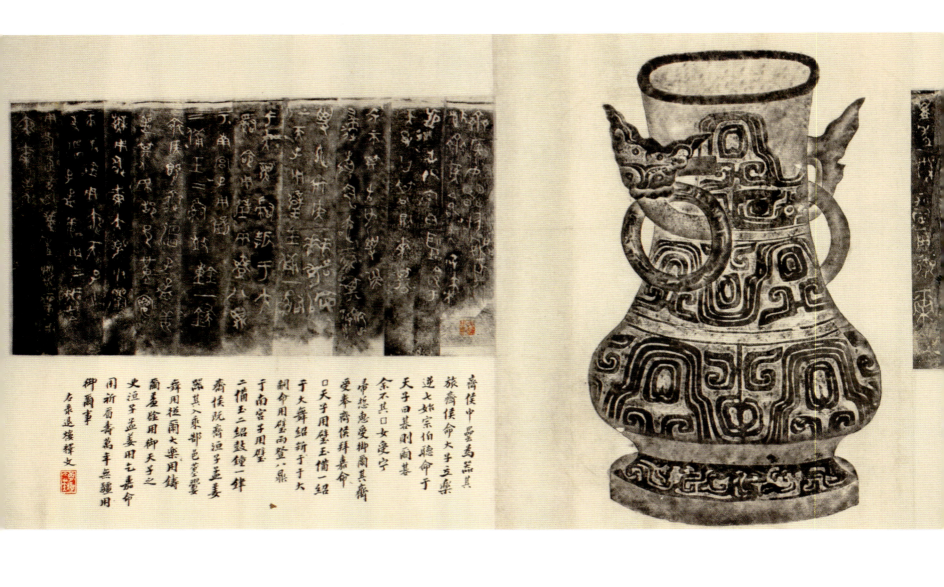

齊侯中罍為畾其
旅齋侯命大呼立樂
逆七姒宗伯聽命于
天子田甚則兩簪
余不其田女憂宁
二備玉三鉊鼓鐘一鉊
齋用鋥爾大樂用鑄
爾盉鋥用御天子之
史洹字孟姜用亡嘉命
用祈眉壽萬年無疆用
名秉退煇釋文
御爾事

退樓先生寫二疊橐讀之以為齋偕媷人首於事此鐫焉
正既求囮命書作橫傾六兩五句玉孟秋
乃重鐫四報征辟多芰詩宇文芳
公羊承公六年吳陽湖趙熙文惠甫宋室艸
喖點之事矣公羊陽生入于齋傅陳氏日常
之母負焦羨之於何凡以為齋偕媷人首於事此鐫焉
稽女畾之故軫絲葑詩士文識

己卯春暮

退樓先生寫二疊橐讀之以為斬凹為此詩
請正既求囮命書作橫傾六兩五句玉孟秋
乃重鐫四報征辟多芰詩宇文芳
方且弄奧本為琳瑯作詩報
公索腫睇何以
志之永勿忘翠侯罍

手卷裝　拓片縱 39、橫 149 釐米，題跋縱 32、橫 157.5 釐米　館藏號：Z1004

歸安吳氏所藏兩罍精拓本。 夢坡題

齊侯𦉜為器其旅齋
侯命太子乘遽來句宗
白聽命于天子曰期則
爾期余不其事女伯□□
帝悲恩受御爾其齋土
受奉齋侯拜嘉命
于天子用璧玉備玉大
舞紹誓于大嗣命用璧
兩壺八鼎于南宮子用
璧玉二備玉二絡鼓鐘齋
洹子孟姜器其入桑都
邑堇𦉜舞用
從爾大樂用鑄爾羞鈃
用御天子之吏洹子孟姜
器其入桑都邑堇𦉜舞
用從爾大樂用鑄爾羞
鈃用御天子之吏洹□□
姜用乞嘉命用祈眉壽
萬年無疆用御爾事

右錄退樓釋文

退樓所藏齊女二鈃詩

晉江々津夜有芒其旁退樓多秘藏鸞書鳳字何皇々下視珠
貝猶粃糠尊彝滿室僂指將就中齊鈃數最長前器後器合
一堂遺文三百交輝光 前器百六十餘文舊藏阮氏積古齋後器百四十餘文舊藏曹氏懷米山房今皆入吳氏退樓 雲
雷饕餮法錦裝赤瑞翡翠紛紺蒼奇蟠夭矯龍始翔
敢取繩墨期相當白雲隊起風中颺朵々花落霞玉床讀
之百過微鑄張語奇事臨疇能詳羞鈃羹器罍未彰 義器
銘辭女云某作某器此云鑄爾羞鈃鑄爾羞鈚後器云鑄爾羞鐙而不云
作器故疑器為齊侯女名而非罍器也前器不云女者省文鈃即鈃說文
鈃似鍾而頸長从金幵聲斤幵音形並近鐙鈃之反文與鈃同一鈃字亦即鈃字
周禮掌客銅四十有二注云羹器也鍾之形制諸家不詳攷漢太官銅鍾形正如
壺而頸短銘以為鍾可見古鍾之制與尊罍無甚異後人均以尊罍名之因此
器形亦類壺而頸較長與許書甚合必為鈃矣以羹器故云羞鈃器罍則
酒器不可言羞鈚也說文匕所以相比取飯一名柶詩大東有捄棘匕禮雜記
枇以桑古匕用木故禮經枇枇用匕枇多從木此則鑄金字亦從金其與鈃
合諸者曲禮羹之有菜者用梜其無菜者不用梜正義有菜者為鈃羹其有肉調
者犬羹兔羹之屬故當用匕也鈃既羹器鈚在所必用故并鑄而銘及之知匕
之用不第挽鼎載實而亦以調羹經說不詳拓之
而晚近矣鈚器微小不特為語後器遺略之也
我云女𦉜尸孟姜不姓
乞也魚菽當罍舉內子稱田常 女𦉜名不可知以時事攷之蓋陳無宇子乞之妻而常之母公羊傳陳
乞迎陽生諸大夫皆在朝陳乞曰常之母有魚菽之祭願諸大夫之化我也常之母
即乞之妻矣夫在而稱妻祭以召諸大夫殆以其妻齊侯女貴可以號衆乎詩采蘋
誰其尸之有齊季女
女之尸祭亦見於古
當時四岳神明夾鳳鳴下家世正昌熾々諸族
瞰虎狼二卿將飲遺周防無宇迨老辭莒旁胡為
嚴邑畀高唐公孫古冶志若狂賜桃爭死先開疆 阮氏徵之說以銘辭堇𦉜即
即左傳之子疆𦉜即史記之武子開其說至辯然晏子春秋言公孫接田開疆古冶
子事景公以勇力聞搏虎開則田開疆與田開字子疆為一人顯然可知杜氏預
云子疆武子字者當時必有所本未可厚非又史記田完世家云田桓子無宇有力事
齊莊公甚有寵是開疆勇力搏虎乃由家學亦足為田開疆即武子開之証無宇
子開乞書文系本無宇產子亹此語與晏即亹云堇𦉜者未知何人蓋
其時開已死乞撫公宮而堇𦉜諸子助祭於乞之家從其樂舞故稱之也
惟乞春
索樹子陽詛盟大夫佐驅攘相齊專政厭志償上請王
室要天慶治鑄宗器羞羹湯語功勒辭聲洋々政

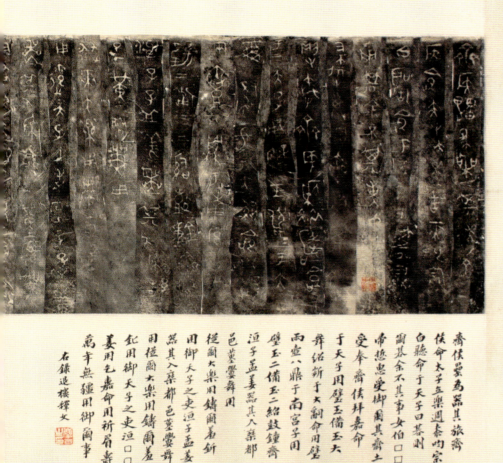

齊侯□□為器其旅齊
侯命太子乓樂遒秦□宗
白聽命于天子曰晉剛
爾綦余不其事女伯□□
帝愍惠受御爾其齊土
受奉齊侯拜嘉命
于天子用璧玉備玉大
舞綰新于大嗣命用璧
兩壺八鼎于南宮子用
璧玉二備玉二紹鼓鐘齊
洹子孟姜器其入槃齊
邑堇寶舞用
徂爾大樂用鑄爾羞鈓
用御天子之吏洹子孟姜
器其入槃都邑堇寶舞
用徂爾大樂用鑄爾羞
鈓用御天子之吏洹□□
姜用乇嘉命用祈眉壽
萬年無疆用御爾事
右錄退樓釋文

先生寄二彝真搨，蒙讀之以為鈃也。爲此詩請
正，既來函命書作橫幀，大病五旬，至孟秋乃
重錄以報，證辯多荒，詩字交劣，嗤點之幸矣。
陽湖趙烈文惠甫未定草。
後接民國八年（1919）周慶雲題記：
　　予得齊侯二彝全形搨本，復得趙氏惠甫題
《退樓所藏齊女二鈃歌》合裝成幅，其器舊
藏阮氏積古齋及曹氏懷米山房，均稱曰"彝"，
《愙齋集古錄》以為"壺"也，吳氏《攗古錄》
亦以為"壺"，然趙氏說證之，似以"鈃"為當，
故退樓屬惠甫錄其詩，將以俟博雅論定之。國
變後，其女彝歸廬江劉氏，延津之劍又不知
何時而合矣。己未（1919）七月，夢坡居士識。

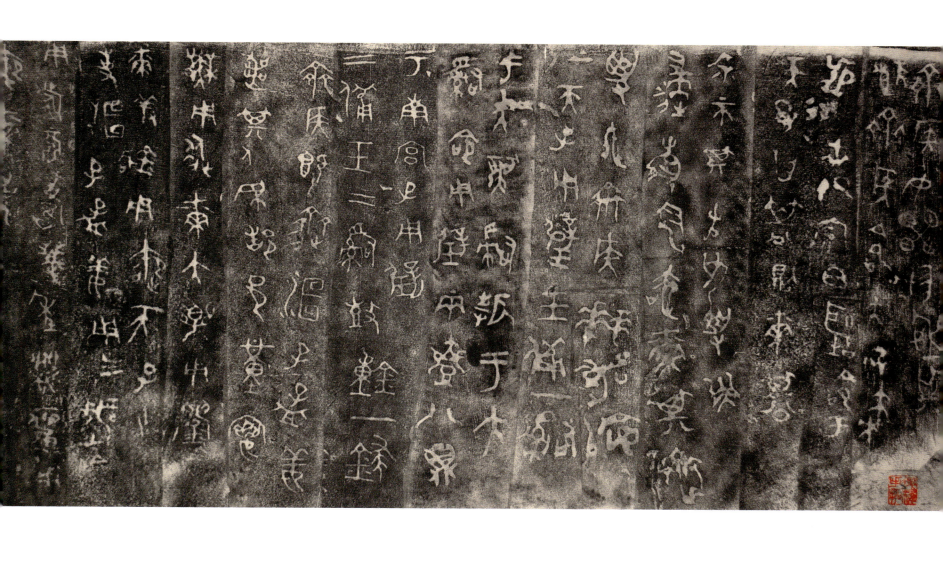

齊侯中鼎為器其
旅齊侯命大子立樂
逆七姉宗伯聽命于
天子曰甚剮爾甚
余不其口女受字
帝恕惠受御爾其齊
受奉齊侯拜嘉命
口天子用璧玉備一紹
于大舞紹斬于于大
嗣命用璧兩登八鼎
于南宮子用璧
二備玉二紹鼓鐘一鏈
齊侯既齊逗子孟姜
器其入乘郘邑黃坒盥
舞用從爾大樂用鑄
爾盞銓用御天子之
吏逗羊孟姜用元嘉命
用祈眉壽萬年無疆用
御爾事

右彔退樓釋文

109

陳景陶藏本

此爲吳雲藏本（甲乙二器全形及銘文拓本），後
歸陳景陶（愨齋）收藏。

銘文爲原器拓本，拓片逐行有剪裁痕，拓片上半
截墨色較深，下半截較淺，上半截銘文在器身頸部，
較易傳拓，下半截銘文在器身腹部，較難椎拓上墨。

全形拓並非出自原器，而是出於模板，其刻板花
紋樣式與上文“周慶雲藏本”完全相同。

齊侯罍甲，拓片鈐有“平齋鑒賞”“金石壽世之
居”“兩罍軒”印章。卷軸頂部，有民國十八年（1929）
褚德彝題端：

齊侯罍精拓本，愨齋道兄得此見眎，爲書
其眉。己巳年四月。褚德彝。

齊侯罍乙，拓片鈐有“吳雲平生珍秘”“歸安吳
雲藏器”“退樓清玩”印章，卷軸頂部，有褚德彝題端：

齊侯女罍精拓本。此本紙墨周致，想出張
玉斧之手，殊可珍也，松窗。

從周慶雲藏本與陳景陶藏本的拓製手法“如出一
轍”來看，筆者推斷此本還是應該歸爲“吳雲手拓本”
系列，而非褚德彝所謂的出於張璵（玉斧）之手。

卷軸裝　分裝兩軸　畫芯縱 107.5、橫 47 釐米　館藏號：Z1387-1388

徐渭仁藏本

此爲徐渭仁、羅振玉、汪大燮遞藏本（甲乙二器銘文拓本），係原器拓本，甲器居上，乙器在下，甲器拓片，每行均有剪裁痕，鈐有"紫珊所得善本""隋軒"印章，乙器拓片，出現每隔兩三行有剪裁痕的樣式，鈐有"羅振玉""汪大燮印"印章。

徐渭仁（？—1855），字文台，號紫珊、子山、不寐居士。上海人。精古籍碑帖鑒藏，時人譽爲"巨眼"。得隋開皇《董美人墓誌》刻石，顏其齋曰"隋軒"，得《建昭雁足燈》，複齋號曰"西漢金燈之室"。著有《隨軒金石文字》《建昭雁足鐙考》。

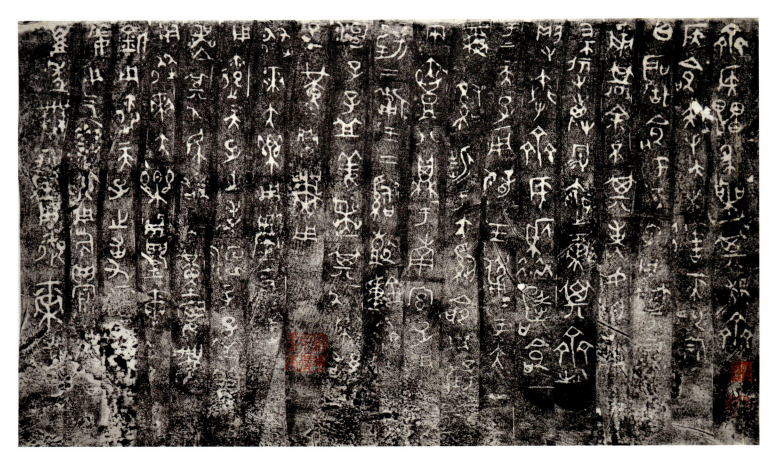

卷軸裝　甲器拓片縱 26、橫 39.5 釐米　乙器拓片縱 22、橫 39 釐米　館藏號：Z2150

戴彥生拓本

此爲江都戴彥生（燕孫）手拓本，僅存齊侯罍甲，係原器拓本，全形拓之口沿內壁還可見存銘文數字。鈐有"江都戴燕孫手拓""四爐八研之齋"印章。

卷軸上方，程曾煌過錄張廷濟《齊侯罍銘文釋并注》。

卷軸下方，程曾煌過錄阮元《齊陳氏韶樂罍銘釋》。

後接程曾煌題跋：

> 江都友人戴彥生精於搨鐘彝全形，用墨極佳，令三代法物古氣盎然，羅列在目，洵爲盡善盡美矣。復屬錄儀徵阮太保集中考釋，附於下方，亦從左圖右史之義，以供海內博雅嗜古之士同欣賞焉。茂苑程曾煌題記。

程曾煌，字硯君，號星門，齋室名華光室、五鳳樓、五鳳硯樓。江蘇吳縣人。生卒年不詳，與六舟、韓崇同時代人，流寓上海，工畫墨梅，嗜金石碑帖。

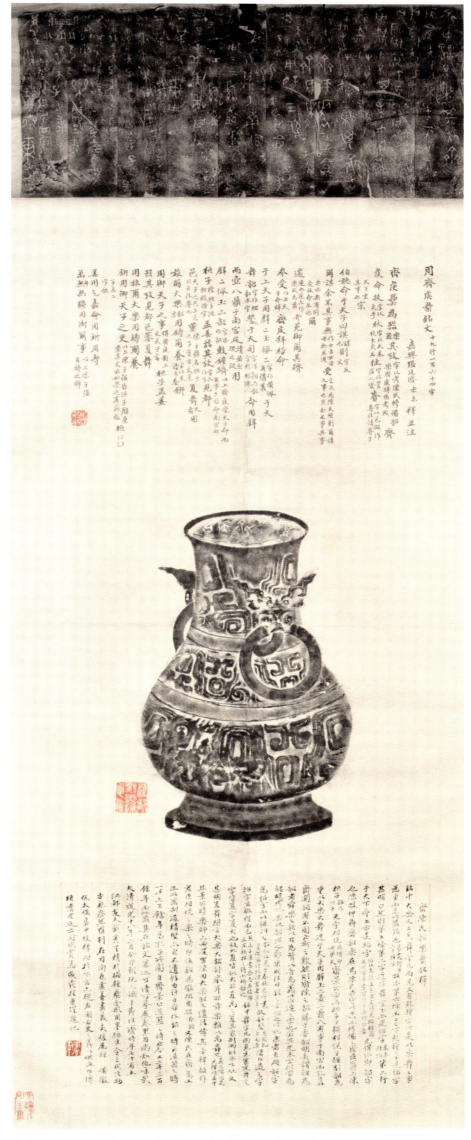

| 卷軸裝　畫芯縱 126、橫 50 釐米　館藏號：Z2518

嘉興張廷濟未未釋並注

齊侯鎛為器樂其鎛字从考陳氏修備韻成齊
矦命扶字从大木往字从邑假作 天子重
其事也宗
秋大夫名 往臨之發 齊字从邑假作
愛之事也宗秋余未往臨事于
伯聽命于天子曰諆 地也則字反
爾諆余不其事無作女古女母母無黃鐘
遠遲徹徹為諆
端違也遲往其 爾
介覯御爾其蹟
奉受以上天 齊侯拜稽命
于上天子用辟 齊侯拜稽首
舜韶韶二玉佩二字非備義佩 于大
兩壺八鼎于南宮足蹟若肉用 命用辟
辟二佩玉二玉 鼓鐘蹟蹟以上齊矦受天子命而
桓子桓作 陳桓子洹孟姜作諆非備義引命南宮也
邑天子之邑以上文薰陳子彊名桓子
邑時云往貴也之子薰古文彊夏舜大用
旅用旅御大樂秉韶爾嚴蒜舞 餅
用旅大樂用鑄爾嚴舜用
旅其皮見都邑薑夏舞
器用鋅見 文天子言
用御天子之事謂鑄齊矦對上齊天子言
用御天子之吏
餅用御天子之吏以上陳子彊告洹子祠重
萬年無彊用御爾事 以上陳子彊
姜用乞嘉命用祈眉壽 以上陳子彊
萬年無彊用御爾事自鑄之彊

銘中大樂凡三見舞字凡兩見又有鼓鐘字以是以樂舞之事
為重為高此鎛銘也六十四作字
甚明白其訓第五條茅二字近據舞字下六是紹字
于大下命上市是紹字 經彖彖文彖文彖考較鐘鼎
必陳敬仲彝齊樂在馬陳氏彝古字作韶紹即韶字
桓子矦子矦字無字相悅女弟大蒲景公亦作陳
重以大樂大舞近丁天子閒辟玉二壺二鼎八有事于南宮而說子薰別韶字
齊閒韶韶有不固名斯之歎楚則齊矦之韶勝于魯韶明夫當為
韶者舜之樂聲之謂也故韶籩及其悅若其本字但常為
紹韶字而以韶訓之鄭康成注曰韶以記諆者直破韶字
紹韶禮記祖韶遂之鄭康成注曰韶以記諆者直破韶字
為紹字的見元富定舞之 舞見元富定舞
挺字直版偕同已見嘉于漢舞書志左俉伴銘中舞字兩見亦皆下以久
字音韻字文非夏禹之夏舞也
甚明及舞猶言大樂大韶射樂耳非齊樂雜以禹韶之
具景公時大韶六悅習陳田大樂韶之遺法傳真音律故作
尾臣相悅之樂之時即依韶為徵招角招即韶又陳氏言齊為工
正此器制造精堅必自不遺餘力計自中嘩作韶之時亦造器之時
一千七百餘年卷尚孔子所閒目齊景公之造器之時今又二千三百
餘年而從此器其餘巡可讀可夢展春甲月出加以味哉
大清道光十八年二月癸卯朔阮元諆于節性齋時年六十有五

江都友人戴熙生精於搨鐘鼎全飛用墨極住令三氏法助
古氣鬱鬱雜利在目洵為畫薰薰畫美復屬錄 儀徵
阮太保集中放釋附於下方並程左圖左史之義三義以供海內博
雅嗜古之士同欣賞焉 茂苑程庾熯題記

林福昌拓本

此爲林福昌（海如）手拓本，舊爲劉世珩收藏，僅存齊侯罍乙器，係原器拓本。拓片上鈐有"海如手拓""曾經貴池南山村劉氏聚學軒所藏"印章。

林福昌，字海如，林瑞恩子。江蘇蘇州人。清末畫家，工人物花卉，精全形和寫照。

外籤：

齊侯壺全形精拓，丁未二月重裝于京師竹林齋，崔氏。

卷軸頂部，有吳大澂題跋：

此器作壺形，而前人皆以爲兩罍，誤也。一曰"喪其旅"，又曰"喪其人民都邑"，顯係齊侯失國時事，而前人誤以"喪"爲"器"字，不可通矣。"敬"字或作"啓"，或作"艻"而此器又省作"啓"，舊釋"叫"非。"齊侯命太子至周敬宗伯"，太子之名不可辨，"惎"當即"惎"，訓"忌"也。"余不尔惎，余否其事"，此天子不以爲然之詞。又曰"尔其躋受御"，蓋不得已而姑允之之詞，齊侯即以爲奉天子之命矣，故曰齊侯拜嘉命也，此掩耳盜鈴之意，以下皆納賄之事，大司命主盟誓之詞，大宗伯主頒上之事，南宮子不言其官，疑爲齊侯通賄之臣，故亦有所略也。曰"董宴無用從尔大樂"者，言既得其土地，并用其韶樂也。蓋田氏篡位之詞，語多支離粉飾，與它器之銘詞不類，不意叛臣賊子之詞與器至今尚存，豈有神物護持耶。斗廬先生正題。吳大澂。

徐熙，字翰卿，號斗廬、斗廬子。徐康之子，江蘇吳縣人。精鑒別，工篆刻。

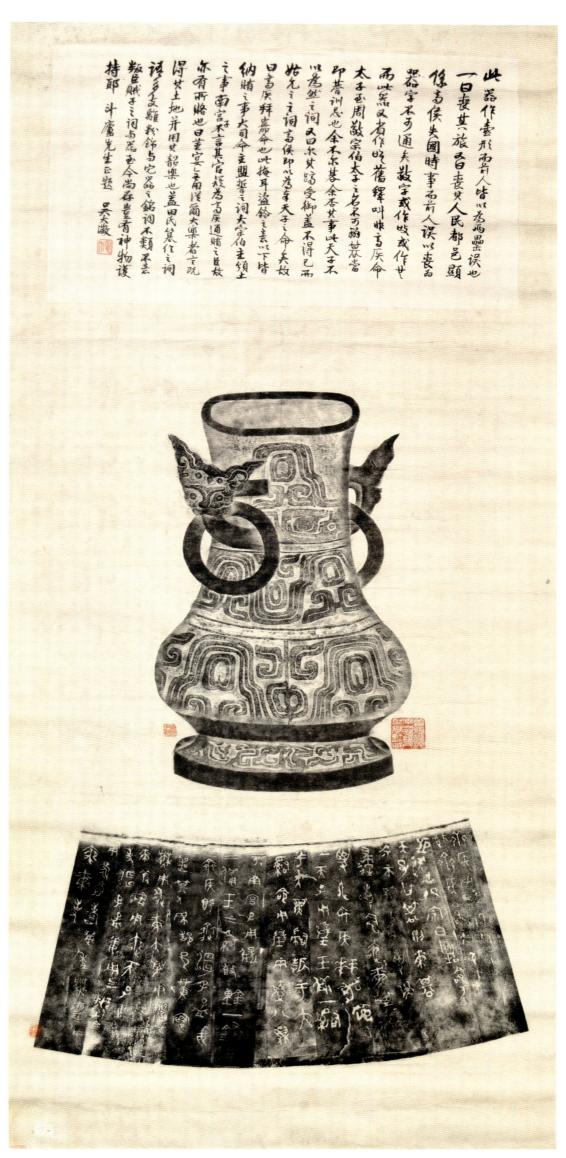

此器作壺形而前人皆以為器器誤也
一曰喪其旅器曰喪其人民都邑題
隹高侯夨圈時事而前人誤以喪為
器字不可通矣數字或作攸或作攸也
而此器又省作攸舊釋叫喉高侯命
太子玉周敦宗伯太子之名不可識某當
即某訓忌也余不求某某之名而游某某
以為然其詞高侯印以巻受御蓋不得已而
姑欲之主詞高侯主天子之命夨敦
曰高侯拜嘉命也此拖耳溢鈴之義以下皆
納賄之事大司命主盟誓之詞太宗伯主領土
之事南宮不其規為大宗伯之臣枚
尔有所賜上地并用史韶樂也曰董宴之庸通
語多者雖粉飾与它器之銘詞不類不
叛臣賦子之詞与茲今尚群豈有神物護
持耶　斗盧先生正題　吳大澂

卷軸裝　畫芯縱 106、橫 48 釐米　館藏號：Z2358

日高庚拜嘉命也此掩耳盗鈴之言以下皆

納賄之事大司命主盟誓之詞大宗伯主領

之事南宫子不言其官總為高庚通賄之臣故

你有所賂也曰董宴之言南後爾大樂者言院

得娸土地并用娸韶樂也盖田民墓作之詞

諺多支離粉飾与宅器之銘詞不類不言

叛臣賊子之詞与器至今尚存豈者神物護

持耶　斗廬先生正題　吳大澂

此器作壺形而前人皆以為兩罍誤也

一曰喪其旅曰喪茲人民都邑顯

係高侯失國時事而前人誤以喪為

器字不可通矣敂字或作收或作也

而此器又省作毀舊釋叫咮高庆命

太子乃周敂宗伯太子之名不可攷當

即其誓訓是也余不禾甚余否茲事此天子不

以為然言洞又曰尔妣高受卸舊是矣見石

吳隱藏本

　　此爲吳隱（石潛）藏本，僅見齊侯罍乙器一紙，銘文拓片呈"倒扇形"，保持傳拓遺留的原始特徵信息，未經行款剪裁重排。內有民國二年（1913）吳昌碩、吳士鑑、吳涵、褚德彝等人題跋。

　　拓本左側，有民國癸丑（1913）吳昌碩題記：

　　　右齊侯中罍，向爲吳門懷米山房舊藏，後爲吾鄉吳退樓所得，因名其軒。予考《說文》唐本木部"樏"，籀文"罍"，以从"缶"，从雲雷形。此作"罍"，不得謂之"罍"明已。器文有"兩壺八鼎"之句，是爲兩壺，是與齊侯罍同時所作器也，且可證《爾雅》"樏"之形似"壺"，是壺易混爲罍，又可知矣。

　　　石潛宗台鑑家以爲然不。癸丑冬十月，吳昌碩病肺後書，時年政七十。

　　拓本右側，有吳士鑑題記：

　　　近人釋此器，以"器"爲"喪"字，"旅"爲"師"字，"中罍"爲齊侯之女名，或是樂高之妻。時陳無宇伐樂施高彊而與鮑氏分其室，所謂"喪師"即"分室"之事云云。士鑑案：古無因訃喪而乞嘉命者（此定盦先生說），則亦無因喪師而作彝器者。況銘云"洹子（即桓子）孟姜"，"洹子"即陳無宇，"孟姜"當是"洹子之妻"，明明爲後人追述之詞（與《陳逆簠》稱"余陳狟子之裔孫"，同爲桓子後人所作）。若桓子伐樂高時自作之器，安得有諡法耶？陳頌南謂此器紀食禮與前器紀饗禮者大同小異，援據《禮經》其說較長，惟釋"都"字爲"郜"，以爲即高唐，似未精鑿。近人又釋"夏舞"爲"窦無"，謂是二地名，尤無左驗，不免嚮壁虛造矣。

　　　石潛老兄教正，士鑑錄舊跋。

　　卷軸頂部，有褚德彝題記：

　　　此器與阮氏所藏文同，惟齊侯罍作齊侯中罍，古人于名上皆加伯仲字，前人強欲釋"罍"爲"樏"，又誤"中"爲"女"，直欲以"女牆""女桒"證此爲"女樏矣"。此壺是齊侯失國時所刻，誓詞故特刻於壺之腹內，古人製彝器祭器之外有約劑之器，如晉人鑄刑鼎之類，智鼎訟禾，散氏分田，皆以約劑之詞，勒於重器，與尋常祭器不同，此又研究吉金文所當知也。石潛道兄以爲然否。褚德彝記。

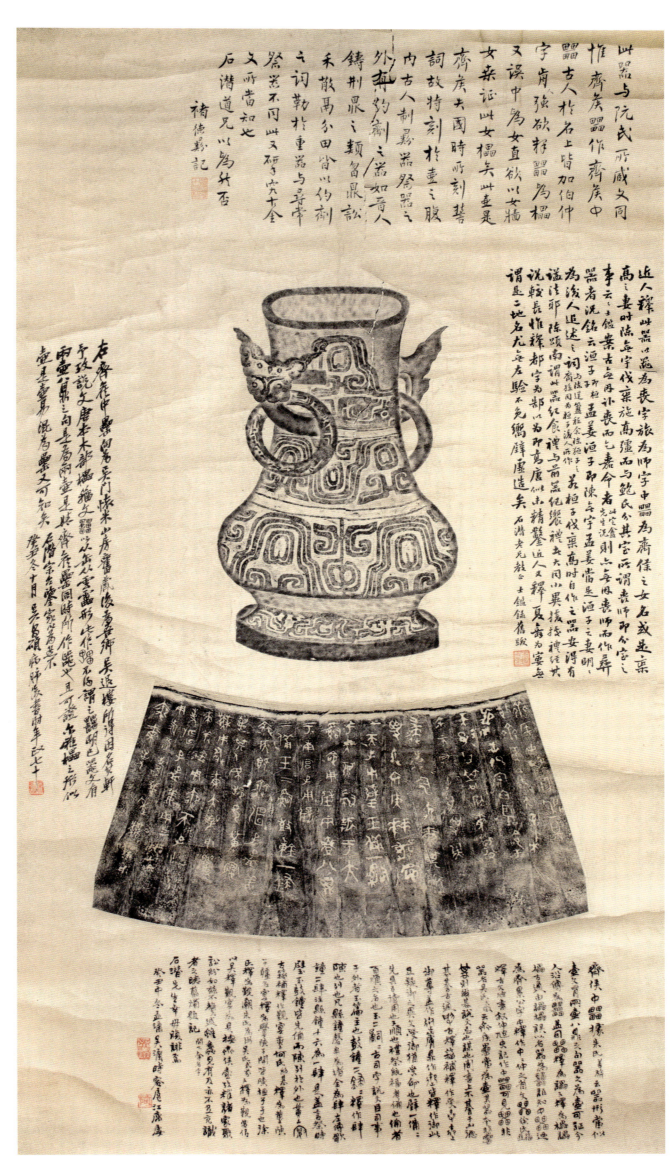

卷軸裝　畫芯縱 107.5、橫 58.5 釐米　館藏號：Z1224

卷軸底部，有民國二年（1913）吳涵題跋：

齊侯中罍，據朱氏善旂云器形當似壺，文有"兩壺八鼎"之句，器之爲壺可證。今人沿傳爲"罍"，蓋因"罍"釋爲"謂"，又釋爲"櫑"，"謂""櫑"古通，由"謂""櫑"誤以名器爲"罍"，詎知"中罍"迺爲齊景公字，"屮"釋作"中""中""仲"之省文。"罍""徐氏莊籀釋古文《虺書》叙"仲虺"，《史記》作"中罍"，可見"罍"非器名。吳氏大澂云齊侯罍當爲壺，其器本非罍，"惎則爾"，"惎"《説文》忌也，謀也。《周書》"上下惎于凶德"，"惎""惎"古通。"甲"《古籀補釋》作"受""甲"，"壷"《御尊蓋》作"甲"，《蕭鼎》作"忠"，皆釋作"御"，此足疑"御"之異文，"受御"猶"受命"也。"璧一備"，"備"先具以詩用也、又順也。《禮祭統》"福者備也，備者百順之名也"。"玉二嗣"，"嗣"

"古"司"字，《説文》"臣司事于外者，《玉篇》主也。"鼓鐘一銕"，"銕"釋作"肆"，陳也，列也。凡縣鐘磬半爲堵，全爲肆。《左傳》歌鐘二肆，注：縣鐘十六爲一肆，是蓋言祭時璧玉鼓鐘皆先備而陳列於外也。"菫罍"《古釋籀補》釋作"觀宴"，"菫"何氏紹基釋爲"董"陳子疆名，"宴"釋爲"罍"陳子開名，皆陳桓子子也。徐氏釋爲"觀廟"，朱氏爲弨，吳氏式芬又釋爲"觀要"，似以吳釋"觀宴"爲是。按齊侯壺考釋諸家聚訟紛如，茲不贅述，雖蠡見有及亦不足充識者之聽，翦燭題記。

石潛先生幸毋腹誹焉。癸丑（1913）中冬，孟涵吳涵時客滬江寓樓。

吳涵（1876—1927），字子茹，號臧龕，別署藏戡，因誕於湖州，故有湖兒、壺兒、阿壺等乳名。浙江安吉人，吳昌碩先生次子。

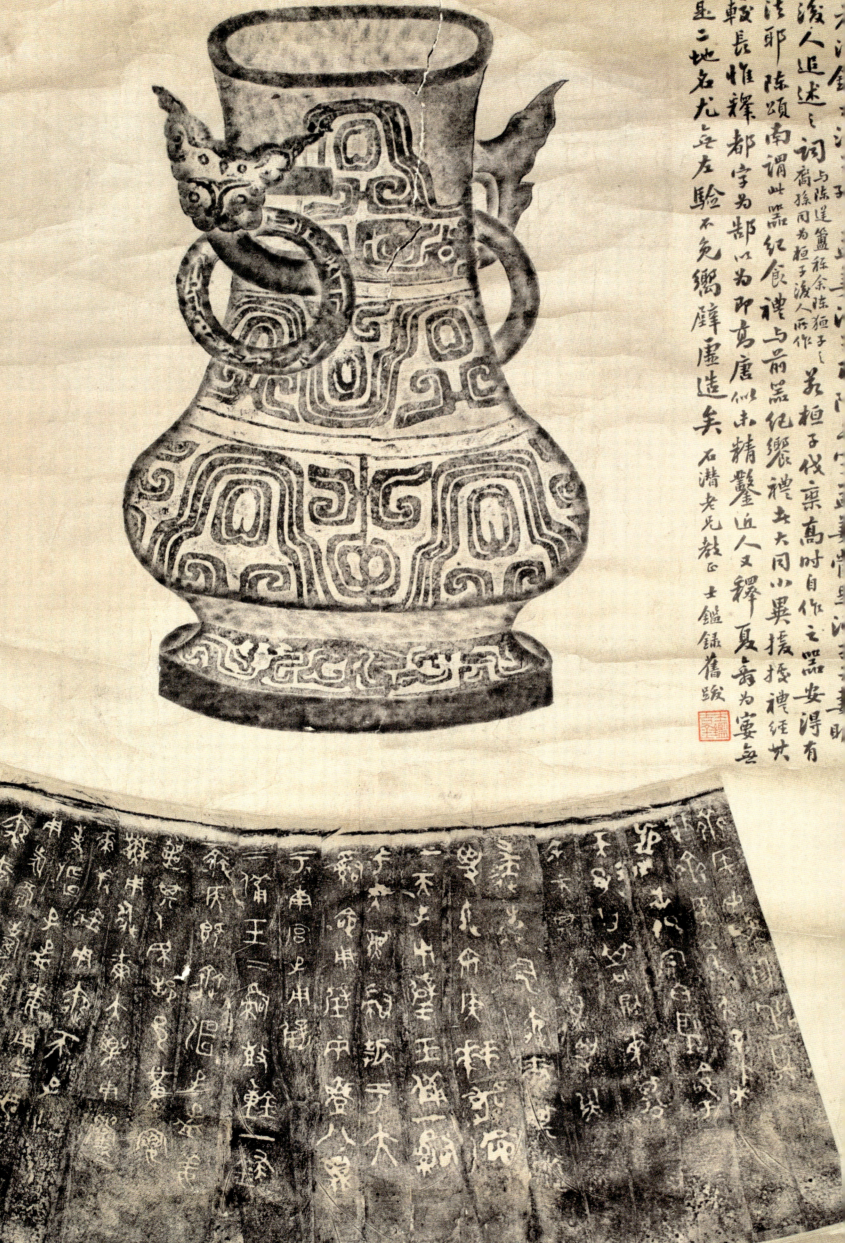

芍翁藏本

齊侯罍甲

此拓爲吳雲拓贈芍翁者，後歸楊守敬，存有光緒六年（1880）吳雲題跋。淡墨精拓，拓片左下角鈐有"雨罍軒"印章，卷軸右下角鈐有"退樓乙亥後改號愉庭""星吾所藏金石文字"印章。

按：乙亥爲光緒元年（1875）。

右上角，有吳雲隸書題端：

周齊侯罍，揚州阮氏舊藏器。

左側，有光緒六年（1880）四月吳雲題記：

阮文達公得周齊侯罍最晚，其時《積古齋款識》已風行海內，務樸學者家置一編，此器遂未及輯錄，而實愛甚至歌詞考證，詳載《揅經室文集》，嘗云：齊侯罍爲我家大寶，復作長古一篇，見《眉壽圖石刻》。拓寄芍翁大中丞親家大人法家鑒賞。庚辰（1880）清和月十又一日，愉庭弟吳雲并識。

"芍翁"疑爲彭祖賢（1819—1885），字芍亭，蘊章子。江蘇長洲（今蘇州）人。咸豐五年（1855）舉人官至湖北巡撫。彭祖賢之兄彭慰高與吳雲是真率會成員，應該有姻親，所以稱親家。然此本之銘文與全形皆非出自原器，於情於理，殊不可解。

此套齊侯罍甲乙全形拓，紙墨拓工精良，銘文拓片墨色上下兩截一致，毫無墨色差異，全本毫無土鏽，其所出底版與上文介紹"周慶雲本""陳景陶本"不同。值得注意的是，其銘文拓片文字"清秀"異常，裝裱排列縱橫有序，但衹有縱向剪裁痕，卻無橫向剪斷痕，初視之，以爲"翻刻本"，諦視之，還是"翻刻本"，絕不會是"剔後本"，此類翻刻拓本較爲常見，銘文筆畫與原器亦步亦趨，極具欺騙性。

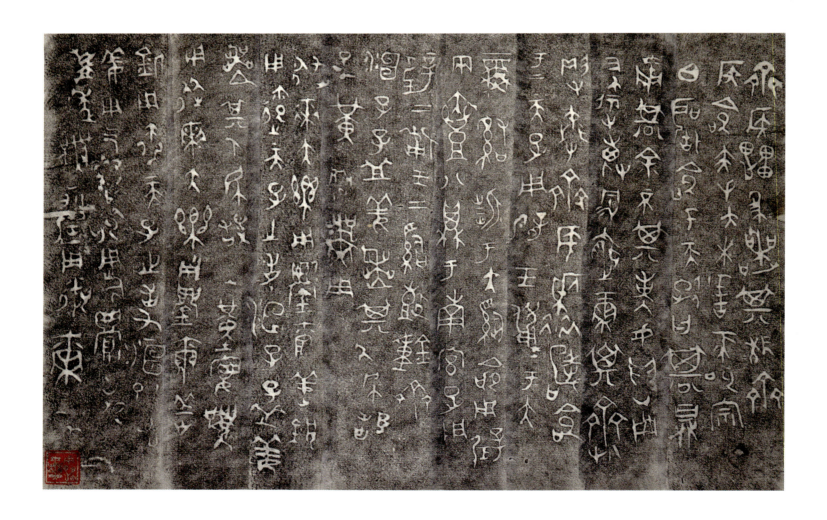

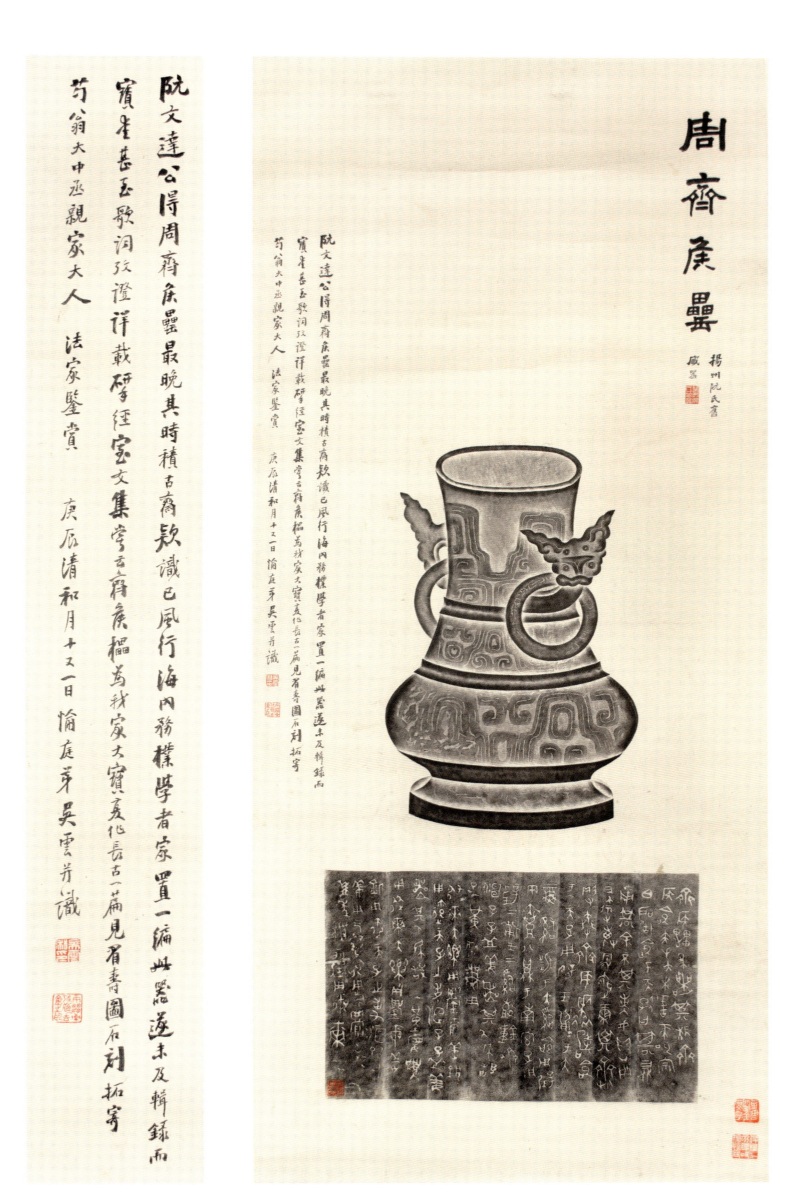

卷軸裝　畫芯縱110.5、橫48.5釐米　館藏號：Z2156

齊侯罍乙

　　此拓爲吳雲拓贈芍翁者，後歸楊守敬。
銘文拓片上鈐有"歸安吳氏藏器"印章，卷
軸左下角鈐有"庚辰年政七十"印章。此件
存有齊侯罍甲乙兩器拓本，紙墨拓工、裝潢
樣式及尺寸大小皆同，當爲同一套，"齊侯
罍甲"拓本中吳雲題記曰"拓寄芍翁大中丞
親家大人法家鑒賞"。另鈐有楊守敬印章，
故知此拓亦爲吳雲拓贈芍翁者，後歸楊守敬。

　　右上方，有吳雲題端：

　　　齊侯中罍，蘇州曹氏舊藏器。

　　左側，有光緒六年（1880）吳雲題記：

　　　文達既得齊侯罍已詫爲大寶，
　　後又見蘇州曹氏所藏齊侯中罍拓
　　本，器之形制絕相似，而銘文少十
　　數字，頗有異同，篆法遒古，且均
　　在腹内，文達謂奇珍有偶，尤爲難
　　得，爰屬門下士陳頌南侍御作通釋
　　二篇授梓行世。今兩罍皆爲敝齋所
　　藏，亦金石奇緣也。愉庭吳雲又記
　　於金石壽世之居。

126

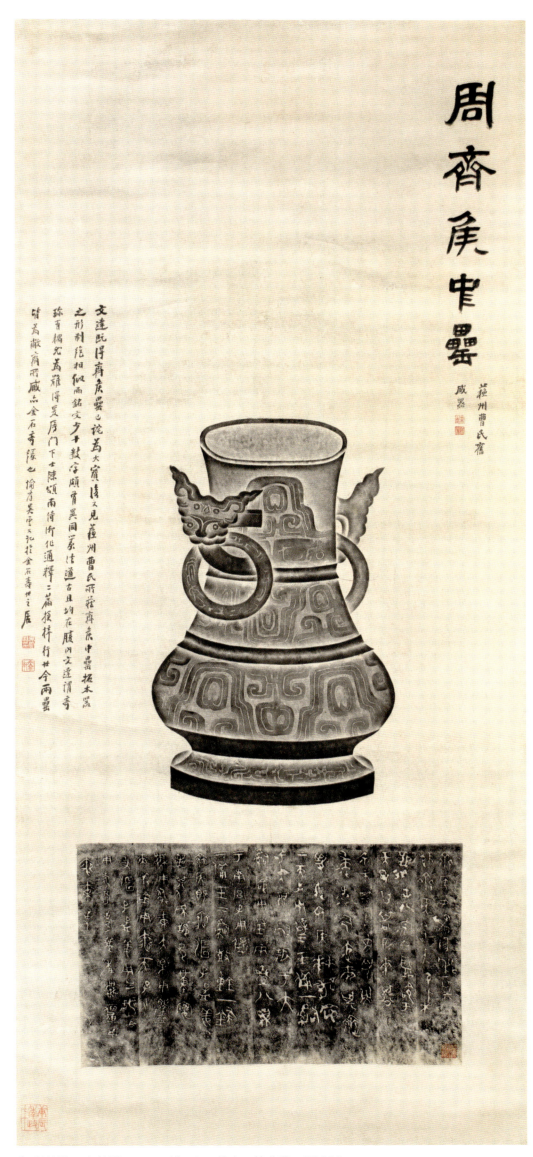

周齊庚申器

莊州曹氏舊藏器

張丙炎藏本

此拓爲張丙炎（藥農）藏本，齊侯罍甲鈐有"午橋平生真賞""樵生"印章。齊侯罍乙鈐有"張午橋所藏拓本""藥農"印章，卷軸上方存有《齊侯罍釋文》。

全形拓雖非出自原器，然拓工不俗，得淡雅之趣。銘文拓本亦與尋常所見不同，剪裁成"蘭花乾"樣式，拓本佈滿鏽斑，表面漫漶，極富金石氣，銘文筆畫較粗，與原件差異較大，定爲翻刻。

張丙炎（？—1905），字午橋，號藥農、遁翁、榕園。江蘇儀徵人，咸豐九年（1859）進士，翰林院編修，富收藏，喜吟詠，著有《冰甌館詞鈔》。

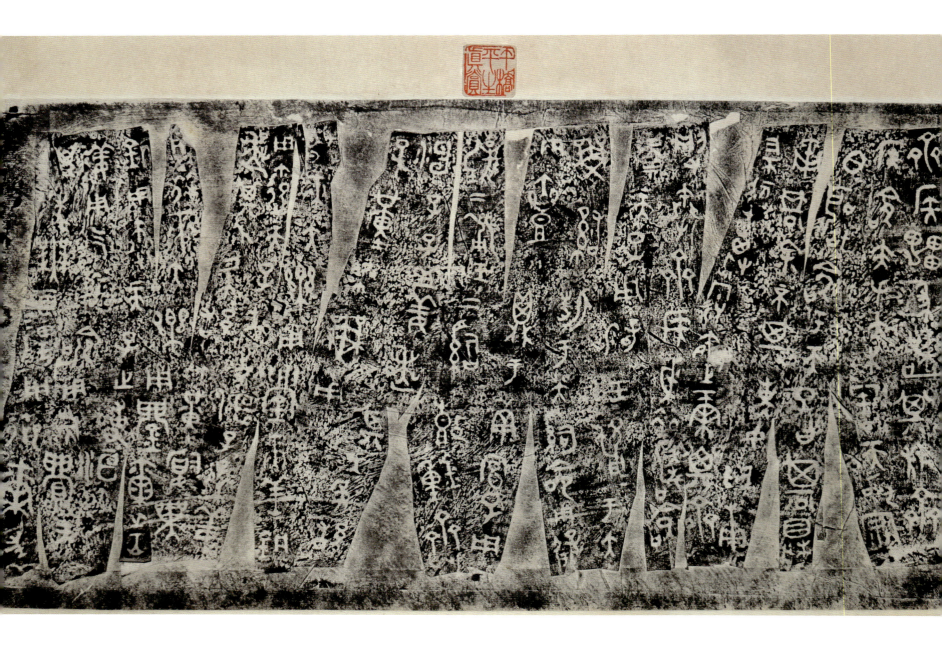

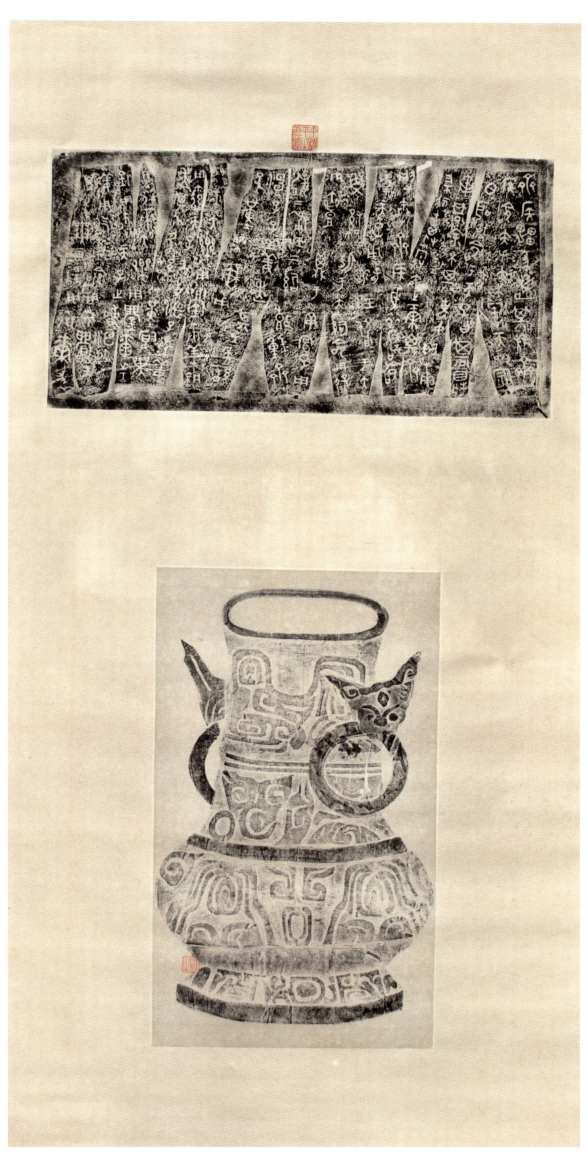

齊侯罍甲　卷軸裝　畫芯縱 110、橫 48.5 釐米　館藏號：Z2156

周齊侯中罍

器高今尺一尺二分深九寸底徑六寸腹圍二尺一寸八

分腹徑六寸七分口徑四寸二分鏒徑二寸七分重今庫

平一百六十兩左右饕餮衡鏒

齊侯中罍為器其

旅齊侯命大子立樂

逆七始宗伯聽命于

天子曰基則爾基

余不受其口女受宁

帝拯惠受御爾其齊

受孝齊侯拜嘉命

口天子用辟玉備一絡

于大舞斳斳于大

嗣命用辟兩登八鼎

于南宮子用鬳

二備玉二絡鼓鐘一鏲

齊侯既齊湩子盂姜

器其入桑郙邑整豐

舞用從爾大樂用鑄

爾羞膌用御天子之

吏湩子盂姜用气嘉命

用祈眉壽萬季無疆用

御爾事

右齊侯中罍銘文一百四十餘字器舊藏蘇州聲氏懷米

山房今蘇吳興吳氏兩罍軒

周齊侯中罍

寬為今尺一尺二分漢九十
底徑六十腰圍二尺一寸八
分腹徑六寸七分口徑四寸二分鐶徑二寸七分重今庫
平一百六十兩左右饕餮銜鐶

齊侯中罍為甗為其
娠齊侯命大子立樂
遣七始宗伯龢命于
大子四始則衡其
余不愛其口女愛宁
帝貺惠受御徧其齊
受壽齊侯拜嘉命
口大子用胖王偏一始
手大齊鉊斯作今头
齊侯勝鑄淮子盂盉
二備其龢鼓鉓科
寸南宫子用鏡
舞用陰兩大櫨周鏡
尚臺陰用御天子之
史海子立盖用兄嘉命
用祈眉壽萬年無疆州
柳爾而

右舞侯中罍銘文一百四十餘字器蓋舊藏蘇州瞽氏潘米
山房今歸其典吳氏兩罍軒

齊侯罍乙　卷軸裝　畫芯縱 79、橫 47 釐米　館藏號：Z1108

齊侯罍乙翻刻本

此爲翻刻本，全形拓俗不可耐，銘文一字不損，文字與鏽斑特徵皆與原器不同，鈐有吳雲僞印兩方。

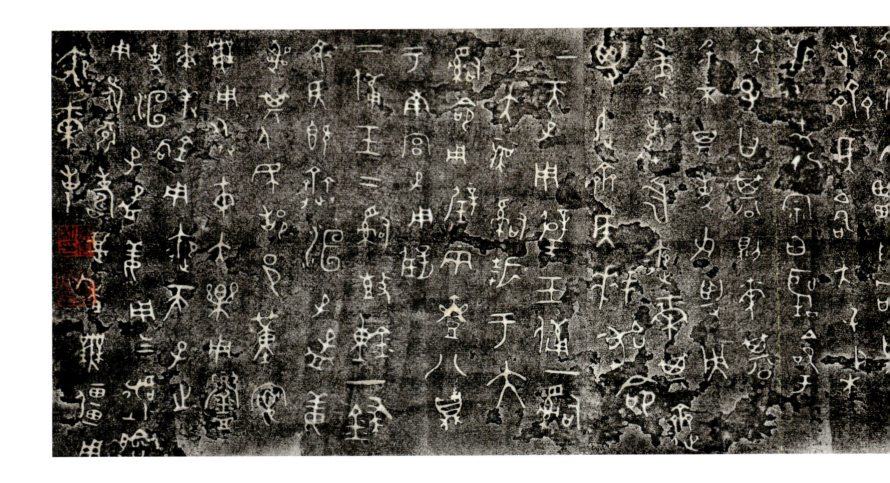

卷軸裝　畫芯縱 71、橫 36 釐米　館藏號：Z2009

紙上吉金

鐘鼎彝器善本過眼録

水器

裹盤

裹盤

裹盤，西周晚期器，平沿方唇，附耳高出器口，圈足外撇，下腹收斂，內底鑄銘文10行，共計103字(重文2字)。盤高12.9、寬45.5、口徑41釐米，重7.96千克。阮元舊藏，現藏北京故宮博物院。

其銘文曰：

唯廿又八年五月既望庚寅，王在周康穆宮，旦，王格太室，即位。宰顝右裹入門，立中廷，北嚮。史嘗授王命書。王呼史淢册錫裹：玄衣黹純、赤韍、朱衡、鑾旂、鋚勒。戈琱戜、厚柲、彤綏。裹拜稽首。敢對揚天子丕顯魯休命，用作朕皇考鄭伯、鄭姬寶盤。裹其萬年子子孫孫永寶用。

見載於《商周青銅器銘文暨圖像集成》第25册，編號：14537。

阮氏家廟摹本

鈐有"阮氏家廟藏器"印章。全形拓之器身上見有土鏽痕。銘文定爲翻刻，倒數第四行"裹拜稽首"之"拜"字右側"手"部，最上端筆畫方向朝左，原刻銘文最上端筆畫方向朝上。末行"裹其萬年"之"裹"字其下"衣"部，中間多刻一短橫，原刻則無。

卷軸裝　畫芯縱 104.5、橫 53 釐米　館藏號：Z2251

阮氏家廟藏本之一

　　汪幹庭藏本，原器拓本。鈐有"阮氏家廟藏器""幹庭審定金石書畫印"印章。全形拓之器身上無土鏽痕。

　　汪幹庭，清末民初揚州著名徽商汪泳泊之子，富收藏，善鑒定。

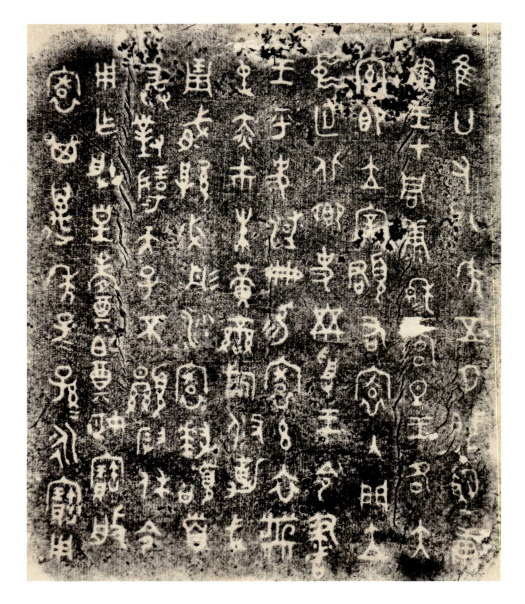

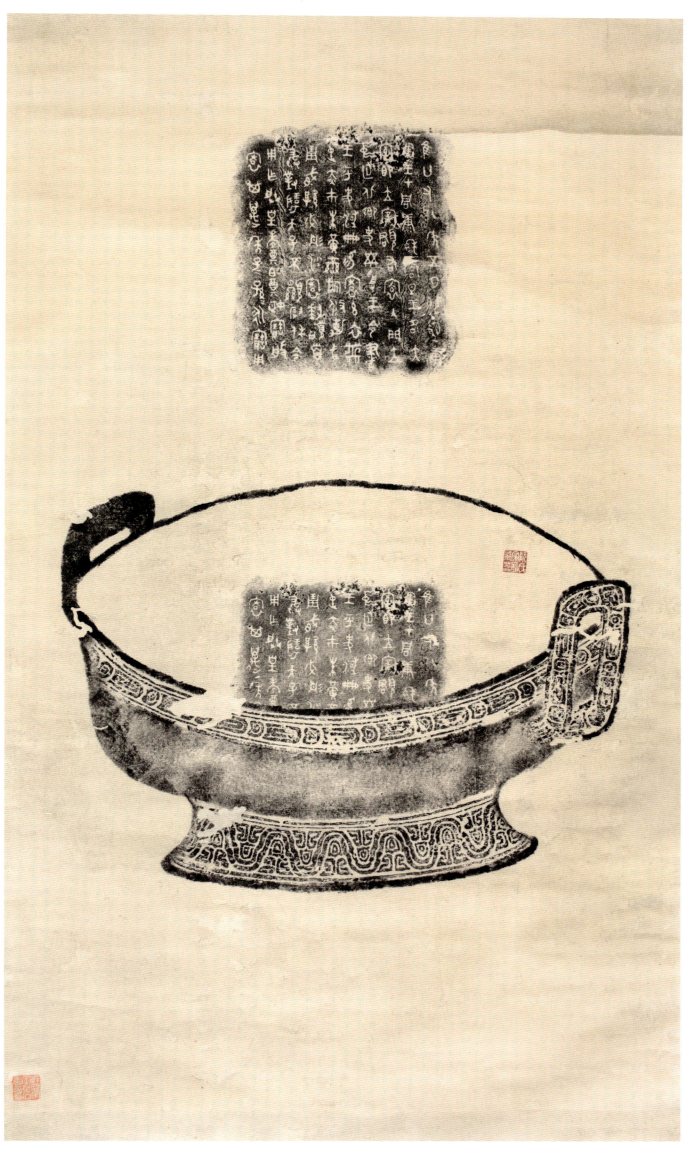

卷軸裝　畫芯縱 104、橫 54.5 釐米　館藏號：Z1565

阮氏家廟藏本之二

原器拓本，卷軸上部有路佴之（山夫）釋文，鈐有"阮氏家廟藏器"印章。全形拓之器身上無土鏽痕。與上述"汪幹庭審定本"同款。

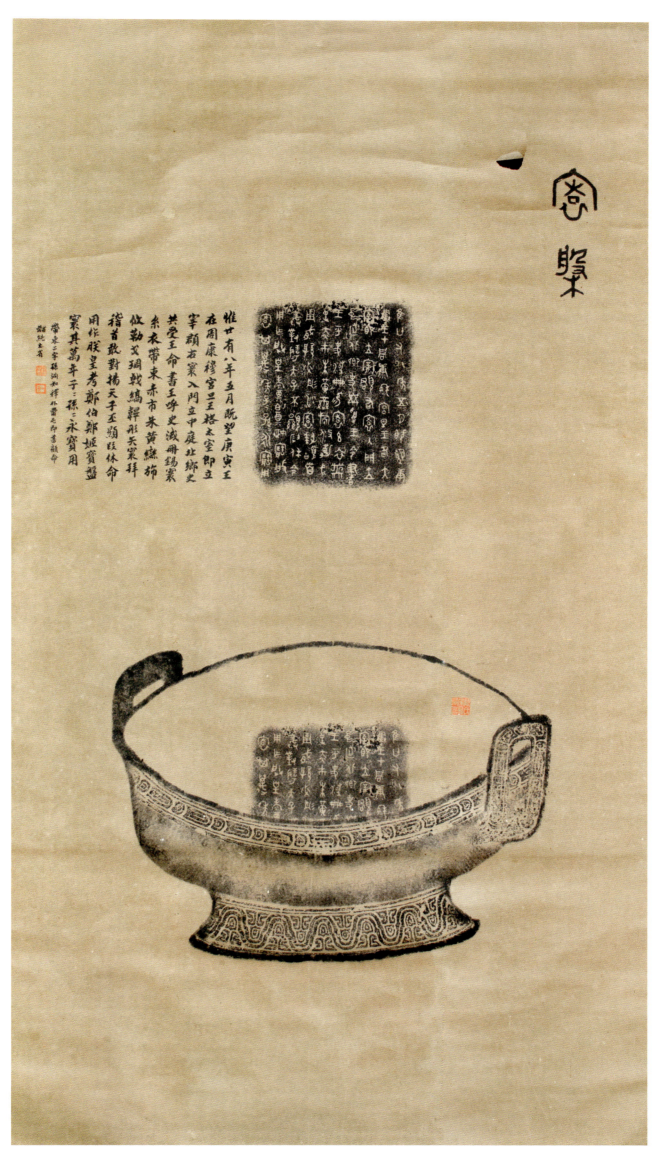

惟廿有八年五月既望庚寅王
在周康穆宮旦王格太室即立
宰顥右裘入門立中庭北嚮史
共受王命書王呼史減冊錫裘
朱衣帶束市朱黃鑾斾
裘拜稽首敢對揚天子丕顯段休命
用作朕皇考鄭伯鄭姬寶盨
裘其萬年子=孫=永寶用

帶束二字顓泂未釋外曾光印書顓命
顓地上省

卷軸裝　畫芯縱 136、橫 65.5 釐米　館藏號：Z1369

虢季子白盤

虢季子白盤，西周晚期器。相傳清道光年間，陝西寶雞虢川司（今寶雞市陳倉區）出土，爲土人用作飲馬器。道光十三年（1833）寶雞虢川司眉縣縣令徐燮鈞（傳兼）以百貫購歸，後運至徐氏故里常州，名其室曰"寶盤軒"，一時名人吟詠之作斐然成帙。咸豐十年（1860），太平天國護王陳坤書佔領常州，"寶盤軒"遂成"護王府"。同治三年（1864）李鶴章、劉銘傳兩部會師克復常州，時劉銘傳門客劉宗海知徐家有此寶盤，先期入城，乘隙將此盤埋於地下，是以李鶴章搜索未獲，至劉銘傳入府乃掘出，運往劉氏故里合肥，於大潛山房築亭儲之，號爲"盤亭"。1949年8月，劉氏後人將其捐贈給中央人民政府，後入藏故宮博物院，現藏中國國家博物館。

器形似浴缸，圓角長方槽形，直口方唇，下腹收斂，平底下有四曲尺形足，四周外壁各有一對龍首銜環耳，口沿下飾竊曲紋，腹飾波帶紋。器高41.3、口縱82.7、橫130.2釐米，重215.3千克。

內底鑄銘文111字（其中重文4，合文1），其文曰：

唯十又二年，正月初吉丁亥，虢季子白作寶盤，丕顯子

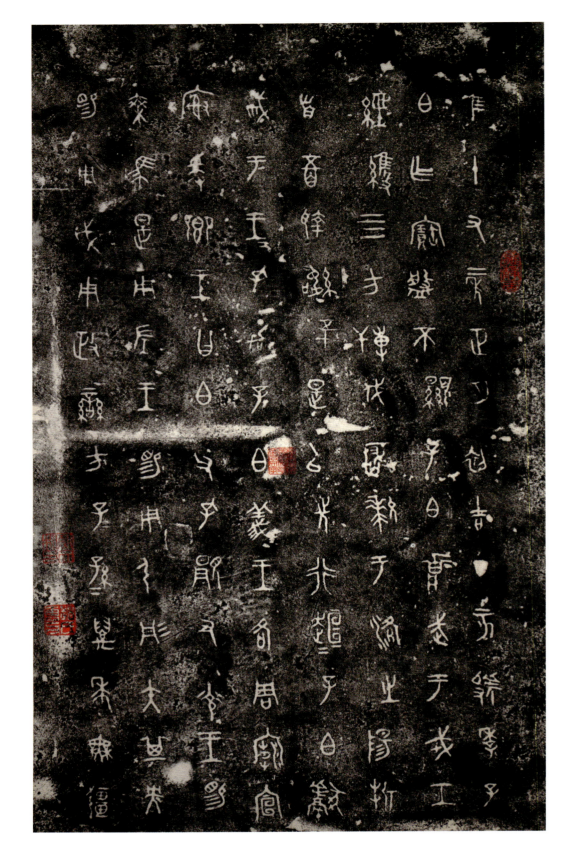

白，壯武于戎功，經維四方，搏伐獫狁，于洛之陽，折首五百，執訊五十，是以先行。桓桓子白，獻馘于王，王孔嘉子白義。王格周廟宣榭，爰饗，王曰：白父，孔覲有光，王錫乘馬，是用佐王；錫用弓，彤矢其央。錫用鉞，用征蠻方。子子孫孫，萬年無疆。

此盤見載於《商周青銅器銘文暨圖像集成》第25冊，編號：14538。

《虢季子白盤》傳世拓本，理論上可分道咸年間徐氏"常州拓本"和同治以後劉氏"合肥拓本"兩種。早期拓本可以清晰看到盤底的鏽蝕痕（有凸起的斑點或斑塊，在拓本上呈現黑點狀），此類"鏽蝕痕"，在淡墨拓本尤爲清晰明顯，凡見有"鏽蝕痕"的拓本，大多還有一個顯著特徵，其二行"壯武於戎功"之"壯"字（第二行第九字，上"由"，下"爿"），"由"部呈"曰"狀，可定爲"未剔初拓本"。

另據館藏"徐增祥藏本"（"已剔本"），存有同治五年（1866）沈壬昌題跋，

沈氏指爲咸豐八年（1858）徐韻生贈送者，若果其然，《虢季子白盤》之洗剔時間當在咸豐八年（1858）以前，主持"洗剔"者，當爲徐燮鈞而非劉銘傳。由此可推知，"常州拓本"就已經存有"未剔本"和"已剔本"兩種，若論"合肥拓本"則必爲"已剔本"無疑。

另，坊間常見"焦山鼎"與"金山鼎"合拓一紙者，所謂"金山鼎"現藏鎮江市博物館，腹內壁銘文12行，行13字，其原名當爲"遂肇諆鼎"，屬於西周早期器，道光末年秦中出土，初出土時銘文僅2行，共計9字，其文曰："遂肇諆作廟叔寶尊彝"，旋僞添124字，成133字，僞刻文字內容雜糅《虢季子白盤》等器物銘文，其口"壯"字呈未剔狀，又爲初拓未剔本提供了一個有力的物證。

1949年8月，劉氏家族將"虢季子白盤"捐贈給中央人民政府時，當時曾經傳拓數十份（還見有朱拓），其拓工及紙墨較易分辨，此乃"近拓本"，不屬於高古善拓範圍。

趙烈文藏本

此爲淡墨拓本，盤銘上鏽蝕痕（呈現黑點狀）尤爲清晰明顯，二行"壯武於戎功"之"壯"字（第二行第九字，上"由"，下"爿"），其"由"部呈"曰"狀，屬於未剔初拓本。

此本舊爲趙烈文收藏，鈐有"烈文私印""趙氏惠父""趙烈文所得三代以下金石文字""能靜居"印章四枚，另有民國二十五年（1936）鄭榮（樸孫）釋文並記。

卷軸外有趙烈文外簽："周虢季子白盤真拓本，能靜□□，天放樓鎮庫。"

卷軸上方，有民國二十五年（1936）鄭榮釋文並記：

> 立群姻兄屬書虢季子白盤釋文，因依吳平齋所輯五家考證本錄請正教。
>
> 丙子佛生日，弟鄭榮。

鄭榮，字樸孫，一字樸生，湖南長沙人。齊白石在《寄園日記》中多次提及，"意氣最合，新知惟有此人也"。

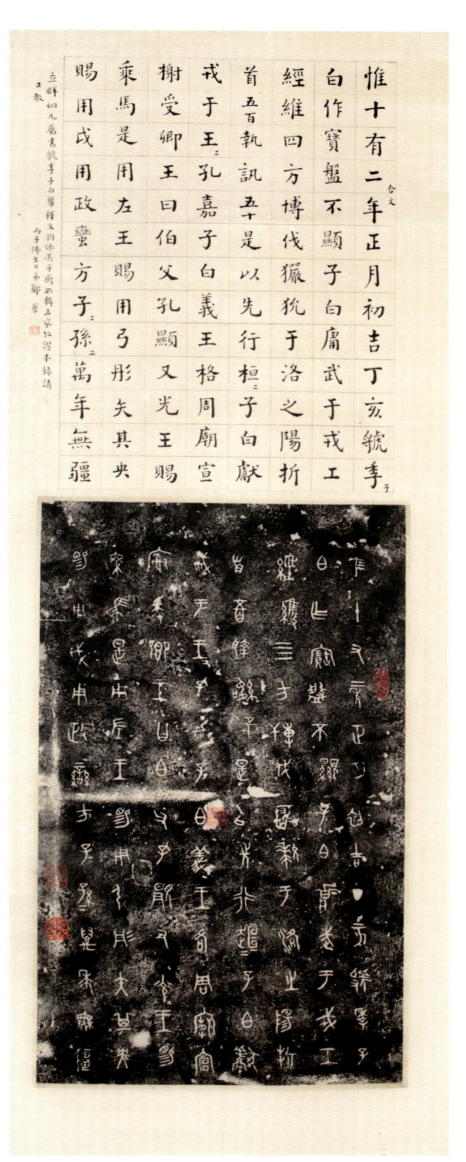

卷軸裝　畫芯縱110、橫36釐米　館藏號：Z1205

徐增祥藏本之一

　　此本爲徐增祥（堯卿）藏本，趙時㭎審定爲"咸豐庚申（1860）以前舊拓"。淡墨拓本，版本情況與上文"趙烈文藏本"相同，屬於未剔初拓本。有左權、趙時㭎、林葆恒、徐增祥、陳夔龍等人題詩、題記。

　　徐增祥（堯卿）爲徐燮鈞（傳兼）後人，其收藏《虢季子白盤》拓本有多件，沿用先人室名曰"寶盤軒"，本書就收錄其藏本三件，此其一也。

　　卷軸頂端，有左權抄錄《虢季子白盤釋文》及《吳大澂考釋》（茲不贅錄），其後題記曰：

　　　　虢季子白盤，余外家舊物，後歸劉壯肅公。今各地淪陷，三代吉金多爲日軍所得，此盤以先在滬獲免，部鼎之歸，期諸它日。堯卿舅父命錄吳釋附記之。左權。

　　拓片右側，有民國辛酉（1921）趙時㭎題端並記。

　　　　是盤粵匪之亂，淪于賊中，合肥劉省三中丞克復常州獲此，運回其鄉築盤亭以居之，不輕椎拓。堯卿出此索題，爲庚申（咸豐十年1860）前舊拓，殊可珍也。

　　下接戊寅（1938）小除，林葆恒題詩：

　　　　玁狁猖狂欲亂華，桓桓季子奏皇芧，平戎勛績故應嘉。

　　　　十代江山非故物，千季彝鼎問誰家，長留拓本與咨嗟。

　　　　浣谿沙。堯卿老兄屬題即乞正拍。閩縣林葆恒。戊寅小除。

　　林葆恒（1872—？）字子有，號訒庵。福建閩侯人，林則徐侄孫。曾任駐小呂宋（今菲律賓）副領事、駐泗水領事。清末民初詞人，在天津組織詞社，後至上海創建漚社，被譽爲八閩詞壇後勁。著有《補國朝詞綜補目錄》《瀼谿漁唱》《訒盦詞稿》《訒盦詩詞鈔》等。

　　拓片下方，有丙子（1936）正月徐增祥題記（吳集慶書錄）：

　　　　先伯傅兼公（徐燮鈞）以道光丙戌（1826）進士出宰於郿，因公赴鄉，經寶雞虢川鎮見道旁飲馬器甚古，以百貫得之，後棄官歸隱，載歸常州，名其室曰"寶盤軒"，一時名人吟詠之作斐然成帙，亂後，散失殆盡，僅於公所著《溫經堂詩鈔》中得五言紀事一章，謹錄於左，以資考證。

　　　　辛丑歸自寶雞虢川鎮，見道旁飲馬器甚古，急購得之，腹有銘詞百十四字，小篆雄秀，辭亦淵雅，攜作歸裝可寶也，成五言一章以紀其事：

　　　　我從陳倉還，探幽恣掎摭。
　　　　所得非寶雞，亦足供悅懌。
　　　　道旁飲馬器，容水可十石。
　　　　質古形模奇，完好無刓坼。
　　　　輿儓車載歸，十鈞又十鉌。
　　　　口廣身橢長，唇寸腹深尺。
　　　　口三身四之，倍寸四足蹠。
　　　　琅琅面八環，啣獸似熊貘。
　　　　爬沙剔土鏽，神采煥几席。
　　　　盤互雷回文，窈丹間深碧。
　　　　銘文百十四，籀體認波磔。
　　　　不知何王代，祇紀年月日。
　　　　庸武多戎功，王錫虢子白。
　　　　長安古西周，虢川古西虢。
　　　　王綱既陵替，玁狁肆兇逆。

虢季子白盤

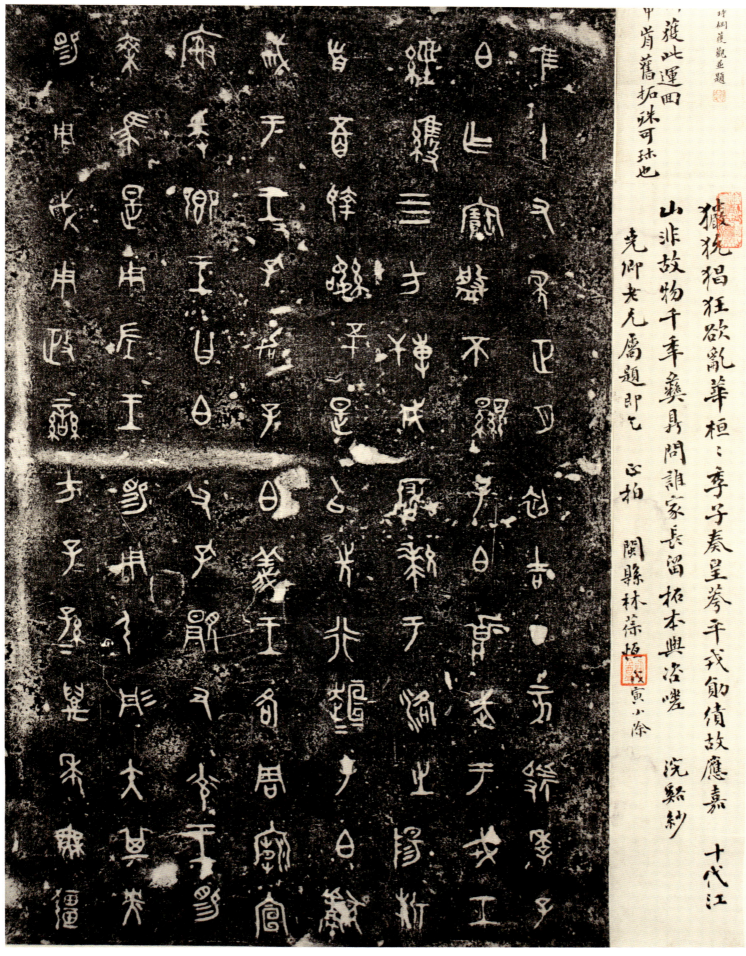

時桐廬觀並題

中肖舊拓珠可玩也
獲此運四獲

猿狙獪狂欲亂華桓之季子秦皇孝平戎勳績故應嘉 十代江

山非故物千年藜具問誰家長留拓本與沿嗟

尧卿夫尺屬題即之 正柏

關縣林葆恒
戊寅小除

沈慰紗

卷軸裝 畫芯縱 138、橫 49 釐米 館藏號：Z1208

蟑沸洛之陽，逼近鎬京宅。

桓桓季子白，敵愾何焉奕。

吉甫旂央央，南仲車赫赫。

薄伐多前功，獻馘廟來格。

王曰咨伯父，丕賞嘉乃績。

乘馬錫蕃庶，彤弓旅矢百。

鈇鉞鎮蠻方，永永佐戎碑。

偉烈宜蒸嘗，膚功馨竹帛。

詩書胡不紀，亦未揚史冊。

古來撻伐勳，湮沒多可惜。

銘詞雖不詳，可彌史書隙。

嶧碑既斷缺，宣鼓空贍炙。

落落攷古家，盲摸少精核。

茲盤乃飲馬，世俗何縴劃。

吳秦路迢迢，欣賞情脈脈。

三千里外程，相攜同主客。

無疆貽子孫，十望此世澤。

按器銘八行，行十三字，共百又七字，趞王子孫重文各一。盤重今權四百八十餘斤，花紋四周，四面銅環各二，銘鑄盤內，咸豐庚申常州陷於賊，同治甲子合肥劉省三中丞克復常州，得此盤於偽護王府中，舁置合肥

大潛山房築亭居之，號爲"盤亭"，近聞劉氏子孫將善價而沽，家貧無力光復舊物，將來又不知流落何所，九鼎之重尚不能終歸一姓，遑論此盤，謹錄原起以示子孫。丙子（1936）正月增祥謹誌，吳集慶謹書。

後接戊寅（1938）初秋，陳夔龍題詞（其子陳昌豫書錄）：

重輕難問周朝鼎，完好猶存虢子盤。

聞說征蠻供飲馬，聯翩方召尚桓桓。

廉吏載歸軒室裏，元戎租寄短亭西。

吉金樂石難諧價，漢瓦秦權共品題。

氈拓何年賸此圖，製奇篆古未模糊。

清門文采成追憶，太息河山舉目殊。

戊寅（1938）初秋，貴陽陳夔龍拜稿命子昌豫敬書。

陳夔龍 (1857—1948)，又名夔鱗，字筱石，一作小石、韶石，號庸庵、庸叟、花近樓主。貴州貴築人。光緒十二年 (1886) 中進士，歷官河南巡撫、江蘇巡撫、四川總督、直隸總督。民國後退隱上海。著有《丙子北游吟草》《藏海園酬倡集》《陳庸菴函稿》《花近樓詩存》《夢蕉亭雜記》《鳴原集》《松壽堂詩鈔》《五十三參樓吟草》《庸盦尚書奏議》等。

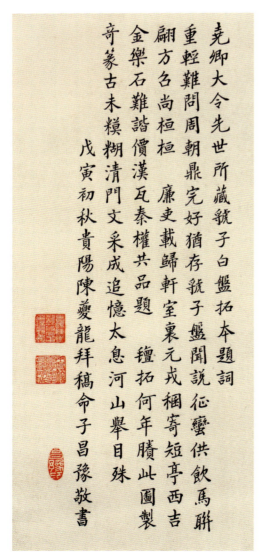

光伯傅薰公以道光丙戌進士出宰於郿同治□□赴鄉經寶鷄緟川鎮見道旁飲馬罷甚古以百貲得之

後豪官歸隱載味常州名其室曰寶鑑軒一時名人吟咏之作斐然成帙亂後散失殆盡僅存公二所著

溫經堂詩鈔中得五言紀事一章謹錄於左以資攷證詩曰 辛丑歸自寶鷄緟川鎮見道旁飲馬罷

甚古急贈得之腹有銘詞百十四字小篆雄秀灘点淵雅攜作歸裝可寶地成五言一章以紀其事

我從陳倉還探幽恣攎所得非寶鷄点之供悅懌道旁飲馬器容水可十石質古形模奇宠好

無利殯與諱車載歸十釣又十銖四廣身楷長唇寸腹深尺口三身四之倍寸四足騃琅二面八環

鄙戲似熊貘爬沙別土鋪神采煥几庫監三窗回文竊丹閒深碧銘文百十四籀體認波磔不知何

王代祗年月日庸武多戎功王錫緟子白長安古西周緟川古西緟王綱既陵朁玁狁肆荒逆蟠

沸洛之陽逼近鎮京定樞二李子白啟懼何爲笑吉甫斾夬二南仲車赫二薄伐多前功獻藏廟

未格王曰咨伯父丕寳乃績秉馬錫蕃庶彤弓旅矢百鐡鎮蜜方永二徙戎辟偉烈宜蒸嘗

膚功馨竹帛詩書胡不紀点未揚史冊古未捷伐勳湮沒多可惜銘詞雖不詳可彌史書陵峰碑

既斷蝕宣敌空膽灸落二玟古家盲摸少精槊絲監乃歆馬世俗何緯劃與秦路迂二欣賞情脉二

三千里外程相携同主容無疆貼子孫十堅此世潯 按器銘八行行十三字共百又七字起王子孫

甲文各一盤重今權四百八十餘斤花文四周四面銅環各二銘鑄監內咸豐康申常州陷於賊同治

甲子合肥劉省三中丞克復常州得此監於僞護王府中旱置合肥大潛山房築尊亭居之緟爲盤

重近聞劉氏子孫將善價而沽家貧無力光復舊物將未又不知流落何所九鼎之重尚不能終

歸一姓遑論此監謹錄原趨以示子孫

丙子正月增祥謹誌 吳集慶謹書

徐星鈐藏本

此爲淡墨拓本，鏽蝕痕（呈現黑點狀）清晰明顯，二行"壯武於戎功"之"壯"字(上"由"，下"爿")，"由"部呈"曰"狀，屬於未剔初拓本。此拓爲同治二年（1863）羊城陳炳然轉贈徐星鈐者，經徐星鈐（徐燮鈞之弟）、徐增祥（徐燮鈞後人）遞藏。存有徐星鈐（酈生）、周星詒（季貺）、薛涵（汝南）、劉培芬（子江）、費久大（惕臣）、史耜孫（新銘）等人題詩、題記。

拓片頂部，有同治三年（1864）徐星鈐《盤銘釋文》並題記，其記曰：

> 初傳兼先兄丙戌（1826）成進士，出宰于

郿，因公赴鄉見土人以是盤作飲馬器，出百貫以易之，去其垢，不但完善，五彩斑斕，洵嘉寶也。長方有紋，四面以獸頭銜環，計八數，可容水十石，非四人不能舉也。後罷官載以歸，其時已名滿都下，盤中有銘百十字，爲同里薛子選茂纔釋出，當時名公巨卿及博雅諸君子均有題釋辯論，刊有《寶盤銘釋文》行世，庚申（1860）粵匪竄陷吾郡，盤隨城亡，銘與釋文亦副劫灰，殊爲痛惜。癸亥（1863）夏，予游粵東，訪信安太守申甫侄，于羊城

適遇姊婿陳炳然學博出銘見贈，得之喜而不寐，盤雖失而銘猶存，不意得之數千里外，他日珠還，斯其兆歟？副之裝裱，略誌顛末，以期不朽。

時甲子（1864）春三月下浣，星鈴誌于十闈寄廬。

徐星鈴，字曜垣，號鄙生、梅生。江蘇常州人。寶雞虢川司眉縣縣令徐變鈞之弟，光緒進士，曾任福建龍岩知州。

拓片右側，同治八年（1869）周星詒題記：

同治八年（1869）二月望日祥符周星詒季貺觀于福州郎官巷邸舍。

銘中"𤿥"字，薛釋爲"前"，劉疑爲"先"，按汗簡"旅"作"𣃽"，此以爲"旅"，《說文》："軍之五百人爲旅"，"𤿥"蓋"𣃽"之省文，《伯姬鼎》"𤙊"作"𤘯"，省"周"爲"用"。《漢書》："左烏號之雕弓"，《荀子》："天子雕弓"注皆曰："雕畫爲文飾也"，《詩傳》曰：金曰雕。《國語》："秦穆公衡雕戈出見使者"，注曰："雕鏤也"。"雕""𤙊"古通，古于弓之飾畫者，戈之刻鏤者，皆曰"𤙊"，故銘"用弓用戈"，疑又省"王"爲"用"耳。予友魏稼孫錫曾博于金石篆古之學，以二疑質之，謬許爲是。附記以乞梅兄之教。

周星詒（1833—1904），字季貺，號窳櫎、窳翁、癸巳人、詒安山人。周星譽之弟，浙江山陰人，官福建建寧府知府。富藏古籍善本，多前賢手錄本、名家精校本。所藏甄擇甚精，皆有題跋。著有《東甌草堂詞》《窳櫎日記鈔》等。

拓片左側，有同治甲子（1864）薛涵題記，拓片底部有光緒丁亥（1887）徐星鈴（寄生齋主、劫餘鐵漢）過錄薛退詩《周盤銘考釋》。

卷軸頂部左側，有同治戊辰（1868）劉培芬題記：

虢季子盤爲徐傅兼先生宰鄙時於道光癸巳歲（1833）得之，後載歸常州者。按：鄙於漢置縣，沿革今仍其名，本秦文公所營邑，秦武公居平陽封宮，在縣西四十餘里。今鳳翔有虢城，寶雞有桃虢城，岐山亦有平陽故城，均與鄙近，是鄙爲古虢地。此盤之出，可證古時封域及玁狁內侵事矣。文經屢釋，茲再展玩，其二行之第九字文從"𤔲"，當爲"虜"字，第四行之第七字文從"𤿥"，當爲"先"字，第五行之第一字釋"武"釋"戊"與上文款式不協，文從"戌"當爲"戰"字，第五字文從"𠁁"，當爲"嘉"字，第六行之第九字文從"𩔖"，釋"顯"，亦與上文款異，芬亦不能釋，闕疑以俟知者。"𢧵𢧵"及"縣𢆶"等字篆法謹嚴，定爲西周物，可與岐陽石鼓同爲寶貴。先生歸里築寶盤軒藏之，往觀常摩挲不置，有以三千金易者，未肯也。庚申（1860）之變，故里蕩然。同治甲子歲（1864）克復，盤移在徐少

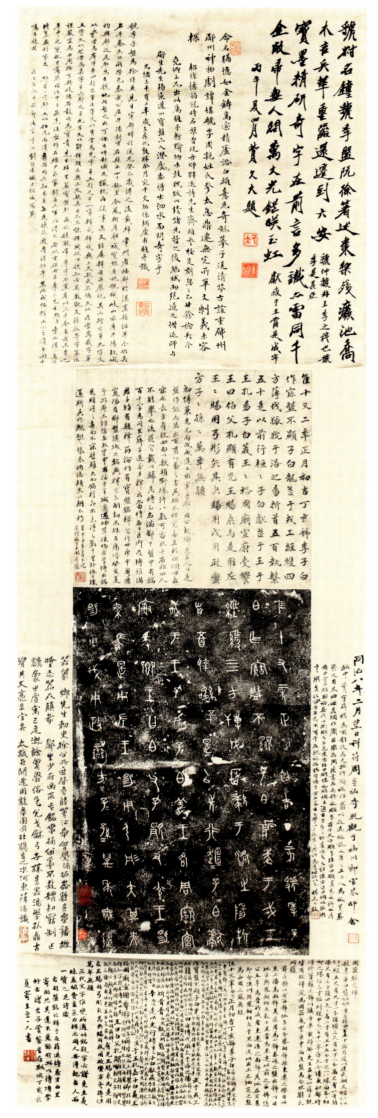

卷軸裝　拓片縱46、橫29釐米，畫芯縱141、橫41.5釐米
館藏號：Z1699

151

隹十又二年正月初吉丁亥，虢季子白
作寶盤。不顯子白，龍光于戎工，經維四
方，博伐玁狁，于洛之陽，折首五百，執訊
五十，是以先行。桓桓子白，獻馘于王，于
王孔易子白義。王格周廟宣榭，爰饗。
王曰：伯父孔顯有光。王賜乘馬，是用左
王。賜用弓彤矢其央，賜用戉用政蠻
方。子子孫孫，萬年無疆。

郘州神物，其傳久遠，成進士出守于郘，因公赴鄉，見主人以是
盤作飲馬器，出百貫以易之。告其地不但完善，五彩斑斕絢嘉
慶也。長方有紋，四面以獸頭銜環，計八，數可容水十石，非四人
不能舉也。後罷官載以歸，其時已名滿都下。盤中有銘
百十字，爲同里薛子釋出，當時名公巨卿及博雅諸
君子均有題釋，羣論列有寶盤銘釋文行世。庚申粵匪
竄陷吾郡，盤隨城陷，銘與釋父竟剝蝕，殊爲痛惜。癸夏
予游粵東，訪信安太守甲申，城適遇姊聟陳炳益學博出銘
見贈得之，喜而不禁。盤雖失而銘猶在，不忘得之，萬于里外他日珠
還，斯其必歟。例之裝表，略志顛末，以期不朽。
呈堯卿仁三兄正之 丙午六月下浣沈

泉家，劉省三軍門得之，合肥宮保介弟李三
先生（鶴章）索而歸焉，此時蓋藏于家矣。
郘生生於郘，又以伯兄所得彝器因兵劫易主，
每爲快然，游粵得拓本裝池成幅，釋而記之，
攜至閩中屬爲題此。同治戊辰（1868）中秋
節後二日，子江劉培芬識于榕城寓齋。

劉培芬，生卒年不詳，江蘇武進人，齋號秋雲鶴
夢居、説約齋，著有《秋雲詞》。

卷軸頂部右側，有光緒三十二年（1906）四月費
久大題詩：

虢叔名鐘虢季盤，阮徐著述棄梨殘。
廢池喬木言兵革，重器還遷到六安。
虢仲虢叔王季之穆也，虢季是其亞。
寶墨精研奇字在，前言多識亦雷同。
千金敝帚無人問，萬丈光鋩暎玉虹。
丙午（1906）夏四月，費久大題。

費久大（1859—1919），字鐵臣，又字惕臣、榜名
彝訓，號當仁、玉虹詞隱、玉虹老人。江蘇武進人，
費念慈侄，錢振鍠岳父。光緒二十年（1894）舉人，
湖北省候補知縣，通鐘鼎金文，能詩詞。著有《玉虹
樓卮言》《吊李姬詩》等。

卷軸頂部中央，光緒三十二年（1906）閏月史耜
孫題詩并記：

命名猶憶如金鑄，高密精廬話白頭。
喜見奇觚摹子逖，清芬古誼重郘州。
郘州神物劇譚堪，虢季周親姓氏參。
太息鼎遷無定所，單文剩義未容探。

耜孫憶弱冠時名槃曾從吾師薛退詩先生齋
頭參校是刻，忽忽已廿餘稔矣。今堯卿三兄出
此屬題，予慚黔陋未敢甄跋以續諸先哲之後，
勉賦兩絕歸之。惜退師與郘生先生均歸道山，
寶盤亦入潛廬，安得出泗水而問奇字乎？光
緒三十有二年（1906）歲在柔兆敦牂余月，
宛平史耜孫耜廬甫題并識。

史耜孫，生卒年不詳，字雲邁，號耜廬，河北宛平人。

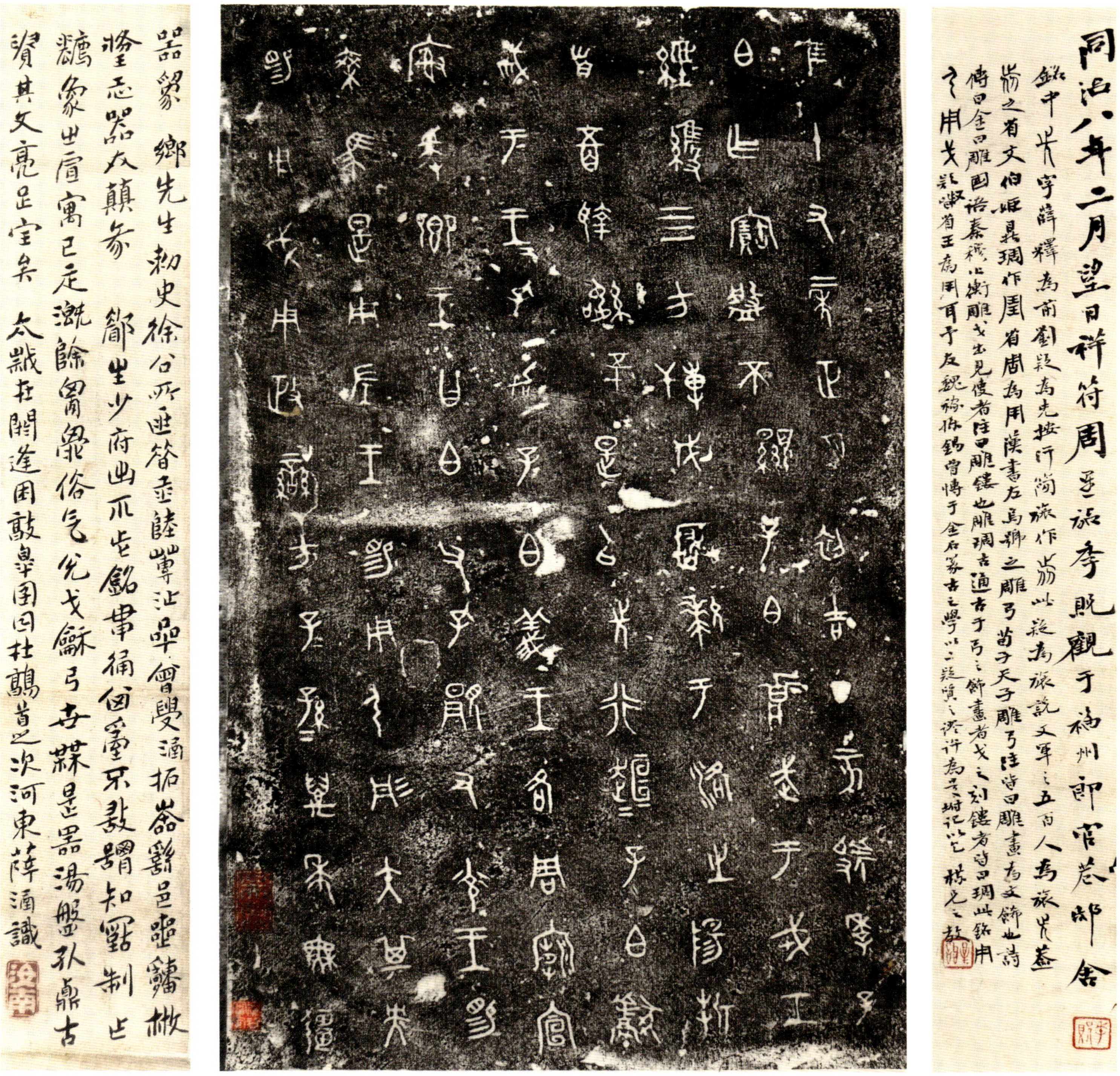
同治八年二月望日祥符周星詒季貺觀于福州郎官巷邸舍

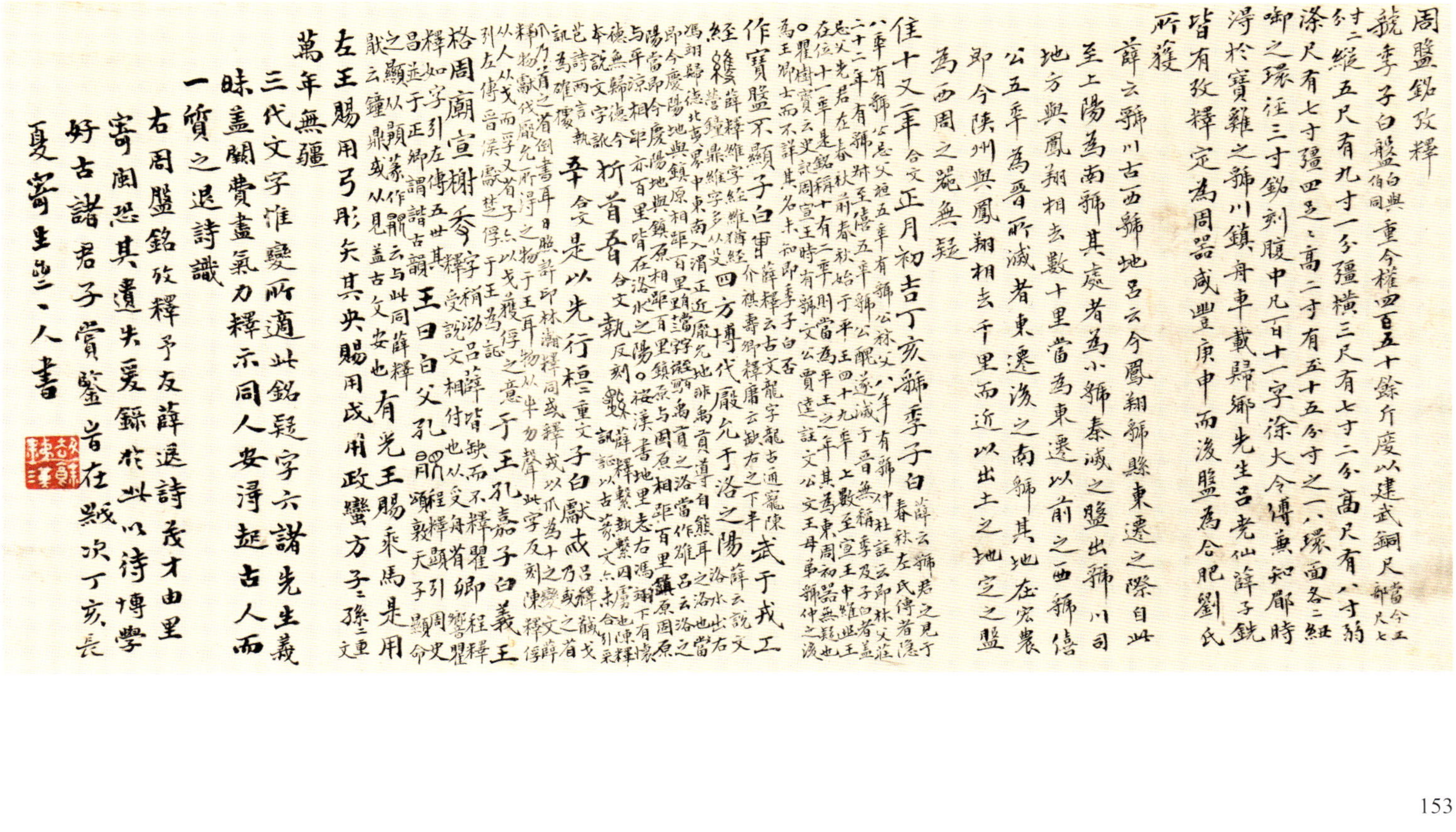
周盤銘攷釋

王秉恩藏本

此王秉恩强學宦藏本，道光咸豐年間吳式芬轉贈壺隱先生者，亦爲淡墨拓本，鏽蝕痕（呈現黑點狀）清晰明顯，二行"壯武於戎功"之"壯"字（上"由"，下"爿"），"由"部呈"曰"狀，屬於未剔初拓本。

卷軸頂部，有壺隱先生《虢季子白盤跋》，其文曰：

右《虢季子白盤銘》前郿縣知縣徐君燮鈞郊行，村民奉以飲馬而得之者，文百十有一字，吳子苾按察以拓本遺予，並示諸家跋語。首言"隹十有二年正月初吉丁亥"，或以四分術推之，定屬宣王十二年所作，丁亥月之

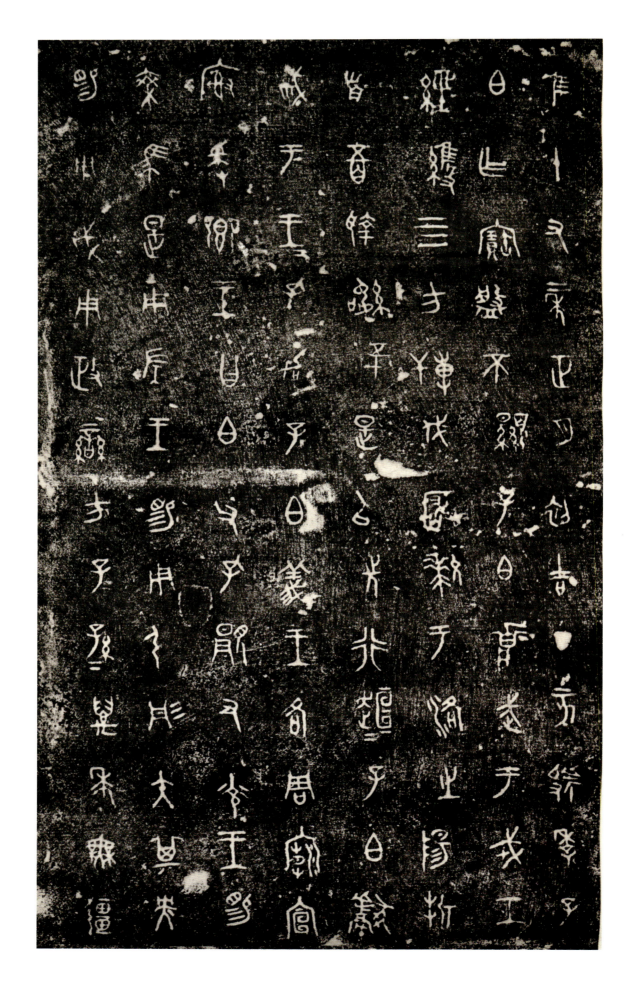

| 卷軸裝　畫芯縱 130、橫 53 釐米　館藏號：Z2451

三日也。據《詩·小明》"二月初吉",傳曰:"初吉朔日也。"毛公於諸儒最在前,朔為初吉,蓋周人語。董廣川跋《史伯碩父鼎》,其銘詞"惟六年八月初吉巳子",謂支干剛柔相配,"巳子"者"戊子"也,因推其甲子六年正月朔當辛未,則八月一日朔當戊子。昔人釋金石文不背經訓如此,近世多通疇人之學者,若以此文月朔丁亥推其年庶幾得之。中言"博伐厥狁于洛之陽","厥戟"即"玁狁",昭然易了,洛水在雍州,職方之涇洛也。洛水在豫州,職方之熒洛也,其字分別自古不紊,

後人惑於黃初之詔,經傳中亦多妄改。段懋堂氏辨之至確。此器出於郿而銘字為"洛",其為周京左物無疑,洵可寶貴。

後云"王各周廟宣廟爰卿","廟"即"榭"字,《春秋公羊》"宣十六年成周宣謝災",傳曰"宣宮之謝也",《爾雅》"室有東西廂曰廟,無東西廂有室曰寢,無室曰榭"。曰宣宮之謝者,蓋謂宣王之廟寢有屋歇,前者未嘗以宮為榭也。何邵公曰:"宣宮,周宣王之廟也。"此釋"宮"字,如桓宮、釐宮、襄宮耳。而釋"謝",即用《爾雅》亦非有二義。古者饗有功於祖廟,

跋虢季子白盤銘

右虢季子白盤銘，前數國顯，知爲徐君燮鈞郡行村民耕以餉爲……

亦得之者。文方十有一字。吳子苾樓察以拓本遺予，並示諸家跋。

語首言隹十有二年正月初吉丁亥，或謂以術推之定爲宣王。

十二年所作丁亥月之三日，據小明二月初吉傅曰初吉朔日也。

公於諸儒最在前，朔爲初吉，蓋周人語。董廣川跋史伯碩父

鼎其銘詞惟六年八月初吉乙巳子謂丁卯柔相配乙巳左戊子爲閏

文不者經訓以……近世之通時人之學之若以此文月初丁亥

推其甲子六年正月朔當辛未與八月一日朔當戊子昔人釋金石

其年……得之中言博代厥虢……于漾之陽厥虢曰玁犹昭茲

了漾水至雒於職方之……六雒水在豫州職方之……雒也其……

別自去不豪後人……於黃務……詒經傳中……爲……政後攷當民辨

之……碓此……出於郿而銘字爲流其……爲周京左……甚疑洵可珍貴

公云王……周朝宣廟爰卿廟……翿字春秋公羊宣十六年成周

"執"下一字，劉燕庭方伯以爲"繫"，陳受卿太史以爲"訊"，予從燕庭。"孔"下一字，太史謂是"顯"異文，亦疑不類。"獻戎于王"多讀爲"戎"，許印林以爲"馘"省"首"。太史以文左爲"爪"，謂即"俘"之異文，以戈獲俘意，予深韙之。

含爵策勳焉，謂之飲至。杜元凱言："飲至之禮，飲於廟以數軍徒器械及所獲也。"蓋饗固於廟飲必於堂壇間(堂壇用《爾雅注》)，理固宜。《爾雅》惟宣榭之義，當時自取美名，即不必如服子慎宣揚威武之説，亦必不以先王之尊謚目其下室可知也。又如"成周"之名，據鄭君書序云："居攝七年，天下太平而此邑成，乃名曰成周。"然則成周之名在成王時矣，宣榭之名獨不可在宣王時乎？宣榭文古器中多有含以春秋所書，知東遷後宗廟之制一如宗周，即其名亦之，未之有改也。

劉世珩藏本

此爲劉世珩（楚盦）藏本，版本情況與上文"未剔本"基本相同，所不同者：二行"壯武於戎功"之"壯"字（第二行第九字，上"由"，下"爿"），"曰"部已經剜剔成"由"狀，然盤銘上凸起鏽蝕痕並未剔除，依舊存在。筆者爲與後期土鏽剔除者有所區分，故將此類拓本名之爲"初剔本"，其拓製時間稍晚於"初拓未剔本"。此本存有李瑞清、羅振玉、褚德彝、蔣黼等人題記，此軸與《盂鼎》《智鼎》《散氏盤》等爲一套，四條屛。

卷軸頂部，有民國四年（1915）清道人李瑞清臨本并記，其題記曰：

> 此與《曾伯霥簠》同一用筆，後《匡喆刻經頌》《泰山經石峪》皆其適嗣也。乙卯（1915）五月，夔忽雷閣主人藏本屬臨。清道人。

拓片左側，有宣統元年（1909）羅振玉題記：

> 爰引之"爰"，浚長說從"受""于"，襄苦不得其解，此盤"爰"字作"𤔨"從"𠬪"，從"丅"，"丅"即"師"字，見《師寰敦》師眾也，謂爰之以眾也，厥誼乃可得。又許書"𪐴"從"本"從"屮""允"聲，嚮亦不得從"本"從"屮"之證，此盤之"𪐴"字從"桼"即"桼"字，《分田盤》作"𪐴"，省"桼"作"桼"，亦"桼"字從"本"從"屮"者，乃由"桼"而偽也。又"斧戉"之"戉"，吉金文皆作"𠨕"，此盤作"𢧜"，又由"𠨕"小變，"✦"象"戉"形，"↓"象其立幹，浚長云從"戈"從"𠃌"，亦當據金文正之。許祭酒時山川所得彝鼎尚少，今古器日出，即此以求倉聖造字之源，是不可緩。楚公以爲何如？宣統元年（1909）閏月羅振玉題記。

拓片右側，民國乙卯（1915）有褚德彝題記：

> 此盤文諸家考釋纂詳，無煩探索，其紀伐獫狁事與《不嬰敦蓋》文正可互證，此云："不顯子白庸武于戎工"，即敦文之"庫敏于戎工博伐獫狁"，與敦文之"駿師嚴允廣我西俞"同。此云"折首五百，執嘛五十"，與敦文之"女多折首執嘛"同，"賜用弓彤矢其央"，與敦文之"錫女弓一矢束"同，皆一時武臣身預戰役歸紀宗彝，故刻辭亦大略相同也。質之楚盦先生當以爲然，乙卯冬褚德彝。

卷軸底部，有宣統二年（1910）蔣黼《虢季子盤銘考》（茲不贅錄）。

虢季子白盤　劉省三中丞藏器

卷軸裝　拓片縱 45、橫 27.5 釐米，畫芯縱 98、橫 48.5 釐米　館藏號：Z1294

此与曹伯㲀簠同一用筆
後注語刻經頌

泰山經石峪皆其適嗣也

霆怱雷閣主人藏余屬臨　清道人
卯五月

佳十又二年正月初吉丁亥

虢季子白作寶盤不顯子

白庸武于戎工經維盂方

搏伐嚴允于洛之陽折首

五百執訊五十是吕先行

趄趄子白獻俘

義王粦周廟宣廟爰鄉

光王賜乘馬是用左王

弓彤矢其央賜用戉用政

蠻方子孫萬年無彊

橅心錄虢季子盤攺　吳縣蔣㴏
庚戌二月為

160

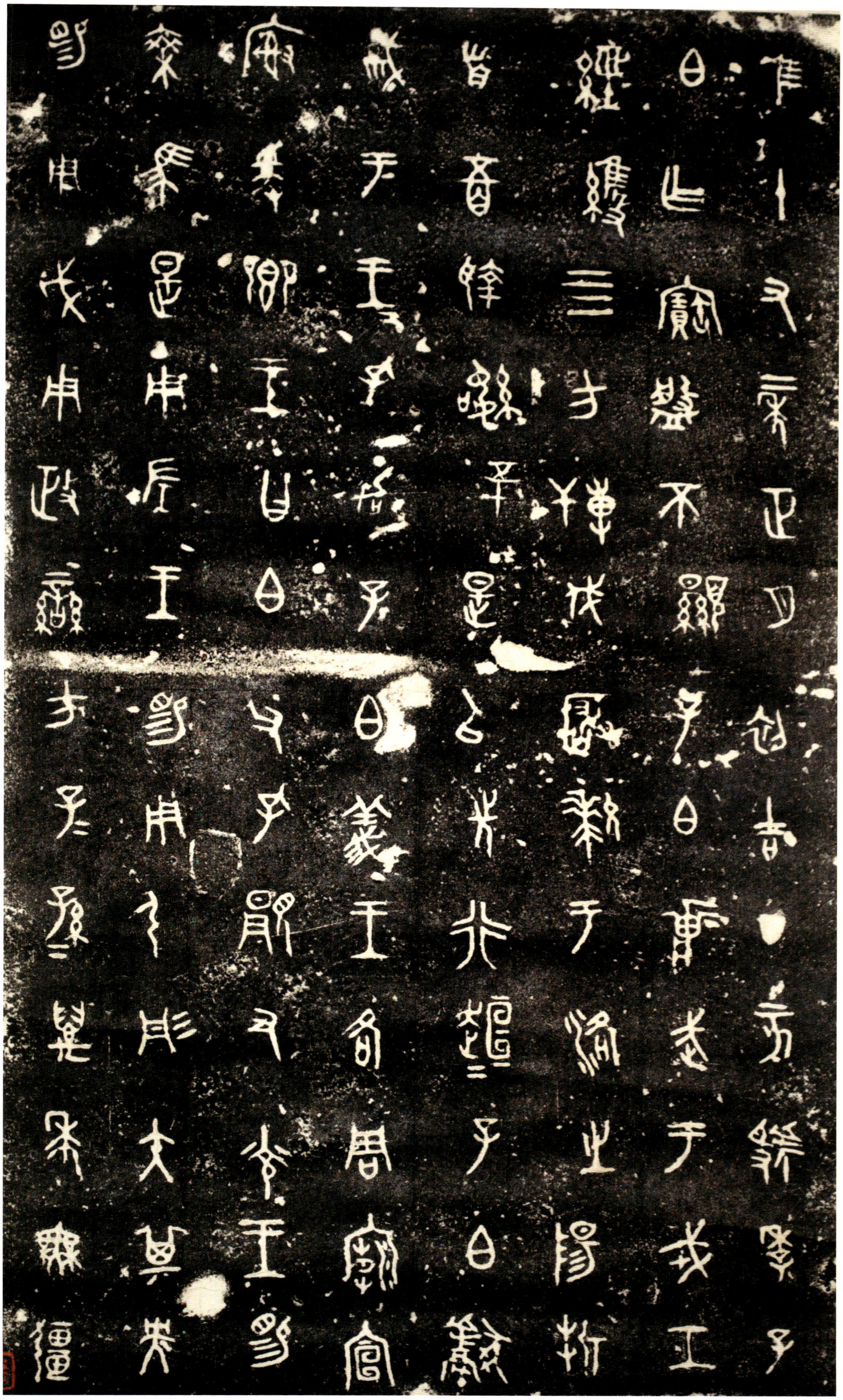

史伯平藏本

此爲史伯平、史喻盦、王文燾、王文心遞藏本。雖然二行"壯武於戎功"之"壯"字（上"由"，下"丬"），"曰"部剜剔成"由"狀，但是盤銘上凸起鏽斑並未剔除，鏽蝕痕極爲明顯，屬於"初剔本"，紙墨拓工與上文劉世珩藏本相近，其拓製時間稍晚於"初拓未剔本"。卷中存有莊心吉、史喻盦、端方等人題記。

卷軸有民國十六年（1927）王文燾外簽：

> 虢季子白盤銘，光緒初年史伯平藏拓，丁卯春籀瑤得于滬。

拓片兩側，有光緒三十年（1904）十二月史謙題記：

> 是拓本爲從叔祖伯平公舊藏，余得之宗祠內故紙堆中，上有同里莊心吉先輩所書釋文跋語可證，逾今二十餘年，得勿泯沒，莫非神物呵護。銘凡百有七字，重文四字，體極類石鼓，結構謹嚴，拓手亦復精湛，惜器不知何存，徒深契古之想，因重付裝池，爲異日是器復顯于世留作合符之券，亦無不可，允宜寶之。甲辰嘉平宿陰乍霽，曉日當窗，梅萼盛開，香集几硯。喻盦展玩因題。

史謙，清末民初人，生卒年不詳，號喻盦、欒林山民。江蘇溧陽人。曾任江寧知縣，擅書法篆刻，孫中山用印及南京中山堂扁額多出其手。有《六隱樓印存》《史喻盦書佛說阿彌陀經一卷》《史喻盦書金剛經一卷》傳世。

卷軸頂部，有莊心吉書錄《虢盤釋文》和《史伯平先生題記》，其記曰：

> 是盤爲鄉先生徐傅兼令郿時所得，輦歸於常者有年矣。每至其家摩挲不忍去手，數爲吾常寶物第一，庚申淪陷，幸不毀棄，聞於克復時，爲某將所得，今不知流轉何所矣。伯平氏識，屬心吉書釋文。

按：此跋無年款，據史喻盦題跋推測爲光緒初。莊心吉（1831—1878），字賡熙，號怡蓀、省吉，莊受祺之子。江蘇陽湖人。光緒間官刑部郎中。文詞淵雅，善隸書，尤擅草隸，臨摹漢碑，筆意栩栩如生。

卷軸底部，有光緒三十年（1904）臘月端方題記：

> 喻盦手出舊拓《虢盤》見示並自爲題識，謂能方駕獵碣，喻盦蓋於此事三折肱矣。三代彝器如《虢盤》《盠簠》洵爲金石特色，惜盤今歸劉省三後人，既非通雅又不能自振拔，珠光劍氣日就沉霾矣。甲辰臘月，涇陽端方。

另有，光緒三十一年（1905）清明後一日覺盦許寶蘅觀款。

周虢季子銅盤銘

卷軸裝　畫芯縱 93、橫 33 釐米　館藏號：Z2213

徐增祥藏本之二

此本淡墨拓，二行"壯武於戎功"之"壯"字（上"由"，下"爿"），"曰"部剟剔成"由"狀，銘文間鏽蝕痕（凸起黑點黑塊）近乎消失，唯拓本四周邊緣（無字處）鏽蝕痕尚隱約可見，屬於洗剔後拓本，筆者將其歸爲"已剔本"。據此淡墨拓本可知，有無鏽蝕痕，絕非拓工差異所致，實乃洗剔所爲。

此本存有同治五年（1866）沈壬昌題跋，指爲咸豐八年（1858）徐韻生轉贈者。若果其然，洗剔者當爲徐變鈞而非劉銘傳，常州拓本就已分"未剔本"和"已剔本"兩種。民國二十七年（1938）歸徐增祥（堯卿）。內有沈壬昌、史久紹、呂懋恩、高時豐、高其邁等人題記。

拓片上方有同治五年（1866）沈壬昌（專陀）題跋：

咸豐戊午（1858）春，徐韻生持《虢季子盤銘拓本》三紙爲贈，此其一也。盤藏毗陵舊姓，視焦山《無專鼎》字法敦古，予數至焦山，山僧舉鼎，予日三摩挲，覺款識銅青近宣和撥臘，然終不敢告人，得此相印，真贗判然。兵燹後，莫究存亡矣。于役壽春知劉銘傳軍門復毗陵，搜得載之南皖，深愛重焉。南中劫火，千里爲墟，人民凋喪，文字秦灰，惟此巋然獨存，得非神物保護，留以沾漑來者耶，欣喜過望，走筆記此。

　　同治丙寅（1866）春孟，專山沈壬昌書于蘇門織簾草廬。

　　沈壬昌，字專陀，號專山。順天大興人，同治七年（1868）任川沙撫民廳撫民同知。

　　卷軸頂部之左側，有己卯（1939）夏五月高其邁（高時豐之子）過錄《攈古錄金文跋尾》一則，兹不贅錄。

　　卷軸頂部之左側，有民國二十八年（1939）己卯夏六月，呂懋恩（仲綸）過錄呂堯仙《說案》一則，其文曰：

　　呂堯仙《說案大紀》云：虢仲虢叔爲文王卿士，仲封于西虢，叔封亍東虢。《路史》：仲（之封）爲西虢，在岐，今鳳翔虢縣。東遷之際自此之上陽爲南虢矣，其處者爲小虢，秦滅之。盤出寶雞縣虢川司，地方與鳳翔相去數十里，當爲東遷以前之西虢，至僖公五年爲晉所滅者，即東遷以後之南虢，其地在宏農，即今之陝州，與鳳翔相去幾及千里，以出土之地定之，則此盤爲西周之器無疑，且盤文有可與《六月》之詩互證者，《詩》曰：侵鎬及方至於涇陽，又曰：薄伐玁狁至于太原，盤文云：博伐玁狁于洛之陽，《周官職方氏》正西曰雍州，其川涇汭，其侵渭洛，則涇與洛同爲雍州之水。《說文》涇水出安定開頭山，在今平涼縣西，即空同山也。東流經縣北，又東過涇州，入陝西界，經長武、淳化、永壽三縣，至涇陽縣南高陵縣西南入渭，今平涼、隆德、華亭、崇信四縣，皆漢涇陽縣地，陝之涇陽乃漢池陽縣地，符秦始析爲涇陽縣，蓋以古以涇水發源之地爲涇陽，今以涇水入渭之地爲涇陽，名同而地異，則《詩》所云涇陽，當在今平涼界也。《山海經》白於山，洛水出其陽，東流注於渭，白於山在今慶陽府安化縣東北二百五十里，洛水源出焉。東南流入陝西甘泉縣界，南流至鄜州，經洛川中部宜君三縣之間，至同州府朝邑縣之南入渭。自明成化中，改流趨東，則逕入于河矣。

　　玁狁事見於古書者，《詩》之外，惟《竹書紀年》有二，一在屬王十四年，玁狁侵宗周西鄙，其事在十二年以後，一在宣王五年夏六月，尹吉甫帥師伐玁狁，至于太原，其時、其地皆與《詩》合，此後別未（見）伐玁狁事，則銘文所云當即是事，蓋其事在五年至十二年，乃作盤紀功也。且紀年所載六月伐玁狁後，秋八月即繼以方叔帥師伐荊蠻，必其時玁狁荊蠻相爲倚伏，故即以北還之師轉而南伐，是銘既云薄伐玁狁，又云用政蠻方，當即指其事，更與《采芑》詩詞征伐玁狁蠻荊來威若合符節矣，先行軍之前鋒也。《六月》

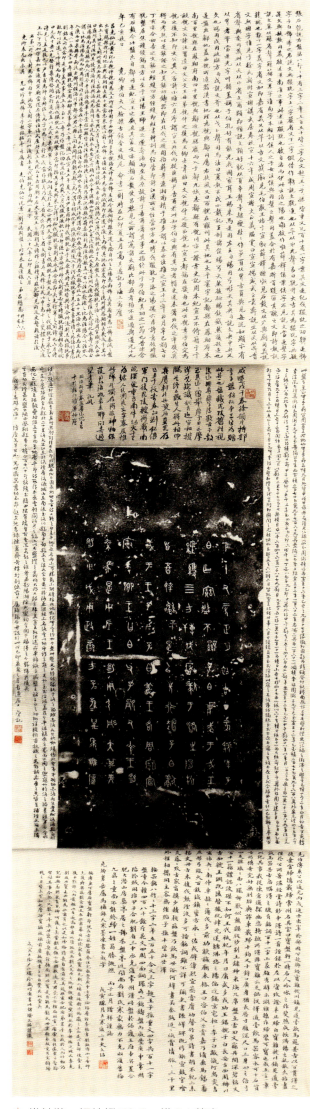

卷軸裝　拓片縱 70.5、橫 34 釐米
館藏號：Z2219

先伯傅兼公以道光丙戌進士出宰於鄜因公赴鄉經寶難虢川鎮見道旁飲馬碥甚古以百貫得之
後棄官歸隱載歸常州名其室曰寶盤軒一時名人吟咏之作斐然成帙洪揚之亂散失殆盡
惟於公兩著溫經堂詩鈔中浮詩一首謹錄於左以資攷證辛丑歸自寶難虢川鎮見道旁
飲馬器甚古惌購得之腹有銘詞百十一字小篆雄秀辭未淵雅攜作歸裝可寶也咸五言一章
以紀其事我後陳倉還探幽惌掎車載歸掘而得非寶難亦是供悅惇道旁飲馬器容水可十石寶
古形模奇完好無利堀塀與錞車載歸十釣又十鐲口廣身猶長唇寸腹深尺口三身四之倍寸
四足蹏琅：面八環卿獸似熊貘爬沙別土鋪神采煥几席盤互雷回文竊丹間深碧銘文
百十一福體認波磔不知何王代祇年月日庸武夢戎功王錫虢子白長安古西周鮴川
吉西虢王綱既陵替獫犹肆兌送塘溢洛之陽偪近鎬京宅柜：季子白獻愾愾何鳥奕吉
甫師央：南仲車赫：薄伐多前功猷戴廟来格王曰咨伯父丕賣嘉乃績乘馬錫蕃
鷹彤弓旟矢百鉞鉞鎮寶方永：佐戎辟偉烈宜燕喜膚功馨作帛詩書胡不紀六未
炙落：攷古家盲摸少精楙茲盤乃飲馬乃何緯畫吳泰駞迻：欽賫情脈：三千里
揚史冊古未搓伐勳湮淺多可惜銘詞雖不詳可彌史書隊峰碑既眇缺宣鼓宮噲
外程相攜同主容無疆貽子孫十堂此兆澤

按傅兼公舊居寶盤軒即現在吾家娑羅巷住宅咸豐庚申吾常淪陷經李鶴章劉銘傳兩公會師
克復時梁溪劉宗海丈在壯肅幕府知徐家有此寶物先期入城乘隙將此物藏之土內是以李部搜索未
獲至劉部入而發掘以去遂為壯肅所得假使無劉丈先為之地則彼時資望劉亞於李部隊進城又李先
劉後此寶未必能為壯肅有也以是知神物浮沉自有前定其後資望雖劉亞於李部隊又此物仍
完好無恙則更有見神呵護之美當劉文領六安州收適失君薨六安權局同官一庵常有註還余方彎齡
習聞斯事今忽三十餘年矣當盧壯肅將未成或竟有完璧歸
趙之日皆未可知也麼抄寶摠根艬前塵掘雜書之不自覺其詞贅矣

戊寅大除夕小樓珍歲呵凍書此甥壻久紹謹識

詩曰：元戎十乘，以先啟行。《集傳》啟，開也。行，道也。蓋以元戎十乘為軍之前鋒而開道於先也，正與此文合。子白之伐玁狁于盤文見之，方叔之伐玁狁于《采芑》之詩見之，蓋是役也。以尹吉甫為帥，方叔佐之，而子白為之先行也。

"戜"當作"截"，"戈"乃"或"之省文，"𢧜"乃"首"之省文即畫耳，或釋作"戎"，以"巾"為"十"之變體，于義亦通。"王孔"下乃"加"字，"嘉""加"古通，"用宣廟"當從《左傳》杜注"講武屋"解，蓋上文阮云："王各周廟"，不應更言"宣王之廟"明矣。諸釋已極精詳，茲就鄙見所及更贅數語於後。民國二十八年（1939）己卯夏六月。

堯卿表兄出示其先世珍藏《虢季子盤銘拓本》并屬書先伯堯仙公《說盤》一則，以誌斯盤之所由來，爰謹錄之。弟呂懋恩，時年六十有六。

拓片兩側，有民國戊寅（1938）高時豐（存道居士）過錄《張石舟虢季子白盤跋》（茲不贅錄）。

卷軸底部，有民國戊寅（1938）臘月，史久紹過錄《徐增祥虢季子白盤題記》（參見徐增祥藏本一，茲不贅錄），後接民國戊寅（1938）大除夕史久紹題記，其文曰：

按傅兼公（徐燮鈞）舊居寶盤軒，即現在吾家娑羅巷住宅，咸豐庚申（1860）吾常淪陷，尋經李鶴章、劉銘傳兩公會師克復，時梁溪劉宗海丈在壯肅（劉銘傳）幕府，知徐家有此寶物，先期入城乘隙將此物藏之土內，是以李部搜索未獲，至劉部入而發掘以去，遂為壯肅所得。假使無劉丈先為之地，則彼時資望劉亞於李部隊進城，又李先劉後，此寶

未必屬壯肅有也。以是知神物得喪自有前定，
其後壯肅合肥府第某年不戒於火而此物仍完
好無恙，則更有鬼神呵護之矣。當劉丈領六安
州牧，適先君管六安榷局，同官一處，常有
往還。余方髫齡習聞其事，今忽忽又數十年矣。
世變滄桑，幾經換局，則此寶是否能屬劉氏

世守，將來或竟有完璧歸趙之日，皆未可知也。
摩挲寶掲，根觸前塵，拉雜書之，不覺其詞
費矣。
　戊寅（1938）大除夕，小樓珍歲呵凍書此，
甥婿久紹謹識。

徐增祥藏本之三

此本爲徐增祥所藏"已剔本"，略有塗墨，二行"壯武於戎功"之"壯"字（上"由"，下"爿"），"曰"部剜剔成"由"狀，盤底鏽蝕痕已經極難辨識。經秦文錦（絅孫）、徐增祥（堯卿）遞藏本。存有王禔、吳徵、高存道、左權、龐國鈞、張之綱、丁輔之等人題記。

卷軸右上方，有民國二十四年（1935）王禔題端並記：

> 虢季子白盤銘。周東遷時玁狁與荆蠻相倚伏，故《詩‧采芑》云：征伐玁狁蠻荆來威。今此盤銘亦云薄伐玁狁，用征蠻方也。堯卿先生有道屬題，福庵王禔識時旃蒙大淵獻（乙亥）仲冬之月。

下接吳子彭繪《寶盤軒圖》，後有民國二十八年（1939）吳徵題識：

> 堯卿先生屬兒子彭畫，己卯（1939）三月，抱鋗居士吳徵署款。

吳徵（1878—1949），字待秋，號抱鋗居士、春暉外史、鷺鷥灣人、袛蒼亭長、老鋗。浙江崇德人。畫家，與吳湖帆、吳子深、馮超然合稱"三吳一馮"。

卷軸左上方，爲民國二十七年（1938）高存道過錄《陳介祺虢季子白盤銘考釋》，茲不贅錄。

拓片頂部，有左權錄《吳大澂虢季子白盤銘考釋》（茲不贅錄），其後記与上文所述"徐增祥藏本之一"之左權題記內容行款基本相同。

拓片右側，有民國二十七年（1938）龐國鈞（莪閣）過錄《瞿樹寶虢季子盤跋》：

《春秋左氏傳》云："虢仲虢叔，王季之穆也"。杜預注："虢仲虢叔王季之子，文王母弟仲叔皆虢君字"。此云虢季蓋本其先氏王季而言，故謂之季，而子伯則此虢季之字，子伯之稱，他無所見。《詩·陳風》子仲之子，《毛傳》子仲陳大夫氏，又《左傳》有子叔嬰齊，其先出自宣公母弟叔肸則亦皆以字爲氏，可與此互證也。謂之虢季子白，猶魯叔仲彭生稱叔仲，惠伯叔仲帶稱叔仲，昭伯子叔嬰齊稱子叔，聲伯以及孟孝伯孟武伯之類皆以伯而冠孟仲之氏，此特生者無謚，其稱虢季子白子，於文未爲有害。

"獻馘"疑即从"義"省文，《康誥》：因其義刑義殺，注：義，宜也。《孟子》："春秋無義戰"，子伯伐玁狁自若討罪之宜，故即目其所獻馘爲獻義。而下云"王孔嘉子白義"，其義一也。"受卿"之"卿"似當如字釋作"卿"，《左傳》："五世其昌，並於正卿"，卿與方陽等字古韻本諧，不必通作"饗"也。其上一字當是"受"字，《說文》"受"，相付也，从爱，舟省聲，而爱亦訓云物落上下相付也，讀若《詩·摽有梅》，是受兼有授義，蓋王既嘉子白義而即命之爲卿也。考《史記》賈逵注："文公文王母弟虢仲之後，爲王卿士也"，而不詳其名字，未知即此虢季子白否耶？"彤矢其央"之"央"當作"英"，《詩·鄭風》二矛重英，矛有英飾也。鄭箋：二矛、酋矛、夷矛各有畫飾，又《魯頌》朱英綠縢，二矛重弓，傳：朱英，矛飾也。《詩》所云"英"據傳箋皆言矛飾，不言弓矢，然箋既以"英"爲畫飾矣。或即以爲"旂旆央央"之"央"即鮮明鮮亦通。嘉定瞿樹寶釋。

堯卿先生屬錄，戊寅（1938）閏七月龐國鈞時避兵海埼。

龐國鈞（1884—1968），字蘅裳，號鶴緣、鶴園、莪闔、夢鶴詞人。江蘇吳江人。抗戰前與吳湖帆等發起組織"正社"書畫會，新中國成立後任中央文史館館員。工書法，善詩賦。

拓片左側，有民國二十七年（1938）張之綱題跋：

是盤諸家考釋具詳，吳氏《攟古錄》其中尚有異義者，唯"戎""覲""絢"字爾，"絢"彝器要見，其"執（銘反書）絢"二字連文，如《敔敦》、《不嬰段蓋》、《兮白盤》與此銘同，孫氏詁讓據《書·酒誥》"盡執拘以歸于周"文，釋爲"絢"，段作"拘"（敔敦釋）形誼并確，一正舊繆。

但謂盤文"敵"下从"夕"（中微沥成"力"形）隸古定爲"絲"則非，且不成字，竊通校諸器，

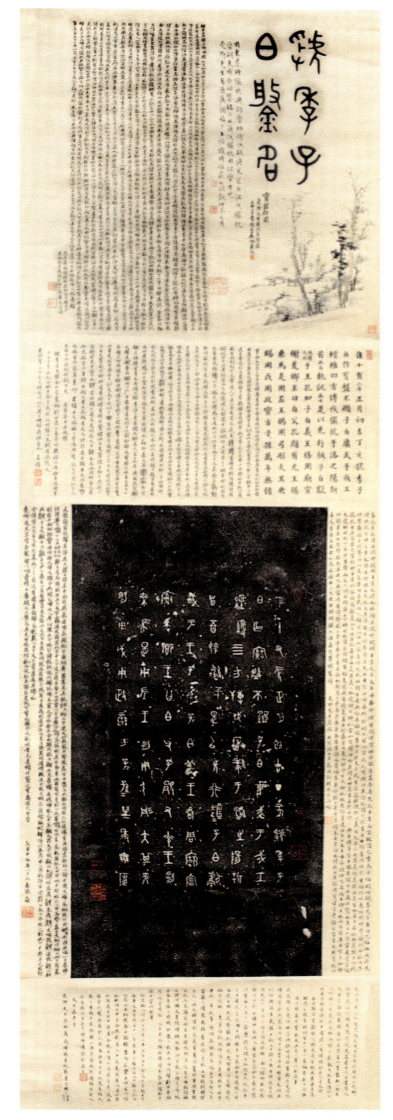

卷軸裝　拓片縱 70.5、橫 36.5 釐米，畫芯縱 166、橫 51 釐米
館藏號：Z1141

此字中从"勹"遶口著左旁，下从"女"當以《分白盤》作"嫋"爲最晰，其右旁"糸"，他器省作"8"，則以此器"嫋"右作"糸"爲較備，《說文》女部姁，糸部絇，並以句爲聲，蓋古文"絇"作"絇"從"姁"不省，篆則省"女"，"姁""絇""拘"聲母同，按之原文吻合無間已，唯近人率沿陳氏介祺引《詩》執訊說仍釋"訊"，殊未審之，字形全不合也。

"覞"此銘與"顯"並見，舊釋互歧，諦玩之，亦爲"顯"之異文，它敢"顯"作"顱"，綜《盂鼎》"顯"《克鼎》"顯"《史頌敢》"顯"《追敢》"顯"以勘此"顯"字，古文"顯"本作"顯"，左從"尹"從"暴"，右從"頁"省變作"見"，又省作"見"，此與《克鼎》、《史頌敢》並省"絲"，它敢省"日"，《盂鼎》則省"尹"，右作"見"，與諸器同，遮壇蹤跡合校自明。

"戉"舊釋"職"（亦作"馘"）釋"俘"，以《盂鼎》第二器馘俘字作"馘"從"或"從"爪"校之，則此從"戉"者"孚"之省，即今"俘"字，從"戈"，古文本形，篆改從"亻""耳"，近有據《集韻》釋爲"戢"，叀以上下文不詞，甚矣，其繆也。

堯卿道兄篤嗜金枭，曾以《頌壺》精本屬題，況此盤爲其先世藏器，經亂而佚，拓本獨存，是誠可寶也。顧今之亂視昔尤甚，顧什襲之，菓萬保之勿替。

戊寅（1938）中秋前一日，永嘉張之綱。

卷軸底部，有民國二十七年（1938）丁輔之補録《徐增祥題記》，與上文所述徐增祥藏本題記相同，茲不贅録。

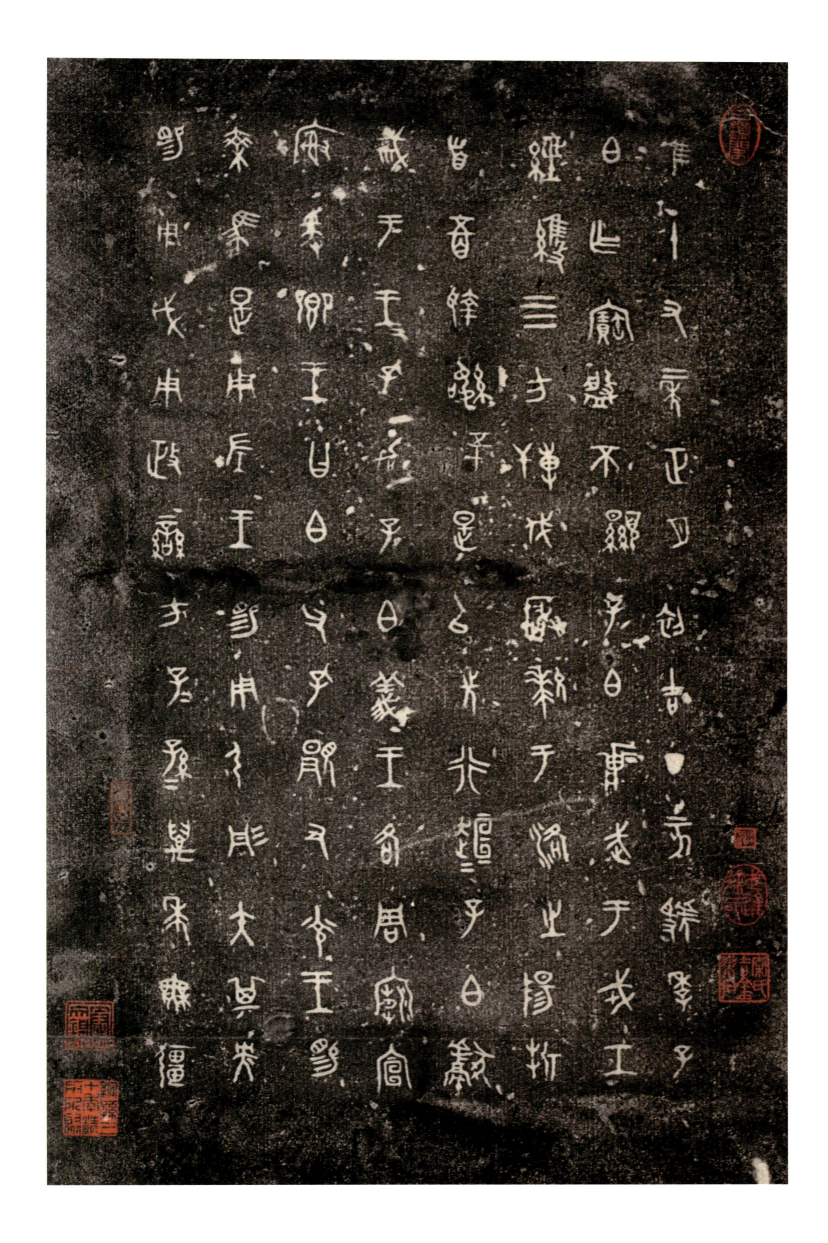

劉亮章跋本

此爲合肥劉亮章（劉銘傳後人）藏本，銘文間鏽蝕痕極不明顯，屬於"已剔本"。

卷軸上端，有民國時期合肥劉亮章《虢季子白盤略歷》，其文曰：

盤於清道光間常州徐傅兼宰郿縣時所得，載歸其家，洪楊軍興，遂失去。按：盤原出土寶雞縣隸鳳翔府，其地在西周時屬西虢地，適與盤銘恰合爲西周虢國也。同治甲子（1864）先壯肅公（劉銘傳）再得於常州太平天國某王府馬廄之中，載回淝西故里，構亭貯之。其盤銘曾經歸安吳退樓雲考訂，釋云："惟十有二年，正月初吉丁亥，虢季子白作寶盤，丕顯子白，庸武于戎工，經維四方，博伐獫狁，于洛之陽，折首五百，執訊五十，是以先行。桓桓子白，獻戎于王，王孔嘉子白義。王格周廟宣榭，受卿，王曰：伯父，孔顯又光，王賜乘馬，是用左王；賜用弓，彤矢其央。賜用鉞，用政蠻方。子子孫孫，萬年無疆。"統百十字，器高今尺一尺二寸五分，足高一寸五分左右，徑二尺四寸八分，前後徑三尺九寸，饕餮銜環四，重今權四百五十餘觔。

合肥劉亮章敬題。

172

虢季子白盤器應
盤於清道光間常州徐傅兼宰鄲縣時所得載歸其
家洪楊軍興遂失去按盤原出土雞縣縣綠鳳翔
府其地在西周時屬兩虢地適與盤銘恰合為西周
虢國也同治甲子先妣肅公再得於常州太平
天國某王府馬廐之中載回沈西故里構亭貽之其
雙銘曾經歸安吳退樓雲考訂釋云惟十有二年正
月初吉丁亥虢季子白作寶盤不顯子白庸武于戎
工經維四方傳伐玁狁于洛之陽折首五百執訊五
十是以先行桓桓子白獻戎于王王孔嘉子白義王
格周廟宣榭受卿王曰白父孔顯又光王賜乘馬是
用左王賜用弓彤矢其央賜用鉞用政蠻方子子
孫萬年無彊統百十字器高今尺一尺二寸五分足
高一寸五分左右徑二尺四寸八分前後徑三尺九
寸饕餮衔璜四重令權四百五十餘勵
合肥劉亮章敬題

卷軸裝　畫芯（含題跋）縱76、橫26釐米　館藏號：Z2280

梅鶴孫跋本

　　此爲"已剔本"，穌仲先生舊藏，拓工與"劉亮章藏本"相近，銘文間鏽蝕痕極不明顯。

　　民國二十八年（1939）蔡鍾濟題端：

　　　　虢季子白盤，己卯夏五月，蔡易庵。

　　蔡鍾濟（1900—1974），字巨川，號易庵。江蘇丹徒人，定居揚州，新中國成立後任揚州文物保管委員會委員。善書畫篆刻，精研文字與詩詞，著有《易庵印稿》《易庵詩》等。

　　民國二十八年（1939），梅鶴孫題跋：

　　　　此器搨本尚舊，在咸同間藏合肥劉省三爵帥家，今不知歸何所矣。穌仲姻丈喜搜羅金石文字，舊藏甚富，丁丑（1937）浩劫，散佚殆盡，移居滬上，清理行篋，此搨尚存，頗有中郎不留虎賁備位之憾，因屬志之。時己卯夏五月也。鶴孫題記。

　　梅鶴孫（1894—1964），名鉽，號鶴孫。江蘇江都人，先後任職於上海國華銀行、中央銀行總行業務局、中央信託局。新中國成立後任上海文史館館員，工詩詞，善書法，精鑒賞。

虢

季子白盤

己卯夏五月萍翁易

此器摭本尚稱在咸同間藏合肥劉者三靈帥家今不知蹄何所矣

蘇仲綢丈憙授羅金石文字舊藏甚富丁丑浩刼散侠殆盡後居滬上清理川篋少

摭曲存頗有中郎石留虎賁備住之憾因李志云特已卯夏五反山鶴孫題記

卷軸裝　畫芯縱 61.5、橫 33 釐米　館藏號：Z2435

175

張祖翼跋本

此本爲濃墨精拓，紙墨古厚，二行“壯武於戎功”之“壯”字（上“由”，下“爿”），“曰”部剜剔成“由”狀，不見盤底鏽蝕痕。張祖翼審定爲“未歸劉氏以前所搨”。

光緒三十年（1904）張祖翼題跋：

號季子盤舊藏常州徐氏，庚申之亂（1860）陷于賊窟者幾五年。同治甲子（1864）四月，合肥李文忠公率淮軍勁旅攻克之，其時劉中丞銘傳隸公戲下統一軍首先入城，踞賊館，見廄有巨器置芻豆以秣馬，審知爲古銅盤，遂取而藏于家，今猶存合肥劉氏故里也。

此本一字不蝕，彌可寶貴，當是未歸劉氏以前所搨。若劉氏既得以後，爲群馬蹄齧，已少損一二字矣。余童年隨先外王父桐城方介亭先生在常州曾一見之，先生隨大軍克城令武進也。器長約營造尺三尺弱，廣約二尺弱，惜幼年不學，不知考據，忽略視之，至今猶恨恨也。時光緒三十年甲辰（1904）冬月，見此拓本於京師遂識其大略於此。桐城張祖翼。

張祖翼所謂“劉氏既得以後，爲群馬蹄齧，已少損一二字矣”，然余翻閱前後拓本，卻未見其中存有明顯差別。

張祖翼（1849—1917），字逖先，號磊盦、濠廬、坐觀老人。安徽桐城人。擅書法，通金石。寓居海上，時與吳昌碩、高邕之、汪洵，同稱海上四大書法家。輯有《漢碑範八卷》《僞石考》，著有《磊盦金石跋尾稿》《下里巴人集》等。

韓李子盤舊藏常州徐氏庚申之亂
隔于賊窟者幾五年同治甲子四月合肥
李文忠公率淮軍勁旅攻克之其時劉中
丞銘傳辦公戲下統一軍首先入城踞賊館
見廠有巨甗置甬豆以秣馬窅无為古銅盤
遂取而藏于家今猶存合肥劉氏故里中
此本一字不缺彌可寶貴當是未歸劉氏
以前所搨若劉氏既得以後為摹馬歸鐾
巨少損二三字矣余童年隨先外王父桐城
方介堪先生在常州曾一見之先生隨大軍
克城令武進此盤長約營造尺三尺弱廣約
二尺弱惜幼年不學不知考據魚眼視之
至今猶恨之如時
光緒三十年甲辰冬月見此拓今於京師
遂識其大略於此　桐城張祖翼

卷軸裝　畫芯縱 85、橫 33.5 釐米　館藏號：Z1081

褚德彝跋本

此爲俞申伯先生藏本，濃墨拓，紙墨古厚與"張祖翼跋本"拓工墨色相近，不見盤底鏽蝕痕，屬於"已剔本"。

俞申伯，清末民初人，生卒年不詳。浙江苕溪人，畫家俞子纘之父。富藏古籍書畫、鐘鼎彝器，善詩文，尤擅音律。與兩罍軒吳雲、過雲樓顧文彬友善，切磋金石書畫和琴藝。

存有民國八年（1919）褚德彝題跋：

虢季子白盤，其文詞乃紀伐玁狁之功者，與簠齋藏兮白盤、吳康父藏盂敦敦蓋皆同時從征之人所作，可以互證。吳退樓藏虢季氏子組作壺，近日秦中又出一盤亦虢季氏子組所作，當是一家之器也。

申伯道兄以爲然否？己未（1919）三月，德彝燃燭書。

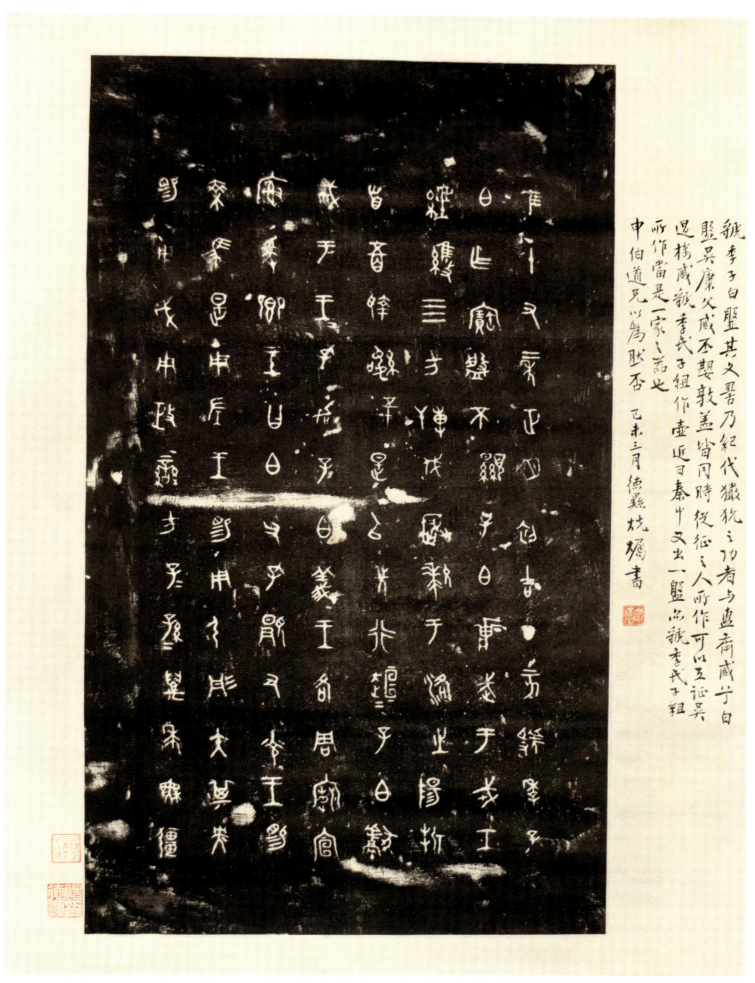

號季子白盤其文詞乃紀代獫狁之功者與盂鼎商盤亏白
盤吳康父威戒不嬰敦蓋皆同時從征之人所作可以互証吳
遲横盤訧季氏子鉏作壺近日秦中又出一盤亏號季氏子鉏
所作當是一家之器也
中伯道見以爲然否　乙未三月德羲枕獺書

卷軸裝　畫芯縱 56、橫 32.5 釐米　館藏號：Z2297

179

散氏盤

散氏盤

《散氏盤》西周晚期器，盤高 20.6、腹深 9.8、口徑 54.6 釐米，重 21.3 千克。是盤窄沿方唇，淺腹附耳，高足圈，足圈外侈，且有邊圈，腹飾長體夔紋，圈足飾獸面紋。盤內底鑄銘文三百五十字（其中合文一字）。

《散氏盤》相傳康熙年間陝西鳳翔出土，經歙州程氏、廣陵徐氏、洪氏遞藏。嘉慶年間，鹽使某貢入天府。在入清內府前，阮元曾經手拓四十本分貽同好，此後，人間拓本久絕。此器翻鑄較多，嘉道年間，阮元曾經模鑄二盤，一藏揚州府學，一藏文選樓，爲摹刻中之佼佼者。嘉道以後至清末民初，坊間流傳拓本均爲各種翻刻本，更有翻鑄"散盤"流往海外者。

民國十二年（1923）秋，清室內庫中重新檢得《散氏盤》原器，寶物重光。民國十三年（1924）春，命周希丁傳拓五十本頒賞臣僚，同年秋，周希丁又傳拓六十份。春季拓本無鈐印，秋季拓本鈐有"養心殿精鑒璽""金溪周康元所拓吉金文字印""希丁手拓散盤"三枚印章（所見多爲模本非原器拓本）。民國十五年（1926）五月，故宮博物院古物館主持傳拓並以定價 25 塊大洋對外銷售，此類拓本上鈐有"故宮博物院古物館傳拓金石文字之記"印章。由此可知，雖然同爲《散氏盤》拓本，但是清代拓本與民國拓本的文物稀缺性有天壤之別。此器現藏臺北故宮博物院。

陸繼輅藏本

此爲陽湖陸繼輅（祁生）舊藏原器拓本，淡墨精拓，後經劉可毅（葆真）、黃紹箕（鮮庵）、端方遞藏。有朱書麟、陸祁生、祁寯藻、李葆恂、端方等人題記、題字，鈐有"揚州阮元文選樓所藏""詔勘石經""孫伯淵""東山吳書楸所藏書畫印"印章。

卷軸上方，有朱書麟（尼瑞）道光八年（1828）"散氏盤"三字題端。

拓片左側，有道光丙申（1836）七月陸繼輅（祁生）題記：

寰宇中吉金文字之多，此盤爲最，況今已進天府，人間墨本有日減之勢，擬之《蘭亭》定武本，政不知孰爲輕重。

陸繼輅（1772—1836），字祁孫，一作祁生，號修平、又商、季木、商對、百藥。江蘇陽湖人。嘉慶五年（1800）舉人，曾官貴溪知縣。著有《崇百藥齋三集》《洞庭緣傳奇》《合肥學舍札記》《洛陽縣志》《續修郟城縣志》《洛陽金石錄》。

拓片右側，有道光二十八年（1848）重陽後四日祁寯藻觀款。

卷軸右下方，有光緒壬寅（1902）嘉平李葆恂題記：

是本爲陽湖陸祁生先生百藥齋中故物。丁酉（1897）除夕，余友劉葆真太史（劉可毅）

以餅金百與《智鼎》墨本同購得之，嘗以誇我。庚子（1900）五月，太史避地至通州，遂不知所終，所藏金石書畫強半散佚。此本與《智鼎》打本又爲鮮堪學士（黃紹箕）所得，項承出示，回憶與太史摩挲賞歎時，宛如昨日，曷勝憮然。

李葆恂（1859—1915），原名恂，字寶卿，號文石、叔默、戒庵、猛庵、紅螺山人、熙怡叟。辛亥革命（1911）後改名理，字寒石，號鳧道人，又稱孤笑老人，奉天義州人。著有《海王村所見書畫錄》《舊學盦筆記》《無益有益齋論畫詩》《義州李氏叢刻》等。

卷軸左下方，有光緒壬寅（1902）歲暮端方題記：

余藏《散盤》凡三本，一贈盛韻石祭酒，一沒於奉亂，今獨存黃左臣所贈之一本耳。盤舊在揚州洪氏，展轉入京師，歸朗潤園，復聞以遺彼得堡，則拓本不可復得矣。是本鮮盦學士得諸劉葆真太史家，太史沒於庚子之難，家室不能自存。學士解重金周恤之，不以計物直之低昂，其風誼古矣。壬寅歲暮，展觀此本相對感歎。

按：朗潤園爲奕訢府邸。散盤流入彼得堡，係光緒末年之傳聞。

道光三十八年重陽後四日祁寯藻觀

寰宇中吉金文字之多此盤為冣
洗今己進
天府人間墨寶有日減之勢撫之蘭亭
定武本面亦元覲房
輕重道光丙申七月六日同觀并誌 百蕉

余藏散盤歷凡三本一贈藏
韻在祭酒一沒於秦獻金猶存
在揚州洪氏厯村入京師歸朗
潤圍後閒以遠狄時得僅附拓
本不可多得未足本
鮮食尝學壬淨訣劉葆真太史家
太史沒於壬申金闓恒之不以計物
在學士辭金闓恒之不以計物
直之低昂其風誼右矣壬寅咸菓
辰觀此本相坊藏識 瑞方記

足本為陽湖陸祁生先此百蕉
齋中柈隔舟肩除夕余交剝葆
真太史又以饋金百與留影墨不
因餽淋之常山僧戒丑五月
太史函之地玄通覆迄不知所恥
藏金石書畫班牛散侠此本與
餘湛斯學士所得淥約出示迴
悵興太史摩當賞歎附宅附怀
日旹陳恒等丁寅嘉平李蓀

旦本為陽湖陸祁生先生石藥
齋中物以購之肯除夕余友劉◯
真太史以銅金百與留影墨本
因購得之蔣心餘我康子五月
太史函地玉通逝逆不知而余明
藏金石書畫靡牛散俠此本興
魯影尤木文為
鮮堪紫士所得漫游出示迴
怪興太史摩挲當賞數附宛如昨
日昌陳惟名李寅泰平李為

余歲簽鹽凡三本一贈盧
韵在祭酒一沒我奉獻含獨存
賞左匡在贈之一本耳鹽房
在揚州洪氏處付入京師歸朗
潤園後閒以遠彼時得堡卅拓
李不可复得矣足本
鮮盦坐壬浮訣劉蔗真太史家
太史没扵庚子之難家字不如自
在學士解云金悶惝去失壬寅咸莫
直之低即其風道去失壬寅咸莫
辰觀此本相扙感歎瑞方記

寰宇中吉金文字之多此盤為家況今已進
天府人間墨奉有日减之勢搦之南壽定武本四五氣觀為
輕重道光丙申七月六日圀觀并志百藥

旦本為陽湖陸祁生先生石藥
齋中物以購之肯除夕余友劉◯
真太史以銅金百與留影墨本
因購得之蔣心餘我康子五月
太史函地玉通逝逆不知而余明
藏金石書畫靡牛散俠此本興
魯影尤木文為
鮮堪紫士所得漫游出示迴
怪興太史摩挲當賞數附宛如昨
日昌陳惟名李寅泰平李為

余歲簽鹽凡三本一贈盧
韵在祭酒一沒我奉獻含獨存
賞左匡在贈之一本耳鹽房
在揚州洪氏處付入京師歸朗
潤園後閒以遠彼時得堡卅拓
李不可复得矣足本
鮮盦坐壬浮訣劉蔗真太史家
太史没扵庚子之難家字不如自
在學士解云金悶惝去失壬寅咸莫
直之低即其風道去失壬寅咸莫
辰觀此本相扙感歎瑞方記

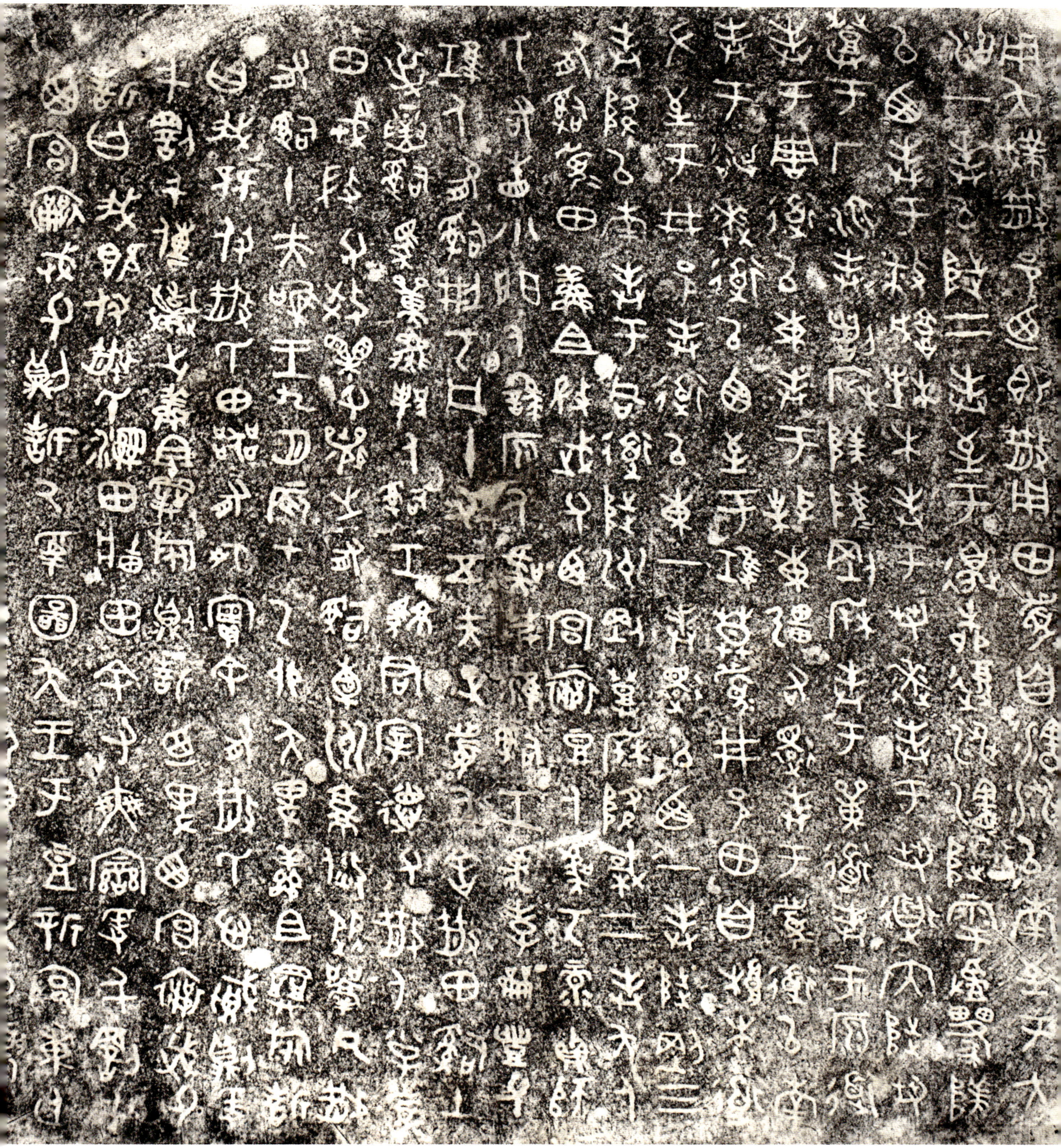

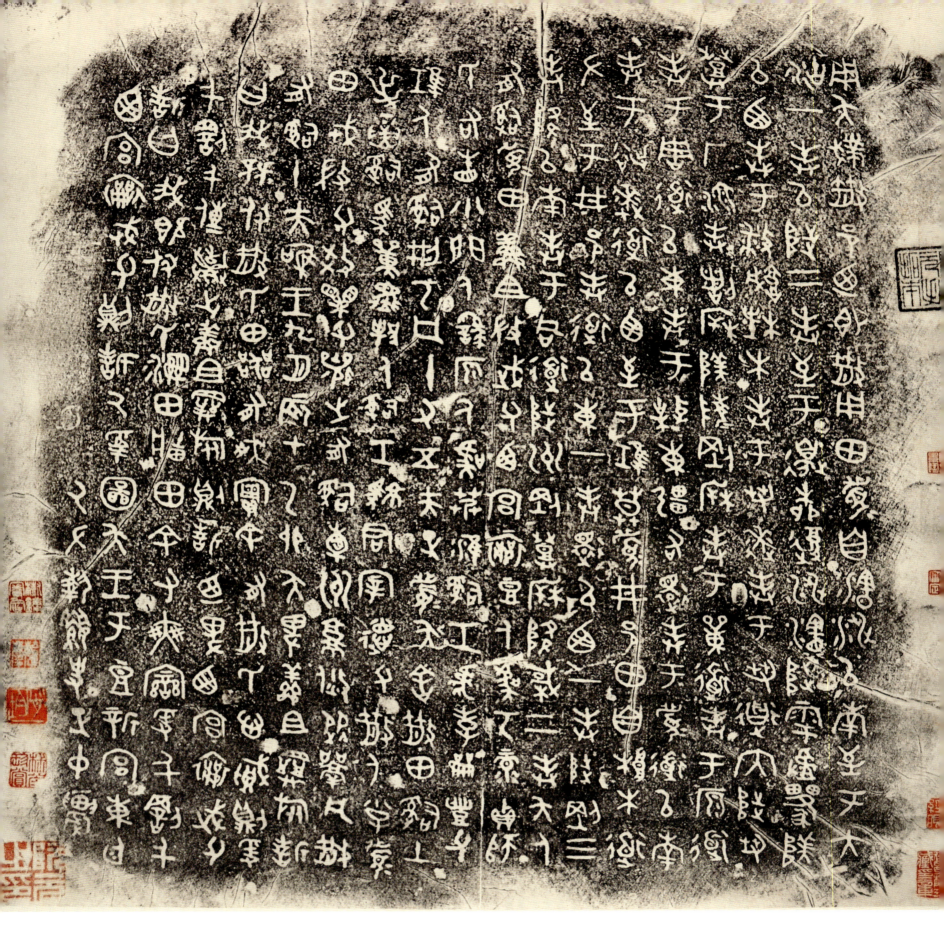

陳景陶藏本

　　此爲阮元手拓原器拓本，淡墨精拓，銘文清晰，與"陸繼輅藏本"拓法如出一轍，當爲一時所拓。鈐有"阮伯元手拓本""阮元之印"等印章。從拓本中可見器物表面凹凸與鏽蝕痕跡，當視爲鑒定《散氏盤》的標準件。經徐士愷（子靜）、陳景陶（愨齋）遞藏，曾經沈樹鏞（均初）、費念慈（西蠡）、褚德彝（松窗）等人審定。

　　卷軸上方，有民國年間陳景陶題端：

　　散氏盤。阮文達公手拓本，愨齋題藏。

　　淡墨拓本難以塗描作僞，故此本上呈現的墨色差異，基本可以視爲器物表面之凹凸狀況及紋理特徵。據此，可以比較各類《散氏盤》拓本，與之相同者，即爲原本，反之則爲翻本。

　　陳景陶，清末民國人，生卒年不詳，字漁春，號愨齋。浙江奉化人。富藏金石碑帖善本，其中《董美人墓誌關中初拓本》《智鼎未剔本》皆爲國寶級文物。

散氏盤

阮文達公手拓本
熊衛題藏

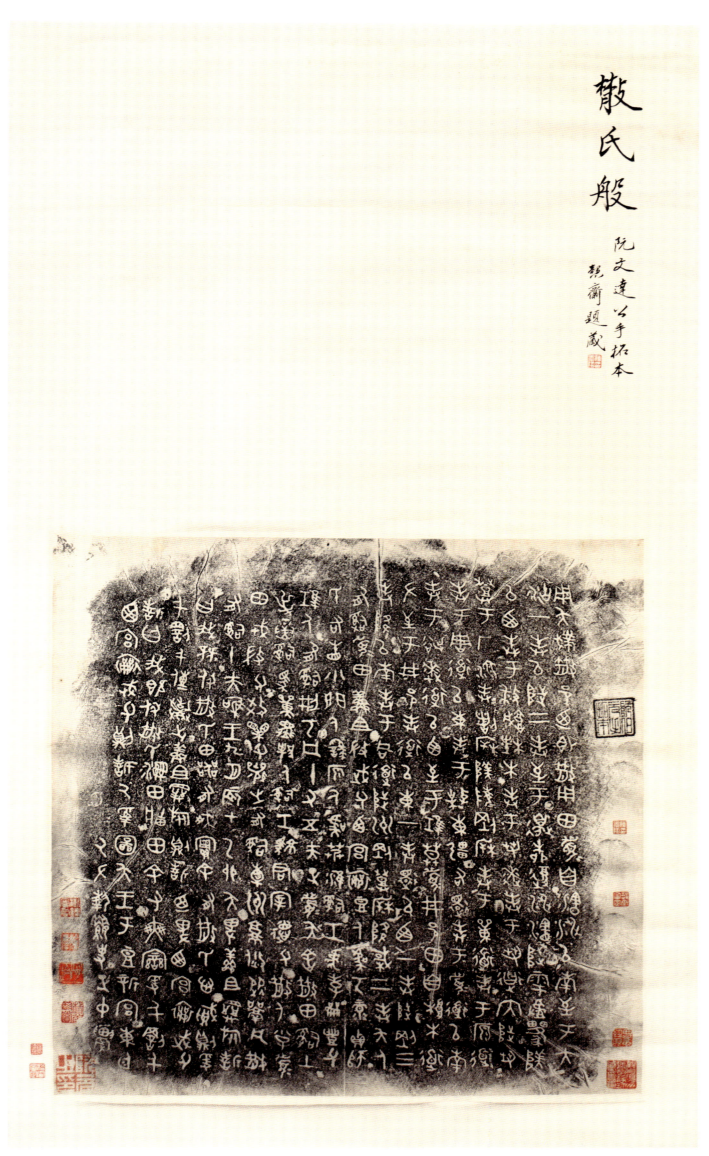

卷軸裝　拓片寬 44、高 43 釐米　館藏號：Z2110

劉世珩藏本

此爲阮元手拓原器拓本，阮氏八磚吟館舊藏，拓工精湛，拓片右側有阮元朱筆題識一行。後經吳大澂、劉世珩遞藏，汪鋆審定。光緒三十三年（1907）由劉世珩重裝成卷軸，天地頭皆用"梅花玉版箋"附之。此軸與《盂鼎》《曶鼎》《虢季子白盤》等爲一套，四條屏，每件皆有李瑞清臨本，羅振玉、蔣斧題記。

卷軸上方，有清道人李瑞清《散氏盤臨本》，結尾題曰：

于漢則開母闕，魏則鄭文公。

拓片右側，爲宣統元年（1909）羅振玉題記：

此盤舊稱"散盤"，陳簠齋謂當稱"矢盤"，"矢"即"吳"之省，今從之。此器舊傳貢入內府，簠齋謂在阿雨窗家，未知孰信，然實已久佚。此乃文達手拓，至精本，同好所藏皆弗之及，槶庵先生其寶藏之。宣統紀元閏月，上虞羅振玉題并記。

拓片左側，有光緒三十三年（1907）劉世珩（槶庵）題記：

右朱書一行爲阮文達手題，文曰"散邑盤銘所藏三之一，是最精者。元記。"已可見當時寶貴矣。押角右有"八磚吟館"印，左有"硯山過眼"印，是曾十二硯齋汪鋆審定，舊爲吳中丞愙齋藏，嗣歸觀自得齋。甲辰嘉平槶庵獲得，丁未三月裝誌。

卷軸下方，有宣統二年（1910）蔣斧釋文并記，其記曰：

右錄阮文達公釋文，阮釋未安處，吳愙齋中丞已逐字改正，如釋"大"爲"荏"，釋"𤤙"爲"印"，皆精確不易。惟首行"夔"字未釋，斧謂此"夔"字也，《說文》："夔"如龍一足，象有角手人面之形，此文"尸"象龍身有角，"号"則人面也。第四行"單道"，案《漢書·地理志》：牂柯郡有母單縣，當即其地。第六行"榗"當視爲"根"，《後漢書·夜郎傳》：句町縣有桃根木可以爲麵，此文"根木道"當以産桃根得名耳。第十一行"口"，吳釋爲"國"，斧案：乃"門"字也，上文"同道"之"同"字，上從"⺆"可證，"万"同"及"。第十三行之"𦅫門"疑皆楚官名，楚之先君有蚡冒，後人因而稱之，猶莫敖、村敖皆沿若敖之稱也。質之蒽石先生以爲何如。宣統二年二月，蔣斧記。

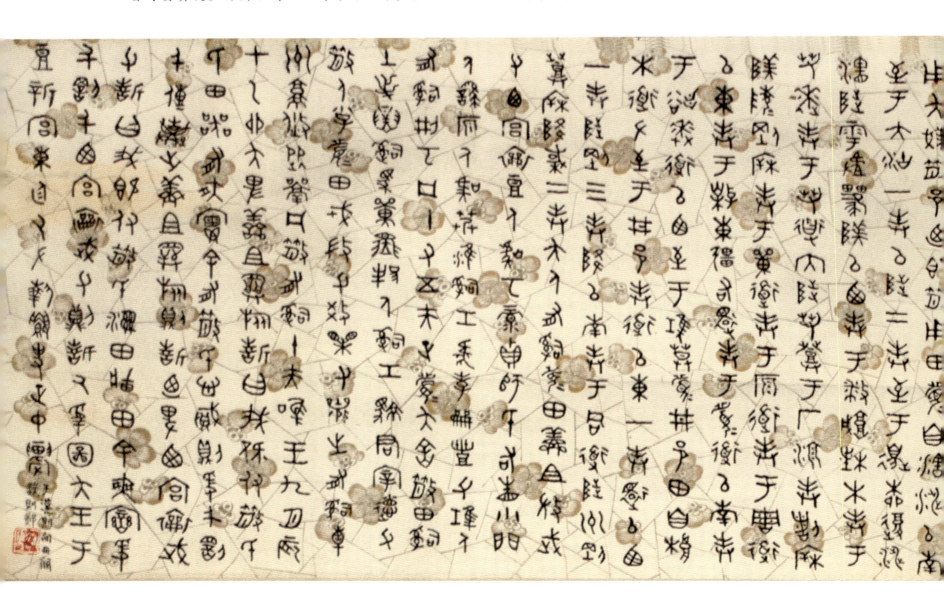

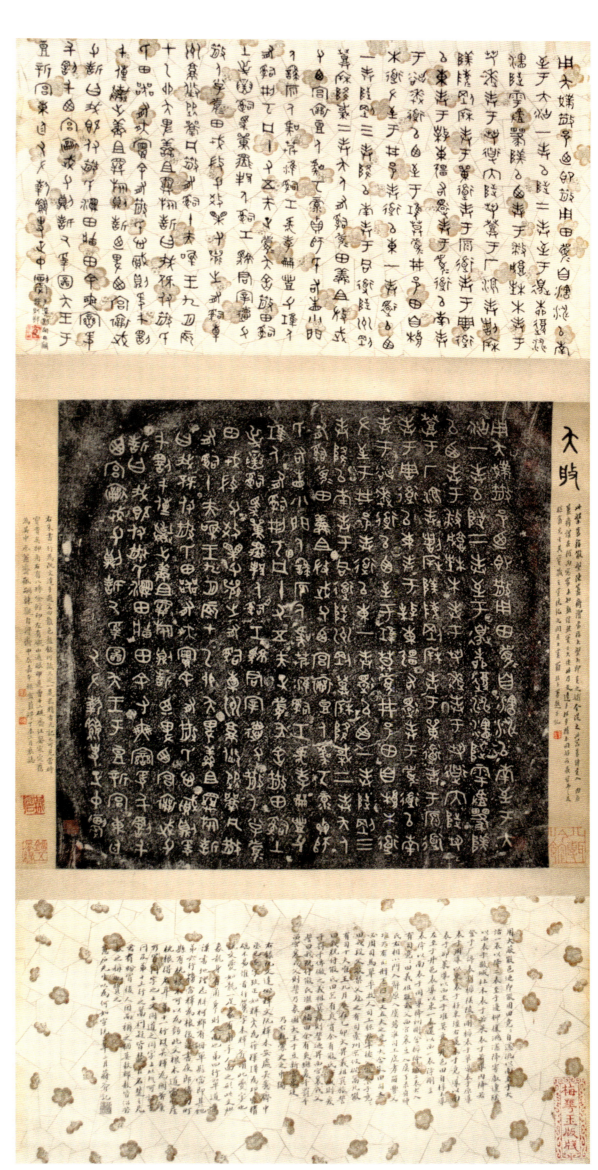

卷軸裝　拓片寬 41、高 41 釐米　畫芯寬 48.5、高 98 釐米　館藏號：Z1295

汪喜孫藏本

　　傳爲趙懿（祖仁）嘉慶十年（1805）手拓原器拓本，淡墨施拓，拓片頂部與左側微有沁墨現象，銘文字口稍細，初觀或以爲翻鑄本，實爲原器拓本無疑。舊爲汪喜孫（孟慈）問禮堂收藏，道光七年（1827）轉贈謝宇澄，後經徐渭仁、吳士鑒遞藏。卷中有謝宇澄題記、黃蕃、方勳觀款。

　　拓片鈐有"趙懿子""汪氏問禮堂收藏私印""吳士鑒珍藏三代法物""石雲心賞""清風涇""徐紫珊秘藏印""謝石雲圖書印"等印章。

　　拓片左下角有趙懿落款題識：

　　　　乙丑（1805）十一月，錢塘趙祖仁拓。

　　趙懿，初名祖仁，號穀庵、懿子。浙江杭縣人。擅篆刻，與其從父趙子琛同受陳鍾豫法。又善隸書，能畫梅，皆有古趣。著有《夢悔樓詞》《延江生詩集》等。

　　卷軸右下方，有觀款兩則：

　　　　道光壬寅（1842）重九日，黃蕃觀於默存室。

　　　　古同昌方勳觀。

　　卷軸左側，有道光七年（1827）謝宇澄題記：

　　　　散氏盤高八寸五分，深四寸五分，圍六尺四寸，文十九行，行十九字。□□□□□半，舊藏揚州徐氏，今歸洪氏。按王蘭泉司寇著《金石萃編》據汪松麓、江秋史諸家謂散氏表正疆域誓而銘於器，引殷□□誓之文證爲殷季之物，阮芸臺制府以周□散宜生薛書亦有《散季敦》，謂此盤當爲周器，説詳《積古齋款識》。揚州汪孟慈比部以搨本見贈，裝成并識。丁亥（1827）閏月書于慶陶官署之七略齋。

　　鈐印："宇澄"。

　　按：汪孟慈比部即汪喜孫（1786—1847），字孟慈，號荀叔。江蘇揚州人。清藏書家。

　　謝宇澄，生卒年不詳，字石雲。浙江嘉善人，謝墉之孫，官直隸寧晉縣知縣。

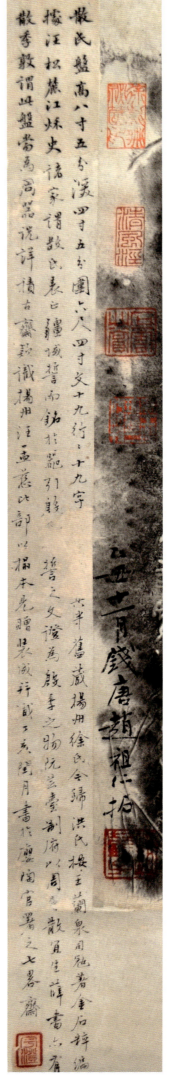

道光壬寅重九日黃蕃觀於煦存室

古閩昌方齡觀

嚴民盨高八寸五分深四寸五分闊六尺四寸交十九行十九字

揚江松蕉江妹史語家謂散氏秦石鍾懷磐而銘於箴引貽

散香散謂四盨蕃為高篝說詳懷古齋彝器款識法帖此即以揚本氏贈泉威軒畝二本陸月書於攖椶官署之七畧廬

咸丰十二月錢唐趙之琛拓

卷軸裝　畫芯縱 61、橫 46 釐米　館藏號：Z2335

楊兆鋆藏本

此本幾經裝裱，紙墨疲敝，殊爲可惜，爲楊兆鋆舊藏原器拓本，存民國三年（1914）吳昌碩題端并吳涵釋文。拓片鈐有吳雲、俞樾等人印章。

楊兆鋆（1854—?），字誠之，號須圃、須曼。浙江吳興人，清末外交官。精通書法和算術。撰有《楊須圃出使奏議》和《須曼精廬算學》等。

卷軸頂部，有吳昌碩題端：

> 散盤舊拓。須曼先生珍藏。甲寅春仲。吳昌碩。

卷軸下部，有吳涵抄録《散氏盤釋文》，其後記曰：

> 誠之四叔岳大人命録《積古齋散盤釋文》。
> 甲寅四月維夏，姪婿吳涵。

吳涵（1874—1927），字子茹，號臧堪。浙江安吉人。吳昌碩次子，家學淵源，得父真傳，於訓詁、詞章和金石書畫，均有建樹。

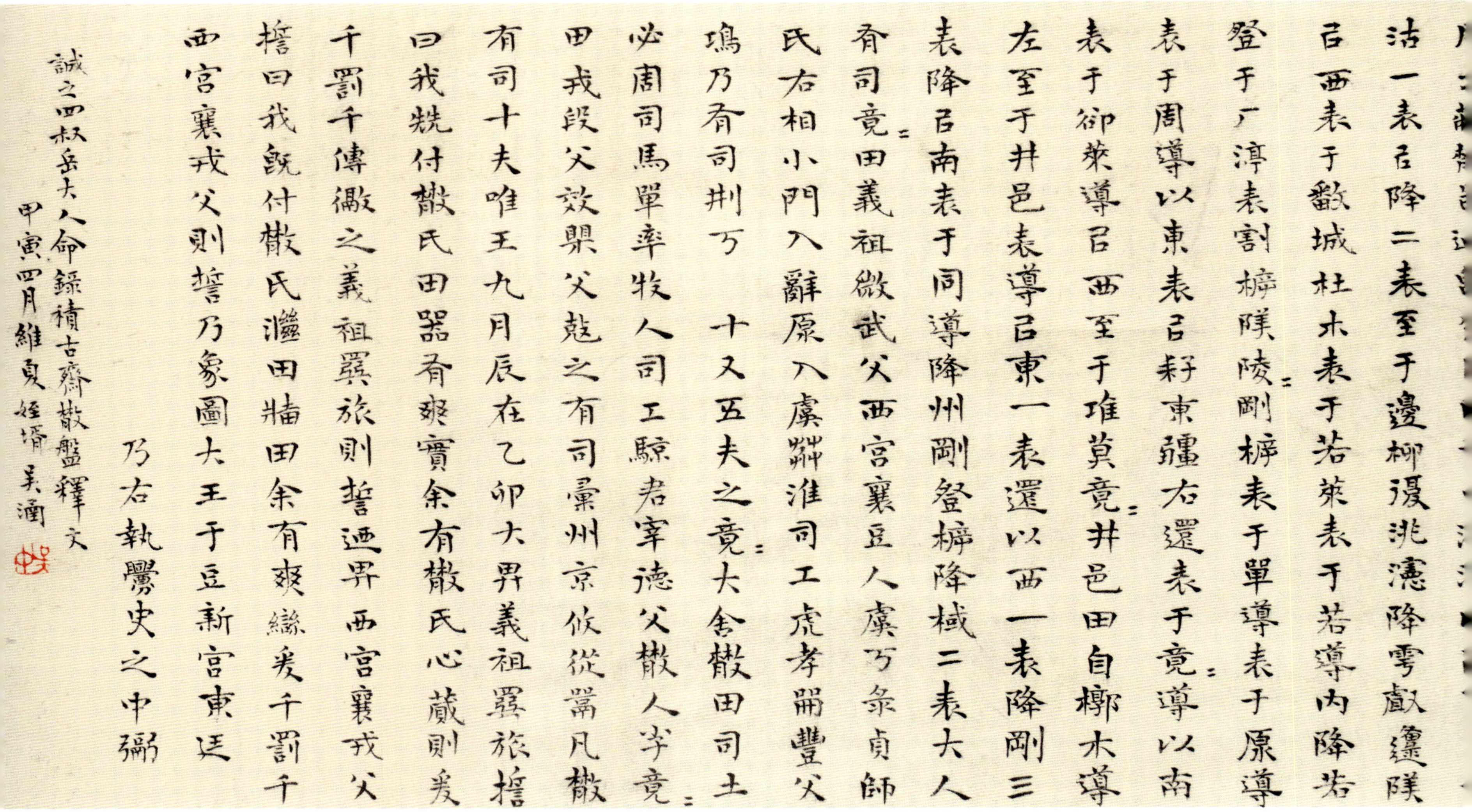

活一表呂降二表至于邊柳復洮瀗降雩戲鑾𢩹
呂西表于歐城杜木表于萊表于若導內降若
登于厂湶表封𢀜陵剛柝表于單導表于原導
表于周道以東表呂籽東疆右還表于竟導以南
表于御萊導呂西至于堆冀竟井邑田自櫅木導
左至于井邑表導呂東一表還以西一表降剛三
表降呂南表于同道降州剛登柝降二表大人
𤔲竟田義祖微武父西宮襄豆人虞丂彔貞師
氏右相小門人繇原人虞艿嗣工虎孝𤔲豐父
鴞乃眚嗣刑丂十又五夫之竟大舍散田嗣土
必周嗣馬單𤲬牧人嗣工�君宰德父散人小子
田戎叚父效𤲬父赴之有嗣𢀜州京𢼸從𢀰凡散
有嗣十夫唯王九月辰才乙卯大俾義且旅則檐
曰我既付散氏田器有爽實余有散氏心賊則爰
千罰千傳棄之義且旅則誓迺俾西宮襄戎父
檐曰我既付散氏濕田牆田余有爽變爰千罰千
西宮襄戎父則誓乃爲圖大王于豆新宮東廷
乃右執縷史之中彌

誠之四叔岳大人命録積古齋散盤釋文
甲寅四月維夏 姪婿吳涵

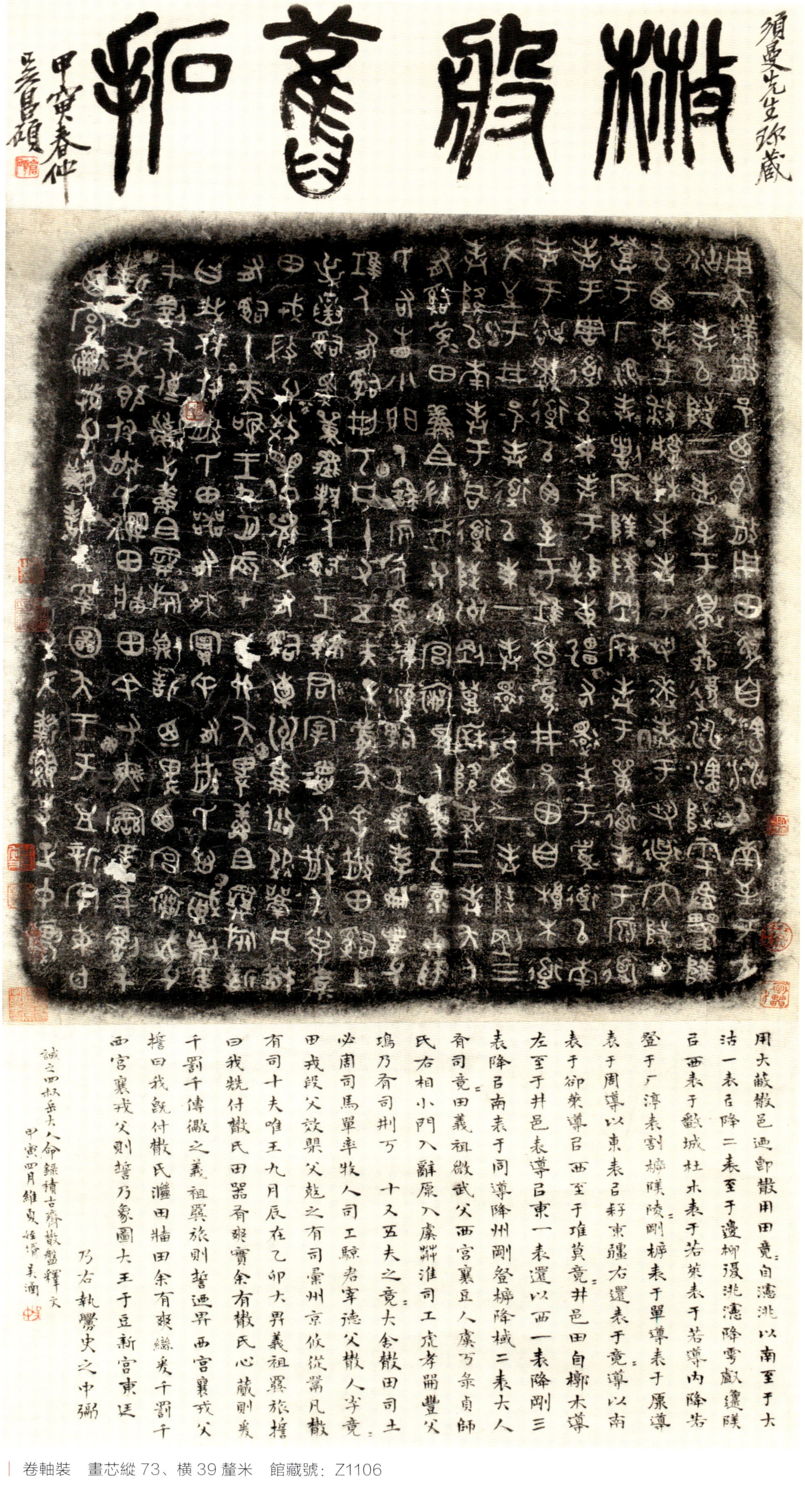

精殷蒦𤔲

須曼先生珍藏

甲寅春仲 吳昌碩

用大蔽散邑迺即散用田竟自瀗涉以南至于大
沽一表至于邊柳復涉瀗降雩獻𤔲
㵊以西表于歠城、楮木表于芻𨚉
登于厂湶表割𣜩陵、剛𣜩表于單導表于康導
表于周導以東表呂𢒉東疆右還以南
表于眉道呂西至于堆莫竟井邑田自㯱木道
左至于井邑表道以東一表還以西一表降剛三
表降呂南表于同導降州剛登𣜩降棫二表六人
夨人有𤔲履田鮮、且、微、武父西宮𥨸
𤔲馬�帋人兒德𤔲工�君宰德父散人小子
履田戎、微父、效𤔲、魯霝、父�之有𤔲橐、州𢦔、脩从、�凡散有𤔲
十夫唯王九月辰在乙卯夨俾鮮
且𣜩旅誓曰我既付散氏田器有爽實余有散氏心賊
則爰千罰千傳棄之鮮、且𣜩、旅則誓乃俾
西宮𥨸、武父誓曰我既付散氏濕田、牆田余有爽變爰千罰千
西宮𥨸、武父則誓厥受圖夨王于豆新宮東廷
乃右執𤔲史之中農

誠之四叔吳大人命錄讀古齋散盤釋文
甲寅四月維夏姪祺臣吳潐

卷軸裝　畫芯縱 73、橫 39 釐米　館藏號：Z1106

192

趙時棡題記本

此爲壽川先生藏本，濃墨原器拓本。依照紙墨拓工分析，當爲民國十二年（1923）秋清室內庫重新檢出後拓本。

卷軸裝上端，有民國三十一年（1942）趙時棡篆書題端：

舊拓散氏盤銘。
壽川世兄新得此拓
裝竟屬題。壬午二
月，叔孺趙時棡。

下鈐"趙叔孺長年大吉又日利"印章。

按：2004年春季拍賣會，北京傳是國際拍賣公司，有趙時棡花卉扇面一件，其題識："壬午初夏，爲壽川世兄寫此。叔孺趙時棡"。同是"壬午年"，上款亦爲"壽川世兄"。

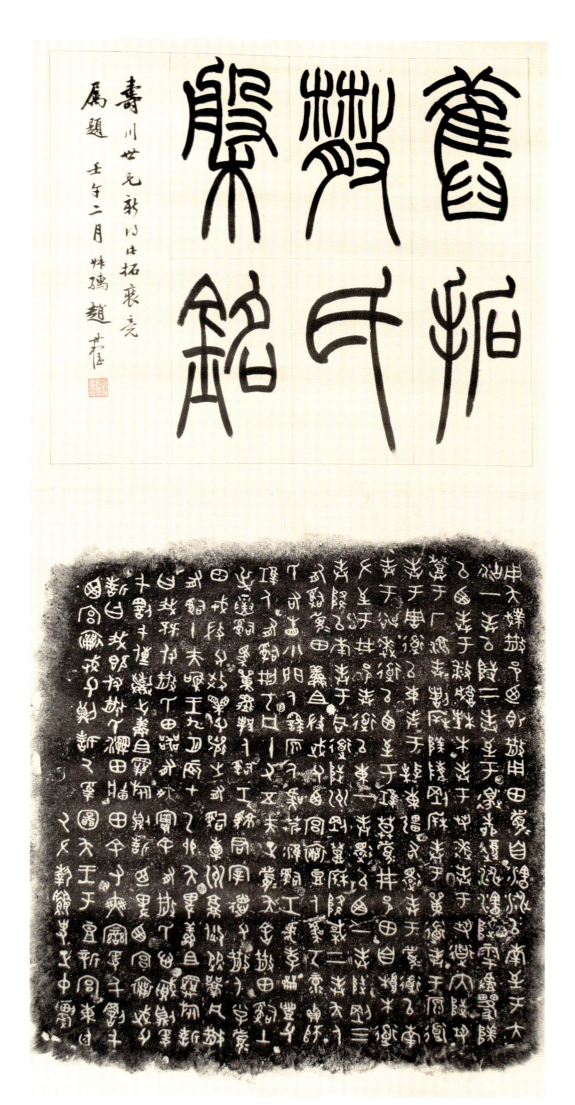

卷軸裝　畫芯縱85、橫40.5釐米　館藏號：Z1315

193

徐乃昌藏本

　　此爲銘文拓本附全形拓本，徐乃昌舊藏周希丁原器拓本，民國十三年（1924）春羅振玉監拓五十本之一，有民國十八年（1929）羅振玉題跋。

　　拓本右側，有民國十八年（1929）羅振玉題跋：

　　　　此盤自貢天府後，人間拓本久絕。癸亥（1923）秋，內務府拾庫得此盤，少府諸臣不能辨真贗。臣振玉奉命審定，詔少府選工精拓五十本，頒賞臣僚，此其一也。明年冬，遭宮門之變，此盤遂成寶玉大弓。己巳（1929）春，臣徐乃昌出藏本屬題，瞻對之餘，不禁涕泗之橫集也。振玉謹記於遼東寓之宸翰樓。

　　注："詔少府選工精拓五十本"，即民國十三年（1924）春，命周希丁傳拓五十本，同年秋，周希丁又傳拓六十份。此為"春季拓本"，"秋季拓本"參見下文"周希丁拓本"。

金城藏本

此本爲金城舊藏原器拓本，墨色稍淡，後歸高時顯"方寸鐵齋"所有，係民國十三年（1924）重檢故宮時拓本，金城命于海亭入故宮拓出。

金城（1878—1926），原名紹城，字聾伯，一字拱北，號北樓，又號藕湖。浙江吳興人。中華民國成立後，任眾議院議員、國務秘書、參與籌備古物陳列所，曾倡議將故宮內庫及承德行宮所藏金石、書畫於武英殿陳列展覽。擅長山水、花鳥。著有《藕廬詩草》《北樓論畫》《畫學講義》。

卷軸外簽：

散盤精本。甲子（1924）五月，清宮重檢得散盤，命于生隨者大臣入內拓出。北樓記。

拓片右側，有高時顯題記：

散氏盤。甲子（1924）清宮揀得散盤，金北樓命于生隨者大臣入內搨出。

野侯題記。

注：于生即于海亭，擅拓金石、印譜。

散氏盤

甲子五月清宮揀得攲藍金 北樓命于生趣者大臣人内搨出 野庚題記

卷軸裝　畫芯縱 67、橫 46.5 釐米　館藏號：Z1367

197

金西厓藏本

此爲金西厓收藏原器拓本，四周留有餘紙，可見弧度盤面上拓紙椎拓痕跡，定爲民國十三年（1924）其兄金城命于海亭拓本。另有民國二十年（1931）褚德彝和民國二十一年（1932）王禔題跋。

金西厓（1890—1979），名紹坊，字季言，號西厓，後以號行。浙江吳興人，久寓上海。竹刻藝術大師，其兄金紹城（金城）是畫家，仲兄金紹堂（東溪）也是竹刻家。

卷軸上端，褚德彝題記：

此盤文字奇古，諸家考釋各有是非，"牆"吳愙齋釋"澄"字，余謂當從舊釋作"渭"。第二行作"牆"，"圖"疑即古"胃"字，象胃藏形。"酆"即"鄠"，《說文》右扶風縣也，段注謂今陝西西安府鄠縣。"勝"即"陕"，乃《漢志》之美陽，《水經·渭水注》：雍水又南，逕美陽縣，是也。"斲"疑即"礴溪"之"礴"，《渭水注》所謂礴溪水也。"表于若燊"，"燊"即"藜"之古文，《渭水注》：渭水又東經藜縣故城。"桸"即古"析"字，段爲桼，桼即㯗。《趠鼎》"王在桸"正同，亦指㯗泉，渭水南流經胡城，孝公又記之㯗泉宮。"厡德"即"原道"，《渭水注》：又東過㹠道縣。孫淵如校謂："㹠道故城在今隴西縣東南三十五里"。"㹠道"亦地名，渭

水又東過上邽縣，《注》：渭水
又與扦水合，水出周道谷。凡此
數地皆沿渭水，足爲"𤞷"字釋"渭"
之證。松窗記。

卷軸右下方，民國二十年（1931）褚
德彝題記：

"大"字從前諸家皆釋爲"大"，
然文中"大沽"之"大"與"大"
截然不同，吳憲齋、楊詠春均釋
爲地名，然亦無確證。光緒末年，
寶雞縣出一敦，文曰"散伯作大𤔲
寶尊敦其萬年永用"，近年其地
又出一尊，文曰"大王作寶尊彝"，
知"大"確爲國名，且爲姬姓，其
地雖不可考，當在寶雞相近也。

西厓以新拓本見示，因以臆
説略書一二就正，餘詳拙著《散
盤集釋》中，不及備録。辛未六月，
褚德彝。

卷軸左下方，民國二十一年（1932）
王禔過録《徐乃昌記散氏盤文》，其文曰：

此盤爲海内重器，初無定名。
其題爲"乙卯鼎"者，吳玉搢也，
題爲"西宫盤"者，錢大昕也，
題爲"散氏盤"者，王昶、阮元也，
題爲"周太僕鬲"或"散氏鬲"者，
李斗、楊沂孫也。題爲"矢人盤"
者，劉心源也。

至於釋文有吳玉搢、孔廣森、
江德量、樊明徵、汪肇龍、吳穎芳、
俞瀚、江藩、王昶、阮元、楊沂孫、
吳俊、吳大澂、劉心源諸家，類
皆字梳句櫛，互有發明。又案張
廷濟跋徐籀莊藏拓本云：康熙間
廣陵人徐約齋購自歙州程氏，徐
繼歸洪氏，嘉慶十四年，鹽使某
貢入天府，然阮文達《揅經室集·金
石十事記》云：揚州周散氏西宫
大盤，東南重寶也，歲丁卯鹽使
者獻于朝，余模鑄二盤，一藏府
學，一藏文選樓。存揚州府學者，
後歸蕭山任氏，存文選樓者，後
歸平江陳氏仲簋，光緒己亥余親
見之。

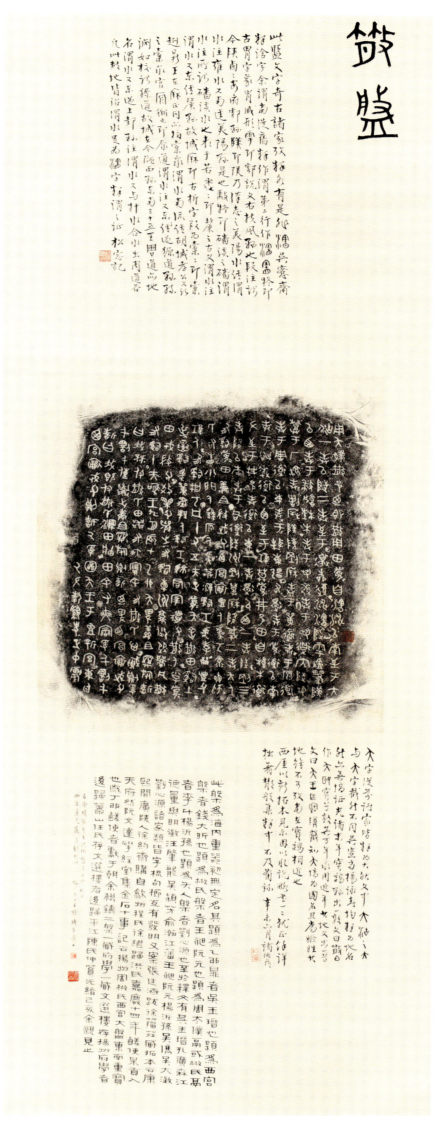

卷軸裝　畫芯縱 175、橫 62.5 釐米　拓片縱 49、橫 45.5 釐米
館藏號：Z1001

199

周希丁拓本

此爲民国十三年（1924）秋周希丁拓本，鈐有"養心殿精鑒璽""金溪周康元所拓吉金文字印""希丁手拓散盤"印章。

細審銘文拓本，竟是翻本，令人失望，疑爲"揚州府學本"。

原本文字渾厚，筆畫粗獷，有古茂感，翻本文字清晰，筆畫細瘦而挺括，但有生硬感。

區分原本與翻本的簡易辦法是：第三行第五字，即"西封于敝城"之"敝"字，翻本左上角有損，原本此字完好無損。

第五行首字，即"封"字，翻本右上角有圓形損泐，原本此字完好無損。

第十行、十一行的頂端兩字，即"氏"字、"鴻"字上方，間隔一字處有兩個圓形黑點者，即爲翻本，原本此處無黑點。

九行"豆人"之"豆"字，與十行"淮司工虎字"之"司"字，兩字間的下緣有黑色凸起，黑塊中間有兩個細小白點，翻本均無。

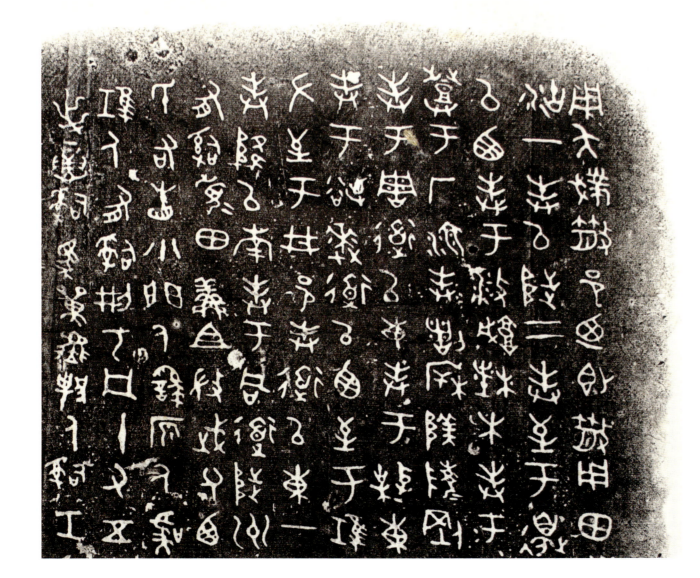

200

卷軸裝　畫芯縱 131.5、橫 67.5 釐米　館藏號：Z1508

陳昭常藏本

此爲陳昭常藏本，拓片左上角鈐有陳介祺"海濱病史"印章，有梁鼎芬題詩并記。

陳昭常（1868—1914），字簡持，號平叔。廣東新會人。光緒二十年（1894）中進士，歷任京榆鐵路總辦、京張鐵路總辦、郵傳部右丞、吉林省巡撫等。與詹天佑一起創辦第一條由中國人設計施工的鐵路。著有《廿四花風館詩詞鈔》《廿四花風館文集》行世。

拓片上方，梁鼎芬（鮮民）題記：

簡持中丞今內相，論思討古同精勤。
朝來打門走急遞，散盤佳拓如璆珍。
長安貴人競消夏，涼臺曲館沈香薰。
累累玉碗飣奇果，青娥羅縠歌過雲。
君謂我意獨不介，室中所有可具陳。
上者辛彝與乙鼎，齊罍宋洗犧象尊。
漢泉周印錯雜置，散盤奇字尤輪囷。
下者書研亦絕品，古香觸手皆天芬。
細辨名物此第一，遠窮遠迹參籀文。
趙洪失色王薛沮，吾桂墨尿錢毛嘖。
朝回駐車輒閱市，一鼎不惜錢千緡。
貨郎倚擔與諧價，駔市持貂時質人。
麏螺萬紙入瑤笈，牙籤百部排錦純。
偶烹佳茗數晨夕，塵尾一拂雲繽紛。
散盤是爲稀世寶，寸幅真足張吾軍。

拓片下方，梁鼎芬（節庵）題記：

己丑（1889）十月，簡持我兄得散盤真拓見示，相與摩挲，歎賞於一簣亭下，更賦長句以記事。鼎芬。同觀者有慶笙伯君兄弟，時將去大梁也。

梁鼎芬（1859—1919），字星海，一字心海，又字伯烈，號節庵、葵霜、鮮民、藏山、藏叟等。廣東番禺人。光緒六年進士，歷任知府、按察使、布政使，曾因彈劾李鴻章而名震朝野。善詩詞，富藏書，與曾習經、黃節、羅癭公並稱"嶺南近代四家"。

卷軸下端的梁鼎芬題記時間爲"光緒己丑（1889）"，然陳昭常光緒十五年（1889）中舉人，二十年（1894）中進士，光緒己丑（1889）尚未擔任巡撫一職，梁詩首句中卻有"中丞"之稱謂，由此可知，卷軸上端之題詩，當是日後追記，與卷軸下端的題記並非當時所寫。

再反觀《散氏盤》拓本，亦爲翻刻，並非原器拓本，與上文"周希丁拓本"同出一器，疑爲"揚州府學本"。

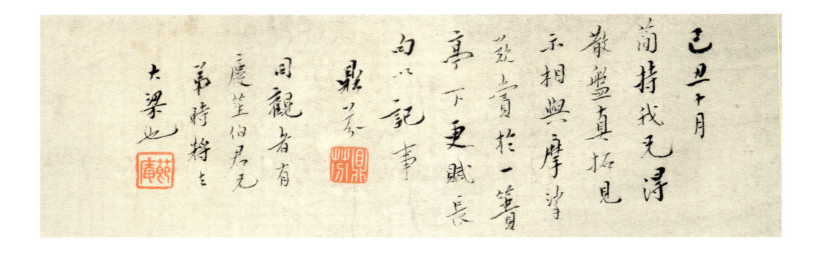

卷軸裝　畫芯縱65、橫44釐米　館藏號：Z1289

南潯劉氏藏本

此本爲模刻本，疑爲"文選樓本"，翻刻精湛，幾可亂真。隔麻紙拓本，拓工一流，南潯劉氏藏本，有易大庵題記一紙。鈐有"朝徹書屋""文選齋"等印章，疑爲劉湖涵藏本。

易大庵題記之信箋紙印有"上海中華國民製糖股份有限公司箋"，此製糖公司當爲南潯劉氏在上海的產業。

易大庵題記：

示敬悉散盤拓本，雖拓手不精，然非木板翻刻，可藏也。近日價頗昂，惜無金石家題跋，價亦在三十金左右也。此復，敬頌大安。各拓今日飭人往取。大厂。

易大庵（1874—1941），字季馥，號大庵、大厂、魏齋、韋齋等。廣東鶴山人。曾任孫中山秘書，作國民黨黨歌。詩古文辭、金石書畫、詞曲篆刻，皆精湛淹博，著作亦頗富。歷任暨南大學、國立音樂院等教授。著有《韋齋曲譜》《大庵詞稿》《楊花新聲》《雙清池詞館集》等。

《散氏盤》原器表面有不少圓形小坑，拓片分佈白色圓點（黃豆大小），此本則無，亦未見塗描痕跡。此外，此本第十行尾部"豐父"之"豐"字左上角泐損，多出一"豎筆"，原刻"豐"字完好无損。

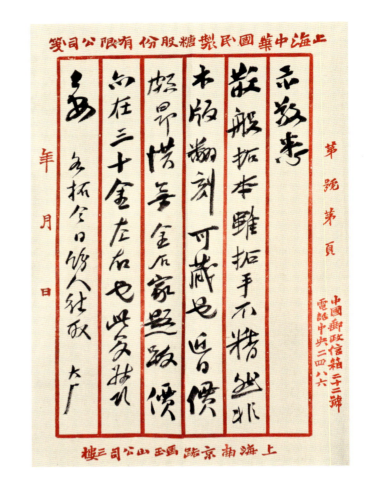

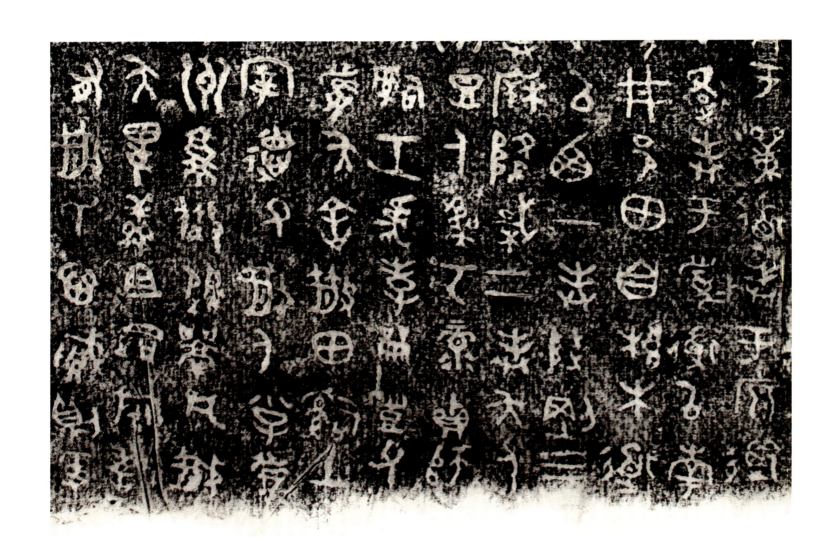

卷軸裝　拓片縱 39、橫 37 釐米　館藏號：Z1219

蔣菜藏本

此本爲桐城吳廷康舊藏"文選樓本"，與"南潯劉氏藏本"同出一版。後歸蔣菜所有。雖然拓工欠佳，墨色過重，但有民國甲子（1924）蔣菜長篇題記，聊補些許缺憾。鈐有"旭初鑒賞"印章。

卷軸上方，蔣菜過録《散氏盤釋文》，其後記曰：

右釋文參校孔廣森、吳玉搢、樊明徵、汪肇龍、江德量五本，録王氏《萃編》，盤高八寸五分，深四寸五分，圍六尺四寸，銘十九行，每行十九字，今藏揚州徐氏。閼逢困敦（甲子）暮春鴻文蔣菜做書。

卷軸下方，蔣菜題記：

《散氏盤銘》爲成周約劑書，昔宗室盛伯義先生嘗言之，後刊諸石，古則紀以器，茲不同耳。考周行食田之法於王畿以內，若天若鴻若散，皆畿內之國，藉用三國之田，故有此書，所謂大人有詞鴻人有詞散有詞，蓋各執一書也，末祇半行云："乃左右執糧史正中農"，猶今時契紙之有代筆及居間也。大爲王國較鴻散爲大，周行是制於三國境，仗大王之力圖大王于豆新宮東廷，所以報二詩，見《秘閣集》題爲沈魷尊作，又增一首云：散氏承家乙卯辰，執糧左史定何人。尚功漫溯商周際，王母姜聞寶敦新。孰先孰後不可知矣。余此拓獲于桐城吳康甫家，先藏一紙亦有翁題云：此成周食田法，甲寅以易米，今不知在何處。周食田法見《晉書·束晳傳》翁詩原注：舊有道光丁酉汪正塈額，屬曹編修廣槙易之功也。

大散連竟且通婚媾，皆在今鳳翔府屬，觀近出《散伯作大姬寶敦》及《大王卣》可見。《大王卣》去年鳳翔府出土，文曰：大王作寶彝，有蓋無提梁，今在廣州甘翰臣家，吳愙齋以大鴻爲西南夷，殆未考其地耳。此跋杭州鄒安所作，其歲在戊午七月，蔣菜録之。

自宋以來士大夫始言鐘鼎之學，我朝諸儒

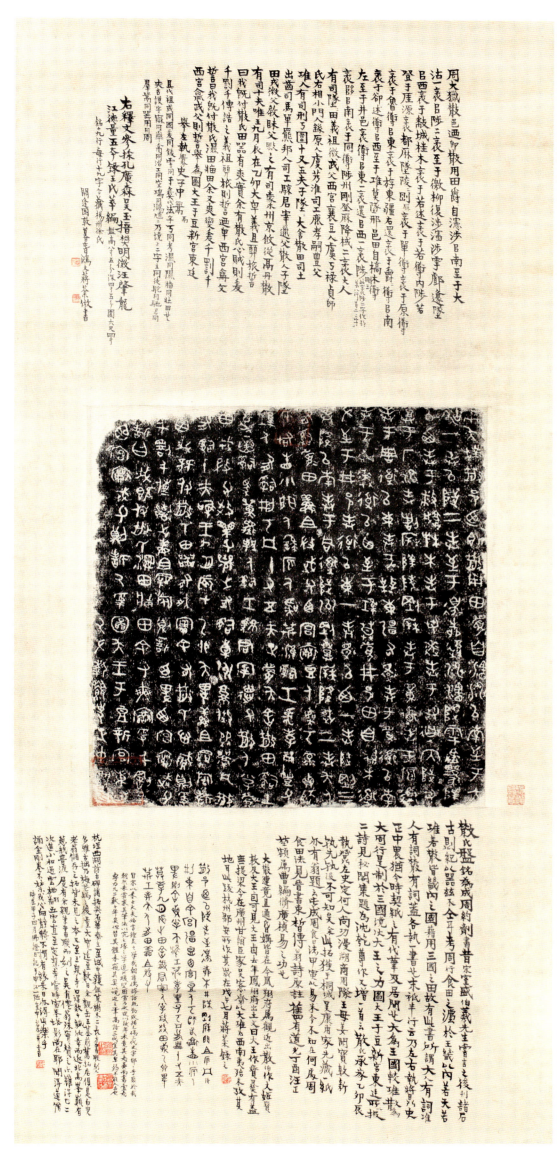

卷軸裝　畫芯縱 110、橫 50 釐米　館藏號：Z1221

搜訪既勤，考據尤確，三代文字郁郁乎聚於我朝。然未嘗求其筆法以究大篆之學，道州蝯叟固嘗爲之，迫以髦年未竟其志，吳尚書壹志專力兀兀數十年矣，但習其體，未窺其奧，以晚近之筆高語三代，宜其卑弱不能入古也。

　杭垣西湖訪古碑諸拓與石華齋主至城中，獲銀菜樹木二長方書聯，刻人多雅古拙，乃梅花塢之後，量大寬延至數日。余觀岳王墓前舊拓店，俱是白叟老翁儲存之拓，皆未見之本。

又至玉泉寺口得數十紙，欣幸而返，北高峰巔有慈航普度殿，有余親筆書聯而刻之，吳肖儂翁殊實贊之，亦難得也。二次進小和過雲樓，翻五雲直至定慧寺，當時雷峰塔影尚在耶。聞得道僧誦金剛卷，不禁我心向靜，轉不謂有緣，來日亦得此樂乎。時在甲子四月佛燈日記于申江一陋室中，菜并書。

蔣菜 (1905—?)，字鴻文，號菜齋。浙江鎮海人。善作人物、花鳥，工書法，中國畫會會員。

周夨獵散邑遄即散用田爵自瀗涉以南至于大

沽一爵以陟二爵至于邊柳復涉瀗陟雩以廊邊陟

以西爵以敆城桲木爵至于敷柳復涉瀗陟雩内陟以若

登于虘源爵以都以麻陟陵剾麻爵以單衡爵以弋衡以若衡内陟以若

爵以于魯衡以東一爵以狭東右還爵于弋衡爵于原衡

爵于卻述衡以西至于堆莫陵邢邑田自桴林衡

左至于井邑爵以衡以東一爵還以西一爵陟

爵以以南爵于同衡陟州剛登以麻降楕三爵以

有司隸田義祖微武父西宮襄豆人虞丂祿貞師

氏右相小門人繇原人虞芳淮司工廄孝嗣豆父

堆人有司刑丂圖十又五夫子隸大舍散田司土

出茜司馬單罷邦人司工駀君宰邁父散人子隸

田戎微父敎眛父黻之有司豪泰州京攸從禹散

有司十夫唯王九月辰在乙卯大卑義且覭旅誓言

曰我既付散氏田器有爽實余有散氏心賊則爰

誓曰我既付散氏濕田畮田余又爽變爰千罰千

千罰千傳諎之義且覭旅則誓通迺卑西宮襄文

西宮襄武父則誓言爰圖大王于豆新宮東廷

舉左執要史子中農禺

鮮鬴同器用同周

右釋夨豦敦孔廣森吳玉搢樊明徵汪隆龍
江德量五字錄王氏萃編
銘十九行 每行十九字 今藏揚州徐氏
盤高八寸五分 深四寸五分 圍六尺四寸

六舟藏本

此爲六舟藏本，後歸劉世珩、劉之泗父子所有。拓本鈐有"達受""方外金石""劉蔥石藏""世珩金石""劉之泗"印章。

拓本右側有宣統二年（1910）褚德彝題記：

散盤自貢天府後，人間墨拓稀如星鳳。此拓墨光黯散，楮隙有達受小印，當爲金石僧舊藏，殊可寶也。

細審此本，並非原本，亦是翻本，其最明顯的特徵：右上角有明顯的黑色條紋，第五行至第七行之首字處更爲明顯。其次是，倒數第二行首字"西宮"之"西"之上有一"乂"字。

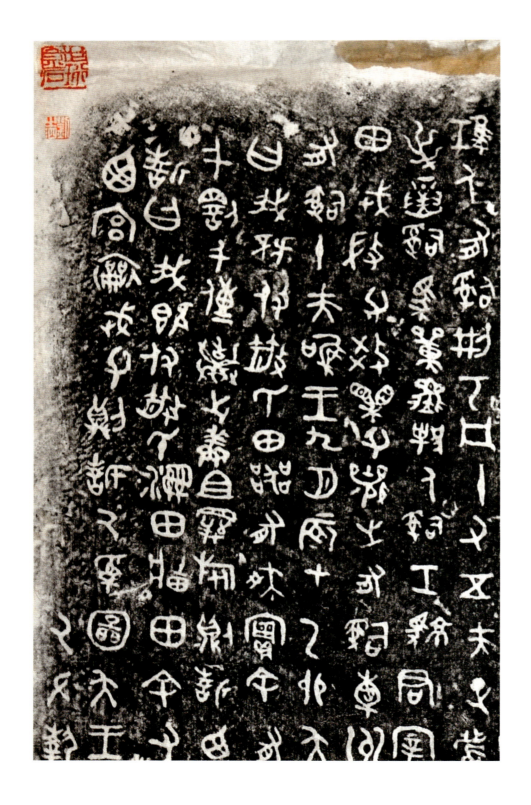

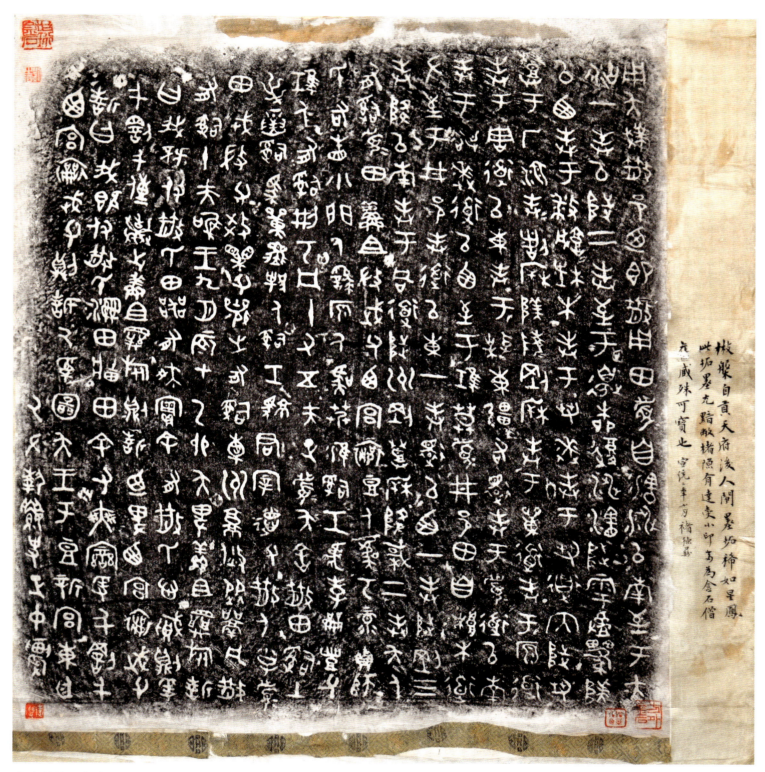

卷軸裝　畫芯縱 41.5、橫 37 釐米　館藏號：Z2034

此本係石印本，其影印之底本爲阮元原器拓本，吳讓之、吳雲舊藏本。拓本鈐有"阮伯元手拓本"印章。拓片兩側有同治十三年（1874）吳雲題記：

散氏盤藏揚州徐氏，後聞貢入内府，阮文達公曾手搨四十幀分貽同好，每幀用一印記。此幀乃文達贈吳讓之茂纔者，在今日已同景星鳳皇矣。文達又仿造一器置於家廟。癸丑之變，阮氏藏器十失八九，此器在亂後曾留余泰州寓齋數月，因重笨，携帶爲難，不復購買，今不知流落何所矣。甲戌春二月，退樓老人記於金石壽世之居。

卷軸上方，有光緒七年（1881）二月，吳大澂《散氏盤銘文考釋》。

卷軸下方，有光緒三年（1877）潘祖蔭觀款，另有吳大澂篆書考證題記（校正阮元釋文）。

散盤

散盤

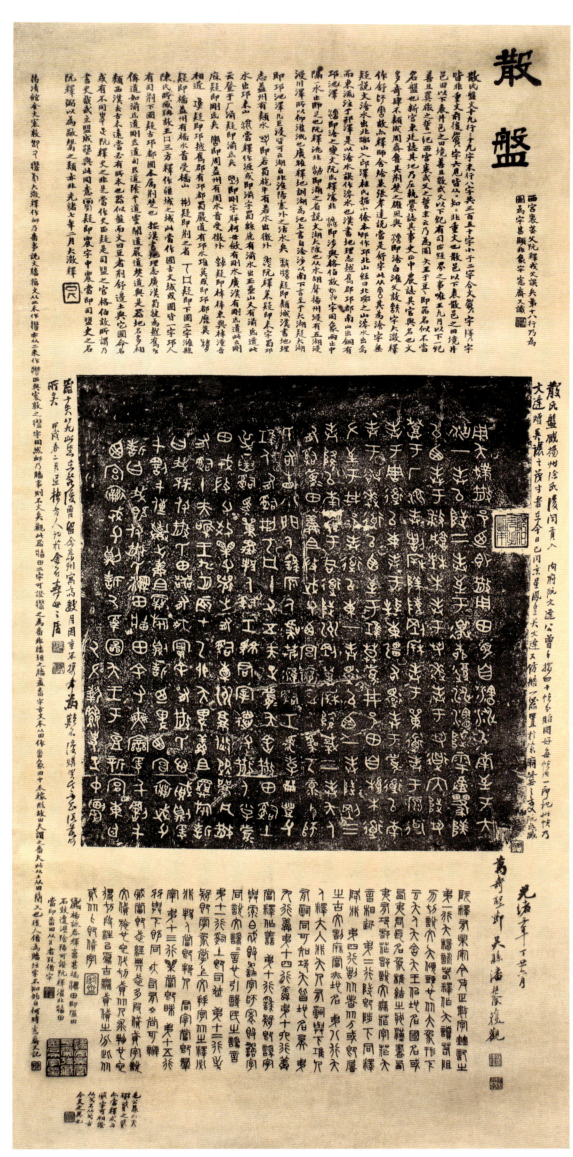

九此器車器後曾留余秦州寓為數月周重來攜去為難後後購買去之

甲戌春二月邁樓為人記於金石□李世□居 [印][印]

憍字同然郵乃牆事則不文矣觀此器臨田二字可證憍之為畬非牆垣之牆蓋畬田字古文本从田作□象田中禾稼

盤庋揚州徐氏陵問貢入

向府阮文達公曾□摆四十修兮贴同好每修用一□□

相吳讓之茂才者至今日已同京星鳳皇吳文達又倣船□器置於家廟鑒之□□

潘康保藏本

此本爲精印本，幾可亂真，印章皆套紅，其底本爲潘康保（秋谷）、陸叔同（陸心源之子）遞藏原器拓本。

卷軸頂部有楊沂孫篆書題端"散氏盤銘"四字。

題端下方，有陸恢題記：

> 曾見吳愙齋中丞臨此盤銘至數十過後，大小任意而位置不移，且鐵筆而易以毛錐已爲難事，安得如是之自然合度耶。總之，金石文字能窺見古人用筆之所在，乃能摹擬，不然無當也。叔同宗兄屬題，聊記數語以質之。康夫弟恢。

陸恢題記右側，有潘祖蔭題識：

吳子苾丈有縮本，精極。祖蔭識。

陸恢題記左側，有同治八年（1869）史致謨（彰聖）題識：

> 盤文秀勁有類岐陽獵碣，己巳（1869）春二月，史致謨記。

拓片下方，有同治六年（1867）四月楊沂孫釋文並題記，楊沂孫釋文下方，有同治七年（1868）八月吳俊（子重）考釋題記。

卷軸底端，有同治七年（1868）閏月胡澍題記，同治十年（1871）張蔭桓（樵野），後接吳讓之、王仁俊題記。另有張裕釗、吳俊卿、陳兆熊、劉恭冕、胡菊鄰、李葆恂等人觀款。

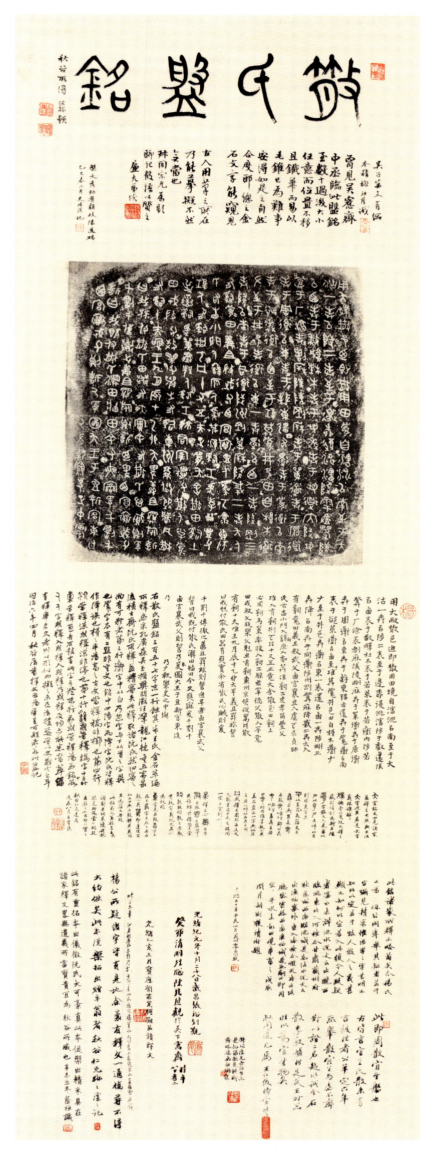

散氏盤銘

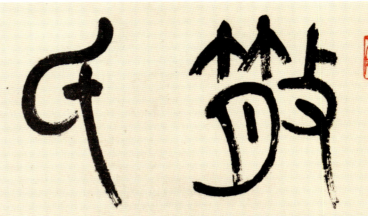

秋谷所得散孫頻

散盤銘

吳子苾文有縮
本精榻祖薩識

曾見吳憲齋
中丞臨此盤銘
至數十過後大小
任意而位置不移
且鐵筆而易以
毛錐已為難事
安得如是之自然
合度郎德云金
石文字能窺見

古入用此筆云既在
乃能以摹擬不出
乙云當也

楳同宗兄乘影
歟記散語以質之
廬夫容

榘文秀勖有類岐陽遠碣
己巳春二月史琰溪記

用大散散邑迺即散用田境自瀗洮呂南至于大
沽一弄呂陟二表至于邊柳復洮瀗陟于欵邊陵
呂齒袁于歡攜杜木表于若萊表于若谿內陟若
榃于厂涂袁剟麻陜剛麻弄于㮚欵弄于原欵
弄于周㳂呂弄于欵彊若還弄于覺欵欵呂南
表于㲅萊㵎至于堆㗊㵎弄呂自楮木欵于
少至于井邑弄㵎呂東一表豆入虞丁彔貞師
有銅竟田義且效散父㳂宮襄豆入虞丁彔貞師
氏若㗊小門入㵎原入欸茾淮㵎工虎孝㗊豐父
堆入有㵎㵎荆丁口十又五㲅大舍散邑田銅
必周㵎馬㬥率牧入㵎工欵君寧德父散入小子
田戎散父效㬥父氒止有㵎㵎東州京㵎從㵎月散
有㵎十夫唯王九月辰十乙卯大㲅義且散旅誓
曰我既付散氏㵎田牆田今又㵎顾爰千㵎千
曰我㲅付散氏田器有爽貫余有散氏心賊則爰

乃

千罰千傳徹必蕭且㵎旅則誓迺顾㖞宮襄武父
誓曰我既付散氏㵎田牆田今又㵎顾爰千㵎千
㵎宮襄武父則誓乃爰圖大王于豆新宮東廷

乃人執㽦史之中㵎

右散氏盤銘三百五十七字志一行蝕其半王氏金石萃編
作釋文也㵎非㵎文也銘㗊中四陟字西㵎字阮氏法㳂
所釋㮚采孔廣森㲅玉楷㳂㵎朙漵汪㵎龍江佑㵎㗊五寄晶
後積古齋阮氏所釋㮚益精審㵎此㵎取㵎敢諸阮氏㬥細晶㵎
尚有可㵎若㮚三㵎字㵎中以自乃㵎字與下以㵎三字㵎
也賞字本有二㵎非㵎文也銘文中四陟字西㵎字阮氏法㳂
作降㵎也㵎二古㵎㵎玉槹高二古㵎㵎當以㵎輝㵎也㗊羅㵎
榆㵎㵎源㳂釋涂㵎非㵎也第十行㵎㵎㵎當釋㮚㵎
㵎㵎釋㵎入或釋㵎或㵎㵎㵎㵎均㗊志㮚遠當以文義定之年
マ字㵎㵎釋人或釋乃或㵎之㵎㵎要㵎當以㵎㵎定㵎之年
有㵎㵎君久者㵎㵎似㮚形似㮚㵎㵎㵎㮚㵎㗊㵎末㵎州㳂溪識
同治六年四月
秋谷屬書釋文田㵎萃㵎可㵎末㵎州㳂溪識

大字銘文四見諸家
並釋之大然與大沽
大字迥異若是夫字
義殊難辨
𤔲偏旁從戈阮氏釋之
敢引經訓為斷未難
𡧛字銘文六見並從
𡧛𡧛未詳從貞
則非竟字矣
隷𢀖與𥄫𣊟
石鼓𢀖字從之郘公𦉘稱
𢀖郘字
孟鼎王若
曰𢀖相同惟芊執小異
蓋𡧛本一字典杜若
之若從艸從右者不同
𦫳从三𡧛𡧛籀文と
口或釋と圉非再後文
凡散昌司十夫之日同
一字不定別訓

此銘諸家兩釋点略菌矣今楊氏
又為烁谷同年舉其疑者若干
字彌見精案惟彼事々寧並明不
知所以定為入此猶令人致疑
顧不知何以定為入此猶須令人致疑
者當水未詳洮水說文云出隴西
臨洮東北入河枚今甘肅蘭州府
秋道此山西南臨洮城是也法水說文云
出漁陽塞外東入海枚今順天府北城
廳密雲縣西南漁陽城是此關工即司
空平水土即田境事為之戊辰
散李𢼨齣初是武王時器
𢼨𢼨𢼨初是武王時器
此以為宜生物矣
此即周散宜生𣍲也
叔同道兄屬王仁俊時客燕
閏月胡幽樵讀附題

光緒三十年甲辰四月長洲李鳳觀

光緒紀元冬十月二十八日武昌張裕釗觀

癸卯清明外藐陳兆鴻㳟觀於吳下惠齋時年七十二

光緒乙亥三月寶應劉恭冕攜觀並讀釋文

此銘有重拓本出儀徵阮氏大可寶真此本從𣊟拓出精采具在
諸家釋文墨無遺義所當寶貴宜為秋谷所藏也辛未立冬薩桓識

楊公兩疑諸字皆有見地余藏有釋文一通檢尋不得
大約佚失此本從𣊟拓此贈平翁者秋谷仁兄珎之漢之記

219

羅振玉跋本

　　此爲羅振玉日本玻璃板影印件，印刷精良，幾可亂真，其底本爲民國十三年（1924）故宫搜庫時拓本，與上文"徐乃昌藏本"同屬周希丁手拓本。雖爲影印複製件，但尚存民國二十一年（1932）羅振玉題跋真跡。從羅氏題記可知，此件《散氏盤》是寄贈魯山先生（疑爲蔡魯山）的七十歲壽禮。鈐有"定海應燡""法光精舍""閒居玩古不交當世"。外簽：

　　　　影印散氏盤銘，羅叔言題，壬辰（1952）
　　初夏重裝。
　　　　簽下鈐"樂安室"印章。

羅振玉題記：

　　　　此盤自貢入天府後，墨本至難得。宣統甲子（1924）内務府搜庫得之，精拓數十紙，今成寶玉大弓矣。近以賜本寄海東用玻璃板影印，似原拓不殊銖黍。壬申（1932）臘月爲魯山先生七十誕辰爰題寄新京以申壽如金石之祝。貞松羅振玉于遼東寓居六經堪。

　　應燡（1887—1958），字次耿，號蓀龡，齋室名法光精舍。浙江定海人。清末民國初年間著名書畫家、收藏家。

卷軸裝　畫芯縱 132、橫 65.5 釐米　館藏號：Z1324

徐子爲藏本

此本徐子爲恒盧藏本，民國間故宮博物院古物館仿真影印。上有陳元始（覺盦）題端，下有吳葭敬贈題記，鈐有"故宮博物院古物館景印金石書畫之記"。

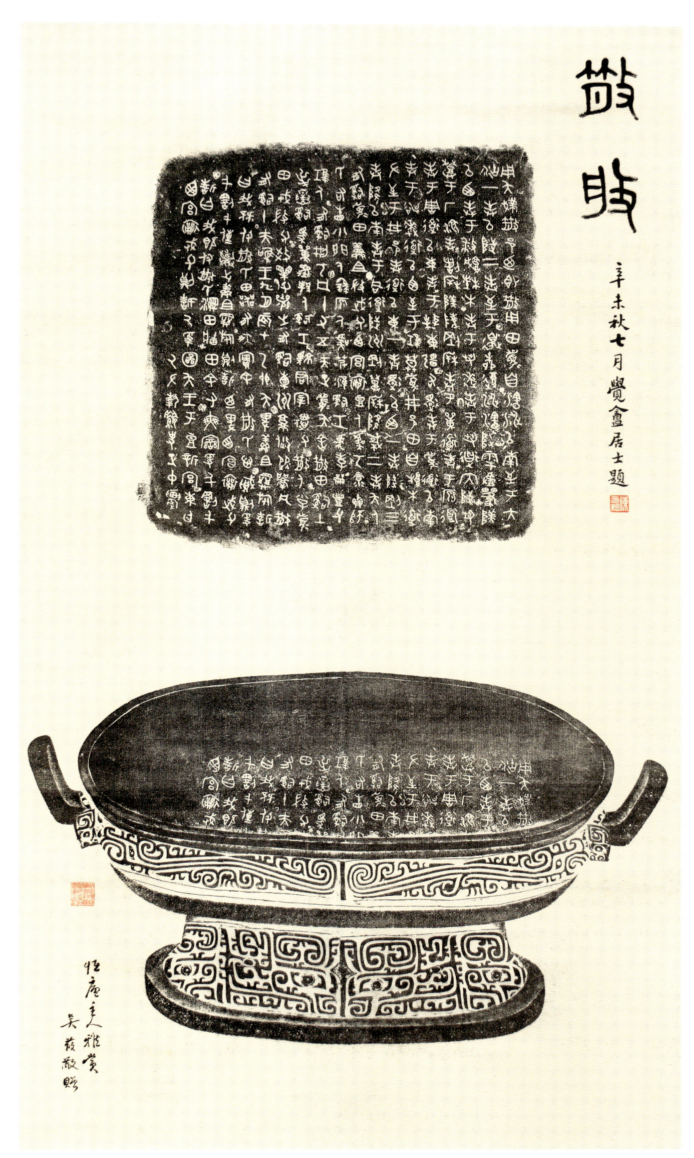

散盤

辛未秋七月覺盦居士題

恬庵老哥雅賞
吳薇敬贈

卷軸裝　畫芯縱 130.5、橫 67.5 釐米　館藏號：Z2002

黃葆戉題跋本

此本亦爲故宮博物院古物館仿真影印，有民國庚午（1930）黃葆戉（青山農）數千字題跋真跡。

黃葆戉（1880—1869），字藹農，號青山老農、鄰谷先生，小名破缽。福建長樂人。善書法，與王福庵、馬公愚齊名，稱"海上三老"，精鑒定，與姚虞琴、吳湖帆、張大壯並稱，號"滬濱四慧眼"。有《青山農書畫集》《篆書百家姓》《曖廬摹印集》《青山農分書千文》等。

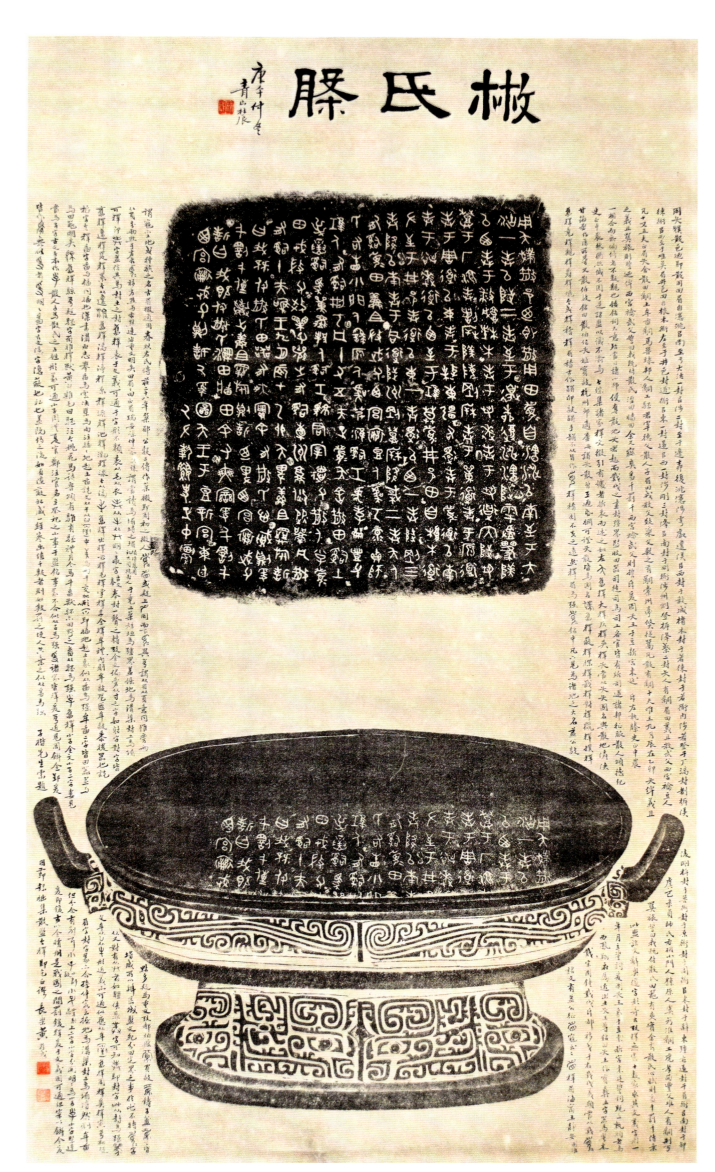

散氏槃

卷軸裝　畫芯縱 132、橫 66.5 釐米　館藏號：Z1409

齊窓盉

西周早期器，侈口束頸，圓腹圜底，三棱錐足，頸部一側有管狀流，另一側有獸首鋬，蓋面隆起，蓋頂有半環鈕。蓋頂和頸部飾有雲雷紋。

盉內鑄銘文 4 字"齊窓尊彝"（陽文），鋬內注銘文 2 字。

《商周青銅器銘文暨圖像集成》未見著錄。

張研雲跋本

此爲張研雲跋本。

張研雲題識：

　　齊□盉。彝器中陽識未易多見之品也。研雲記。

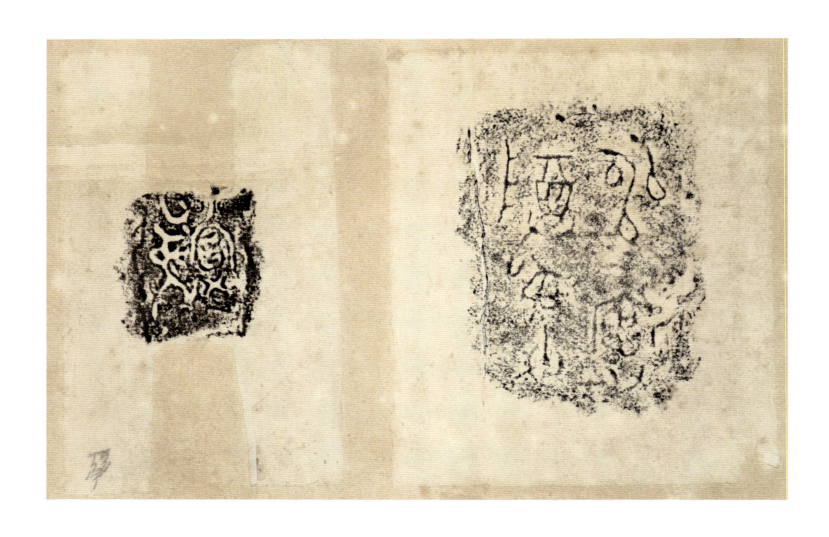

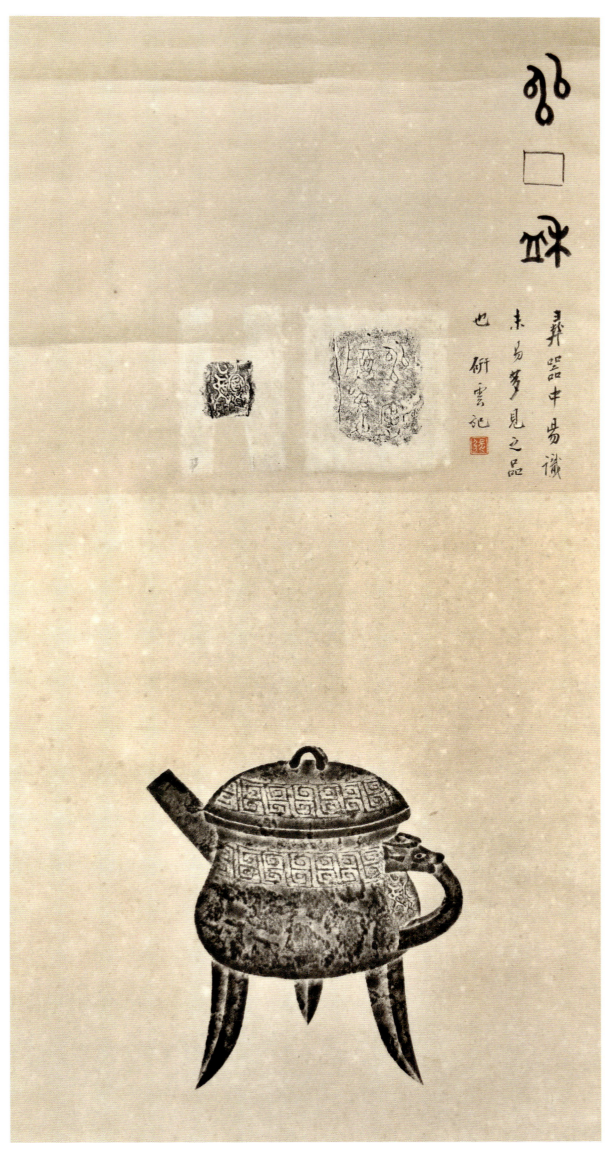

彝器中易識
未易多見之品
也 研雲記

父康盉

西周中期器。侈口束頸鼓腹，頸一側有管狀流，頸部有提梁，圈足外侈。蓋面隆起，上有圈形捉手，蓋與盉各有一個半環形鈕，以鏈條相連。

鑄銘文 3 字"父康鑿"。

見載於羅振玉《三代吉金文存》卷十四，《商周青銅器銘文暨圖像集成》未見收錄。

易培基跋本

此拓爲民國十三年（1924）故宮初拓百份之一，鈐有"故宮博物院古物館傳拓金石文字之記"，另有易培基題識：

> 周父康盉，清大內所藏。民國十三年（1924）收入古物館，初拓僅百份，前所未有。培基記。

易培基（1880—1937），字寅村，號鹿山。湖南善化人，畢業於湖南方言學堂，曾留學日本。民國十四年（1925）任故宮博物院首任院長。民國二十二年（1933）因故宮盜寶案蒙遭冤屈，被迫辭去院長之職，晚境淒苦。

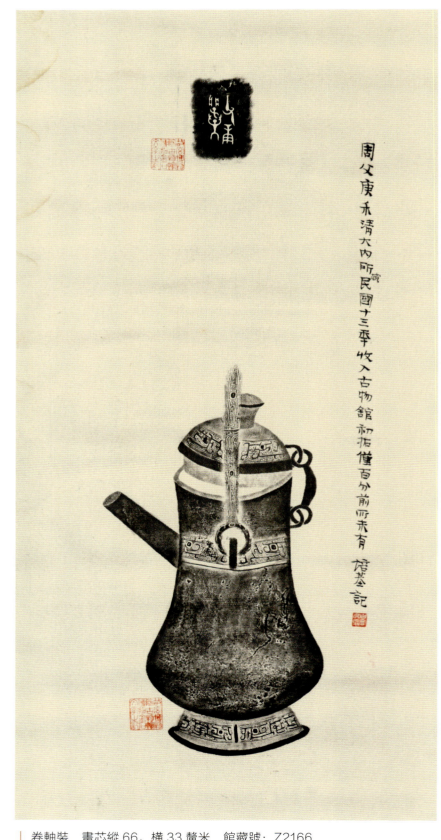

周父康盉清大內所藏民國十三季收入古物館初拓僅百分前所未有培基記

卷軸裝　畫芯縱 66、橫 33 釐米　館藏號：Z2166

伯春盉

西周中期器，侈口束頸，長管流，獸首鋬，分襠款足，蓋鈕作半環狀，有鏈條與鋬相連，流管飾有三角雷紋，蓋上和器頸飾有垂冠回首夔龍紋。經吳雲、程洪溥、費念慈、徐乃昌遞藏。

鋬內鑄銘文 5 字：

伯春作寶盉。

見載於《商周青銅器銘文暨圖像集成》第 26 冊，編號：14710。

伯春盉

卷軸裝　畫芯縱 135、橫 34 釐米　館藏號：S0276

232

費念慈藏本

　　此爲費念慈藏本，銘文拓片上鈐有"西蠡所藏"印章。全形拓工精湛，邊側鈐有"費念慈印""屺懷父""歲在游兆霜月之靈得師趞鼎名所居曰趞齋"印章。

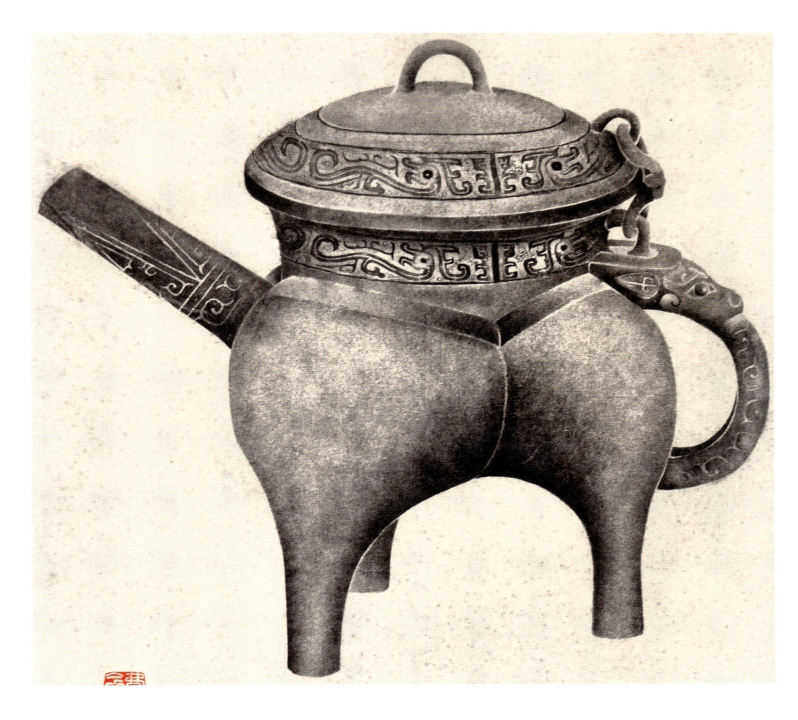

伯憲盉

　　西周早期後段器，通體橢方，圓口，側有管狀流和獸首鋬，四柱足，蓋上有半環鈕，頸部與蓋上飾有兩道弦紋，山東梁山出土，係梁山七器之一，經鍾養田、李宗岱、丁樹楨、溥倫、劉體智、容庚遞藏。

　　蓋與器同銘，各 10 字，其文曰：

　　　　伯憲作召伯父辛寶尊彝。

　　見載於《商周青銅器銘文暨圖像集成》第 26 册，編號：14752。

楊鐸藏本

　　此爲楊鐸（石卿）手拓本。鈐有"熙載過眼""陳守吾經眼記""楊貽汾"印章。

　　右上，有許瀚題識：

　　　　周召伯彝。道光庚子（1840）十一月，商城楊鐸石卿氏手拓，日照許瀚印林氏題。

　　許瀚（1797—1866），字印林。山東日照人。校勘學家、金石學家、方志學家和書法家。著有《別雅訂》《古今字話疏證》《濟寧直隸州志》《攀古小廬雜著》等。

　　左上角，有楊炳春題記：

　　　　商周彝鼎不多見，見拓本如見彝鼎也。往歲在徽州程木庵銅鼓齋見古銅器有款識者不下數十種，余雖心好而未能手拓爲憾。石卿每見款器，必加摹搨，入其室者，商周秦漢滿壁滿眼，客囊雖澀，殊足睥睨富豪矣。壬寅（1842）正月同客沛上漁山講舍，時盆梅水仙盛放，啜茗相對爲跋此拓本。漱芸楊炳春。

　　楊炳春，原名庚，字子慎，號漱芸。江蘇吳縣人。道光己亥（1839年）舉人，官浙江泰順知縣，著有《扶雅堂詩集》。

　　左下方有道光二十一年（1841）徐宗幹題跋：

　　　　道光辛丑（1841）上元日試童子于漁山書院，重門扃鎬無車馬喧，校文餘暇，飽看石卿所藏金石諸拓本，不知身爲俗吏也。人間酒綠燈紅，囂且塵上矣，此境正不可多得。

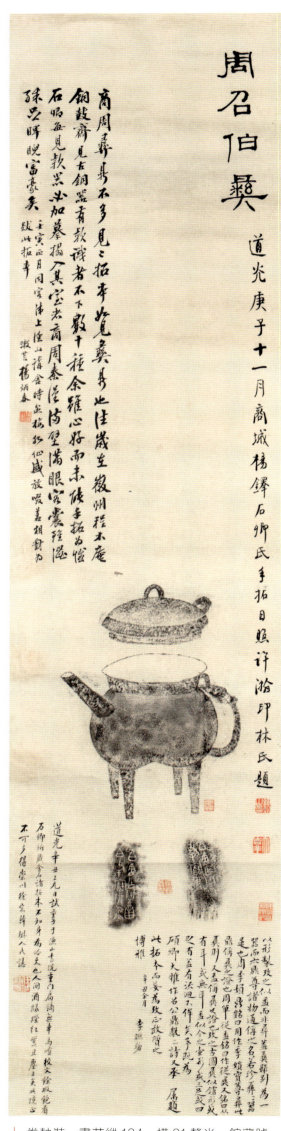

崇川徐宗幹樹人氏誌。

徐宗幹（1796—1866），字伯楨，又字樹人。江蘇
通州人。嘉慶二十五年（1820）進士，雅好金石，宦
魯廿餘年，廣交山東金石學家。著有《令原記》《悼亡
自述》《濟寧直隸州志》《濟州金石志》《斯未信齋文編》
《斯未信齋主人自訂年譜》《泰安縣志十二卷》等。

右下方有道光二十一年（1841）李聯㧰題跋：

　　以形制考之，似盉而非彝，蓋彝雖別為一
器而亦鼎尊諸物通稱之名，若珍彝彝器是也。
周季《嬪鼎》銘曰"用作季嬪寶尊彝"，此
鼎稱彝之證也。《周單從盉》銘曰"作從彝"，
又銘曰"從彝"則又盉稱彝之證也。考之古
圖彝似鑪形，或有耳，或無耳。盉似今之壺形，
或三足，或四足，有蓋有流，迥不侔矣。予
既為碩卿大雅作《召公鼎甗二詩》，又承屬
題此拓本而妄為考正敢質之博雅。辛丑（1841）
余月，李聯㧰。

伯憲盉

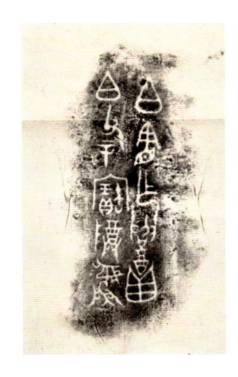

235

齊侯匜

西周晚期器。曲口闊流，後有龍形大鋬，龍口銜匜沿，尾上卷，龍背上有 T 字形脊飾，匜下有四個獸蹄形扁足。通體飾有密集的橫條溝脊紋。原爲曹秋舫、杜文瀾、吳雲遞藏，顧榴、沈同槭先生捐贈給上海博物館。

內底鑄銘文 22 字（其中重文 2 字），其文曰：

齊侯作虢孟姬良女寶匜，其萬年無疆，子子孫孫永寶用。

見載於《商周青銅器銘文暨圖像集成》第 26 冊，編號 14982。

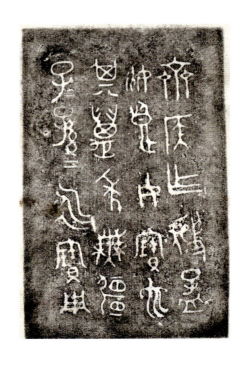

吳雲藏本

此爲吳雲藏本，全形拓左側鈐有"退樓手拓"印章。卷軸右下方存同治十三年（1874）吳雲題跋：

此匜舊藏蘇州懷米山房曹氏，後得巨值售與張氏，亂後爲杜小舫方伯所得，今在寒齋，已載拙著《彝器圖說》。甲戌（1874）冬日，檢舊存拓本題此數字奉南屏親家雅賞。退樓吳雲識。

吳雲（1811—1883），字少甫，號平齋、退樓、愉庭，浙江歸安人。歷任寶山知縣、蘇州知府。好古精鑒，富藏金石彝鼎、碑帖字畫。著《兩罍軒彝器圖釋》《兩罍軒尺牘》《二百蘭亭齋金石記》《二百蘭亭齋鑒藏書畫錄》《虢季子白盤釋文》等。

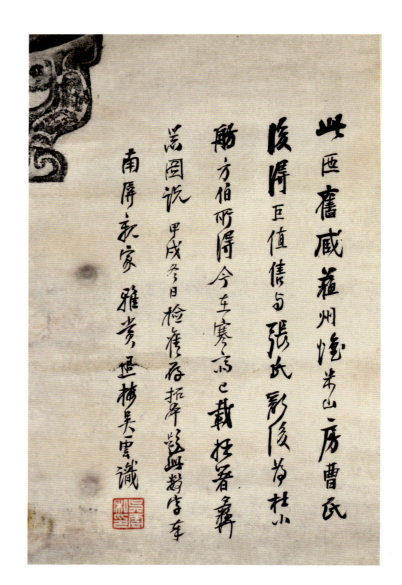

齊侯匜

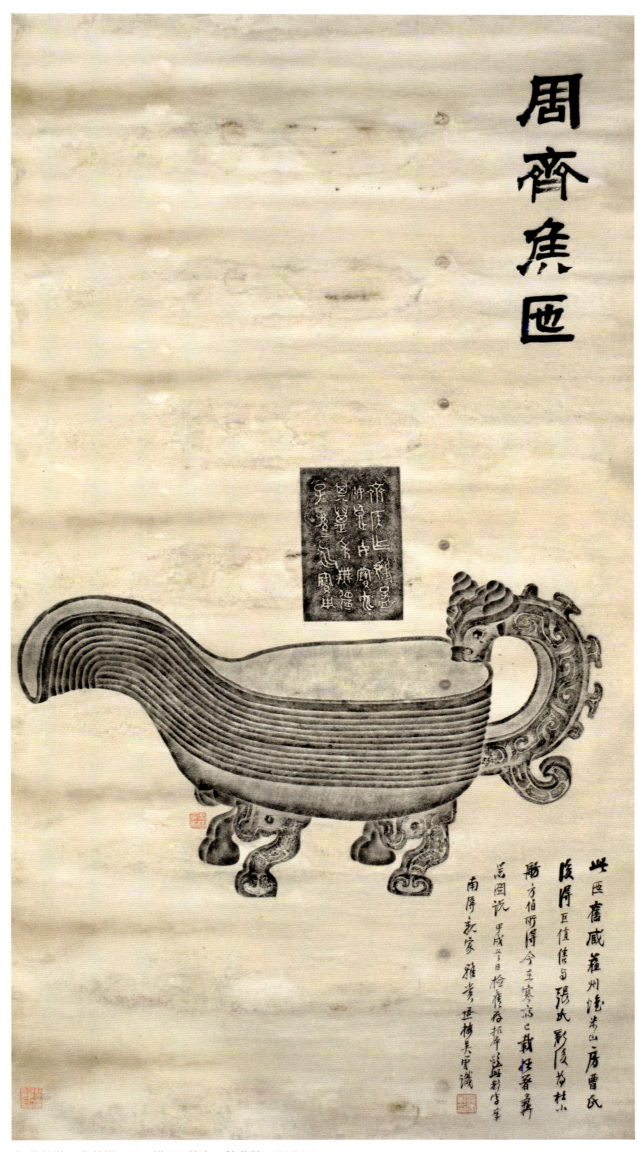

周齊侯匜

卷軸裝　畫芯縱101、橫53釐米　館藏號：Z1545

紙上吉金

鐘鼎彝器善本過眼録

鐘鼎彝器集拓

六舟博古花卉四軸

史窦簋

　　西周晚期器，侈口束頸鼓腹，一對獸首耳，下有垂珥，圈足下連鑄三條獸面扁足，蓋上有圈足狀捉手。蓋沿、器頸和圈足均飾有竊曲紋，蓋面和器腹飾有瓦紋。經劉喜海、曹秋舫、潘祖蔭遞藏，現藏上海博物館。

　　器蓋同銘，各14字，其文曰：

史窦作寶簋，其萬年
子子孫孫永寶。

　　見載於《商周青銅器銘文暨圖像集成》第9冊，編號：04709。

　　此爲陸樹聲舊藏，六舟拓銅器全形，費以耕補繪花卉。鈐有"六舟手拓""三品風憲一品天民""陸樹聲鑒賞章""嶺南東道丞備使者""華亭"印章。

　　陸樹聲（1882—1933），字叔同，號邇軒。浙江歸安人，陸心源之子。邑庠生，三品銜賞戴花翎，江蘇候補知府，歷寶應統捐局總辦、揚州提工局總辦、淮北六岸督銷局總辦，四等嘉禾章。

　　費以耕（？—1870），字餘伯，浙江烏程人，費丹旭長子。畫承家學，山水人物兼善，又工仕女花卉。

卷軸裝　畫芯縱106、橫43.5釐米　卷軸高47釐米　館藏號：S1896

叔簋

西周晚期器，侈口鼓腹，一對獸首耳，下有垂珥，圈足下連鑄四條象鼻形扁足，蓋面隆起，蓋上有圈足狀捉手。蓋沿、器頸均飾有獸體紋，蓋面和器腹飾有瓦紋，圈足飾鱗紋。經曹秋舫、潘祖蔭遞藏，現藏上海博物館。

器蓋同銘，各 17 字（其中重文 2），其文曰：

叔其肇作簋，其萬年眉壽子子孫孫永寶用。

見載於《商周青銅器銘文暨圖像集成》第 10 冊，編號：04816。

此爲陸樹聲舊藏，六舟拓銅器全形，費以耕補繪花卉。鈐有“六舟手拓”“三品風憲一品天民”“陸樹聲鑒賞章”“嶺南東道丞備使者”“華亭”印章。

卷軸裝　畫芯縱 106、橫 43.5 釐米　卷軸高 47 釐米　館藏號：S1894

大史罍

西周早期後段器，侈口束頸，溜肩收腹，圈足沿外侈，肩上有一對獸首耳，下腹有一個獸首鈕。頸部飾有兩道弦紋，肩飾圓渦紋。經曹秋舫、潘季玉遞藏。

口內鑄銘文 5 字，其文曰：

太史作尊彝。

見載於《商周青銅器銘文暨圖像集成》第 25 冊，編號：13805。

此為陸樹聲舊藏，六舟拓銅器全形，費餘伯補繪花卉。鈐有"六舟手拓""三品風憲一品天民""陸樹聲鑒賞章""嶺南東道丞備使者""華亭"印章。另有同治五年（1866）費以耕題識一行：

丙寅秋仲，餘伯費以耕補花。

費以耕（ ？—1870 ），字餘伯。浙江烏程人，費丹旭長子。畫承家學，仕女幽靜，兼工花鳥。

卷軸裝　畫芯縱 106、橫 43.5 釐米　卷軸高 47 釐米　館藏號：S1894

漢大吉壺

此爲陸樹聲舊藏，六舟拓銅器全形，費餘伯補繪花卉。鈐有"六舟手拓""三品風憲一品天民""陸樹聲鑒賞章""嶺南東道丞備使者""華亭"印章。

卷軸裝　畫芯縱 106、橫 43.5 釐米　卷軸高 47 釐米　館藏號：S1893

2014 年元月，筆者在碑帖拓片整理中意外檢得《吳大澂題鼎彝六軸》，卷軸外皆有吳湖帆題簽。共存二十四件鐘鼎彝器全形拓並銘文拓片，多爲吳大澂恒軒藏器。每件拓片邊側均有吳大澂朱筆題記，或釋銘文，或證史實，或記收藏經歷。卷軸中除吳大澂藏印外，另鈐有"吳湖帆""吳湖帆珍藏印""先人真跡嗣守""吳潘靜淑""潘靜淑珍藏印""吳湖帆潘靜淑所藏書畫精品""梅影書屋秘笈"等印章。此本傳拓精良，可惜未見有拓工鈐印。畫芯寬 42.5、高 132 釐米。最初整理時僅僅發現六軸。奇巧的是，數月之後，又覓得鼎彝拓本兩軸，經確認兩者同屬一套，實乃延津劍合的一段金石奇緣，故更名爲《吳大澂題鼎彝八軸》，館藏號：Z1012-1021，Z1257-1276。

吳大澂（1835—1902），字清卿，號恒軒、愙齋。江蘇省吳縣人。清同治七年（1868）進士，歷官廣東巡撫、河南山東河道總督、湖南巡撫等。晚清著名金石家。著有《說文古籀補》《古玉圖考》《權衡度量實驗考》《愙齋集古録》《恒軒所見所藏吉金録》《愙齋文稿》等。

吳湖帆藏本

此《吳大澂題鼎彝八軸》，共收録吳大澂所藏鼎彝二十四件，其中二十二件見載於光緒十三年（1887）江標編《愙齋藏器目》，另兩件祖丁鼎和亳觚，是吳大澂出任廣東巡撫後得之粤東者。卷軸之題記書法或篆書、或楷書、或行書，洵爲愙齋金石題記之代表作。卷軸雖無具體題記時間，但筆者推斷其傳拓、裝裱、題記時間應該在光緒十七年（1891）至光緒甲午（1894）之間。

此時的吳大澂正處於仕途的巔峰。先是，在琿春同俄國進行勘界會談，據理力爭收回被沙俄非法侵占的領土，又爭得中國船只在圖門江口的航行權。繼而，調任廣東巡撫，處理葡萄牙強占澳門和香山七村事件。

再者，成功治理鄭州黃河決堤，實授河道總督，賞頭品頂戴，後又轉任湖南巡撫。保疆、治河、治學皆一帆風順，此時的吳大澂可謂春風得意，無上榮光。

卷軸之全形傳拓技藝亦精彩絕倫，拓工出自吳大澂幕僚尹伯圜之手。難怪吳湖帆在卷軸中鈐以"先人真跡嗣守""梅影書屋秘笈"等印章，以示珍重，此鐘鼎彝器八條屏誠爲吳氏之傳家寶。20世紀60年代初，此件藏品轉歸上海圖書館公藏，此後塵封書庫數十年，最終竟淪落到無人問津的地步。此次經筆者重新發現，決定將其提調善本庫珍藏，日後當以國寶視之。

現在，筆者將《鼎彝八軸》基本情況及吳大澂釋文開列如下：

宗婦壺（拓本左側）

宗婦壺（拓本右側）

卷軸一：

吳湖帆外籤：

　　芮公鬲、宗婦方壺、𣄼婦爵。

1.《芮公鬲》

《芮公鬲》全形拓以及口沿銘文拓片。

上方題記：

　　（前半爲銘文之釋文，略），後接："内"
古"芮"字，國名，舊釋作"宋公"，非是。
潘文勤公藏一鬲，與此同文。

2.《宗婦方壺》二件

《宗婦方壺》兩件全形拓以及腹底銘文拓片。

左側題識：

　　王子剌公宗婦器於光緒丙子年（1876）
鄠縣出土，七鼎、六敦、兩壺、一盤，同文，
皆爲憲齋所得。

3.《𣄼婦爵》二件

《𣄼婦爵》二件全形拓以及銘文拓片。

右側題識：

　　余於丙戌（1886）臘月由京赴粤，道
出山左，遇劉估持此爵索售，云尚有一爵
不知何人購去，迨至袁浦尹伯圜自濰縣來，
手持一爵，亦云同文有二器，余曰其一已
得之矣，遂相與大笑。憲齋手記。

下方另有題記一段：

　　《石鼓文》有"𩆜"字與《説文》"𩁹"
部"𩁹"字相似，此爵首一字從"𩁹"從'千'，
當即從"𩆜"之字，下從"千"非從"千"
也。《説文》"𣄼"部祇三字，知古籀文
之遺逸者不少矣。

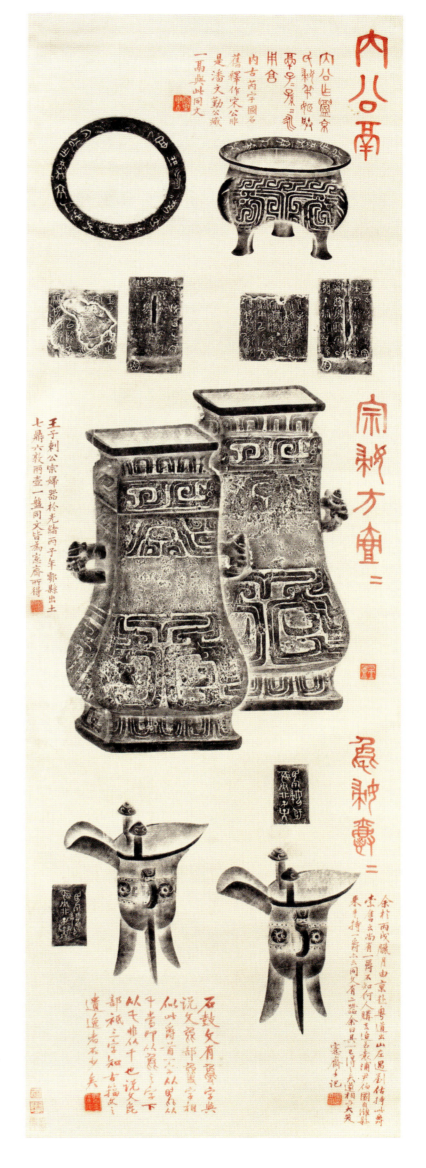

內公鬲

一萬與此同文
是潘文勤公藏
舊釋作宋公非
內古芮字國名
用會
内公止鬲京
氏釁龢姬飤
麋牛鼎彝二彝

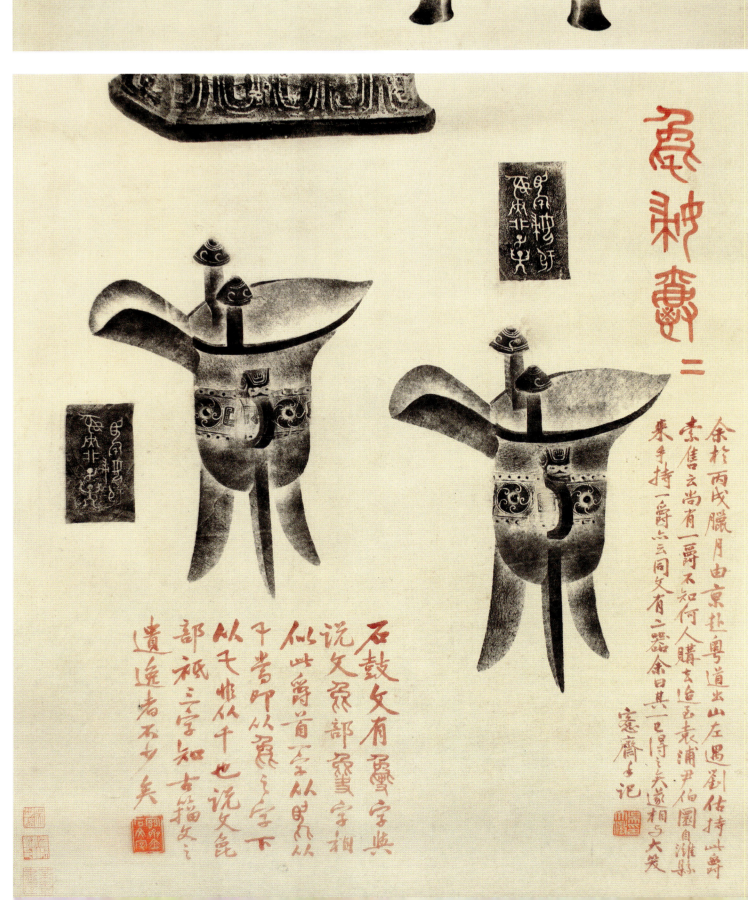

忌秋盨二

余於丙戌臘月由京赴粵道出山左遇劉佑持此爵
索售云尚有一爵不知何人購去追至蒲
坼伯圍自濰縣
乘車持一爵六云同文有二器余因其
一已得之矣遂相乂大笑
寰齋手記

遺逸者亦尠矣
部祇三字知古籀文之
從飞帅從千也說文旣
千字即從帅從汽字
似此爵首云爵從叟
說文壼部籀盨字相
石鼓文有彝字與

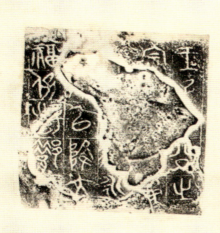

宗秋方壺 二

王子剌公宗婦器於光緒丙子年鄞縣出土

七鼎六簋兩壺一盤凡大十器宗

卷軸二：

吳湖帆外簽：

祖丁鼎，韓仲侈壺、鄭叔上匜。

1.《祖丁鼎》

《祖丁鼎》全形拓以及銘文拓片。

右側題識：

祖丁鼎，大澂得之粵東。

下方題記：

首一字象立鉞形，"𩰲"疑"魏"字之古文，當係人名，"口"非"口"字，或象玞圭形，玞圭有鋒芒者，征伐誅討所用，是鼎當亦銘功之器。

2.《韓仲侈壺》

《韓仲侈壺》全形拓以及銘文拓片。

右側題記：

韓相公仲侈壺。三代彝器確有可考之人名亦不數觀也。今以《伯晨鼎》"王命韓侯"之"𩏂"字及古幣所見"𢍰""𢍰"等字互證之，知"𩰲"為"韓"字無疑，銅質厚重，色澤古雅，殊可寶貴。

左側題記：

《戰國策》"韓相公仲侈"或作"仲朋"或作"仲明"。今以是器證之，知當時"侈"字作"多"，或書作"𣦵"，遂誤為"朋"字，或書作"𣦵"，又誤為"明"字。且周末文字競為詭異之體，隨意增損令人不可思議，漢人以隸釋之，而六經及《國語》《國策》原文皆不可得見，篆籀之學遂成絕響矣。大澂。

3.《鄭叔上匜》

《鄭叔上匜》全形拓以及銘文拓片。

上方題記：

鄭大內史叔上匜。大內史者或兼太史內史之職，齊桓葵邱之會有官事無攝之命，可見春秋時有一人兼攝數事者，"乙子"乃"乙亥丙子"兩日，猶《史頌敦》之五月丁子也。愙齋。

下方補記：

是匜已歸沈仲復中丞。

鄭叔上匜　現藏北京故宮博物院

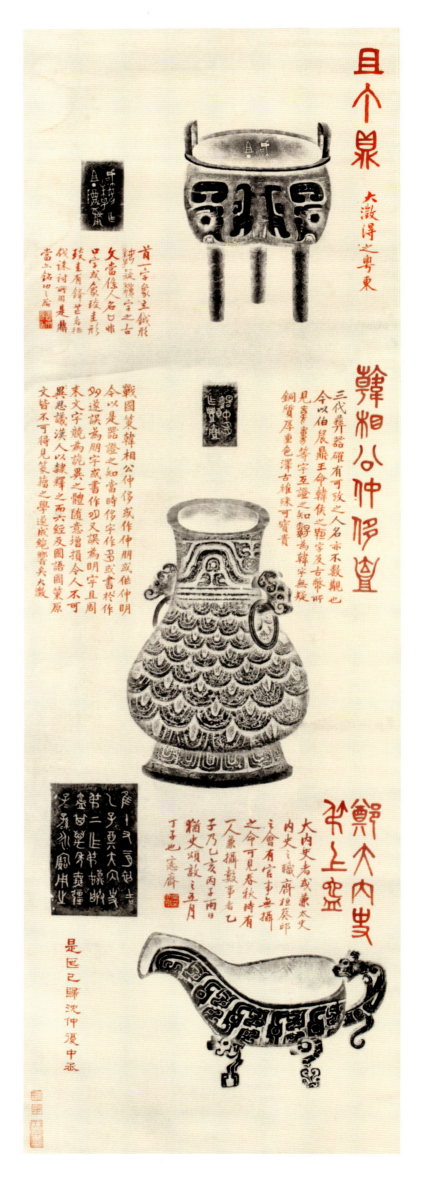

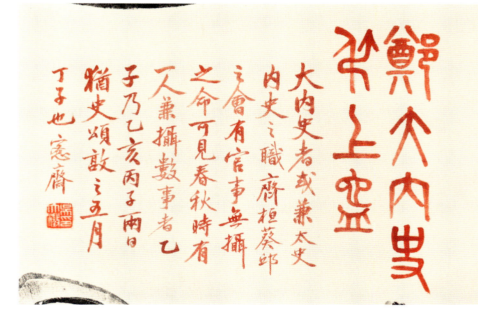

大内史者或兼太史
内史之職府招蔡邱
之會有官事無攤
之命可見春秋時有
天兼攤數事者乙
子乃乙亥丙子兩日
猶史頌敓之五月
丁子也憲齋

鄭叔上匜　現藏北京故宮博物院

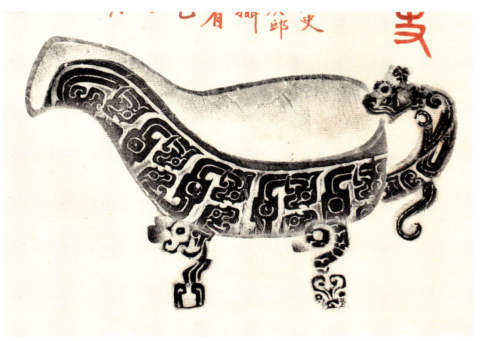

且个鼎

大澂得之粤東

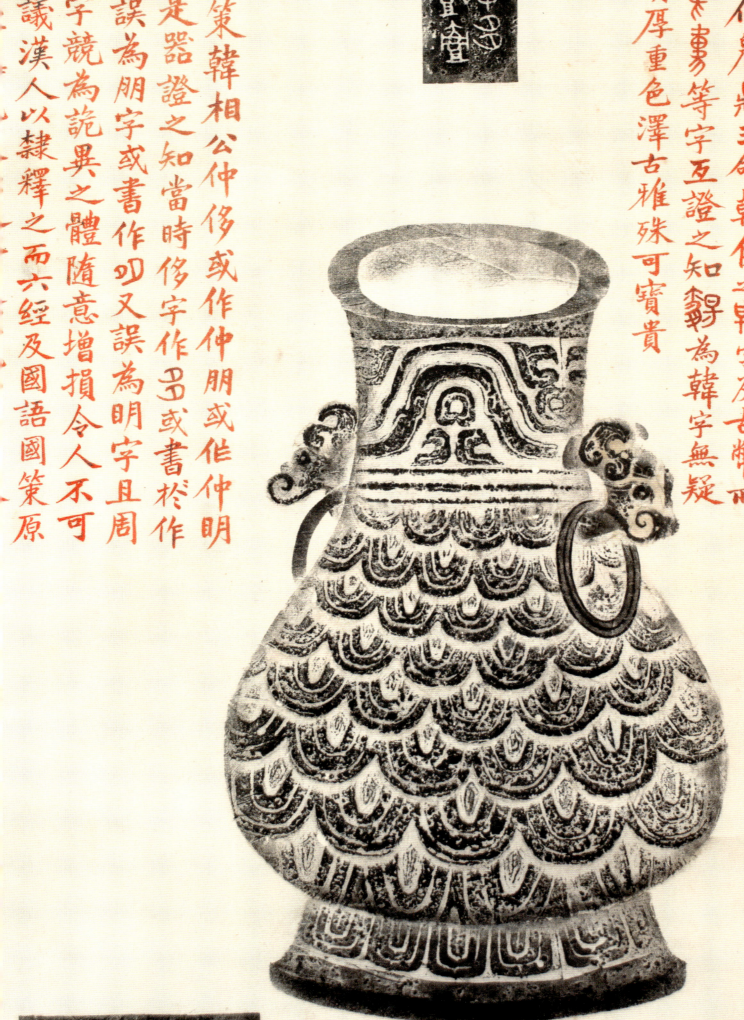

韓相公仲侈壺

三代彝器確有可攷之人名亦不數觀也
今以伯晨鼎王命韓侯之𥅆字及古幣所
見𤔲尃等字互證之知𤔲為韓字無疑
銅質厚重色澤古雅殊可寶貴

戰國策韓相公仲侈或作仲朋或佁仲明
今以是器證之知當時侈字作𠄔或書於作
𠂤遂誤為朋字或書作卯又誤為明字且周
末文字競為詭異之體隨意增損令人不可
異思議漢人以隸釋之而六經及國語國策原

卷軸三

吳湖帆外簽：

　　女歸卣、師奎父鼎、魯伯愈父簠。

1.《女歸卣》

《女歸卣》全形拓並器蓋銘文拓片兩紙。

上方題記：

　　此亦嫁女之媵器也。商器文簡以女歸二字紀之，凡器有足跡形者皆古"世"字，取世世子孫永寶之義，"霤"當係古禮器象形字，如今語敘之有架也。大澂。

2.《師奎父鼎》

《師奎父鼎》全形拓以及銘文拓片。

右側題記：

　　師奎父鼎。劉燕庭《長安獲古編》以是鼎爲第一，余於都門得之。

左側題記：

　　"奎"字不見於字書，《篛清館金文》釋作"寶"，張孝達尚書（張之洞）釋作"皇"，《說文》皇，大也。大部"戟""奇""奎""奓""奔""奮""奄"等字皆訓大。是鼎文第三行"奎"字中畫近上，是"王"非"玉"，從"大"得義，從"王"得聲，讀若"皇"，當即太師皇父之器。《竹書紀年》周宣王二年錫太師皇父司馬休父命，此其冊命之詞與。"井"古"邢"字，《師虎敦》"邢伯內右師虎"，當即此人。敦文係宣王元年錫召穆公之冊命，是鼎係二年六月，相去亦不遠也。"同黃"當讀"絅衡"，"串"古"裳"字，小篆作"常"，舊釋"束"，非是。愙齋釋文。

3.《魯伯愈父簠》

《魯伯愈父簠》全形拓以及銘文拓片。

右側題識：

　　魯伯愈父簠。通州馮氏舊藏，器文載《金石索》。

左側題記：

　　"𢆶"舊釋"年"，非是，大澂以爲"承"之省文，"𤔔"字重一筆異文。

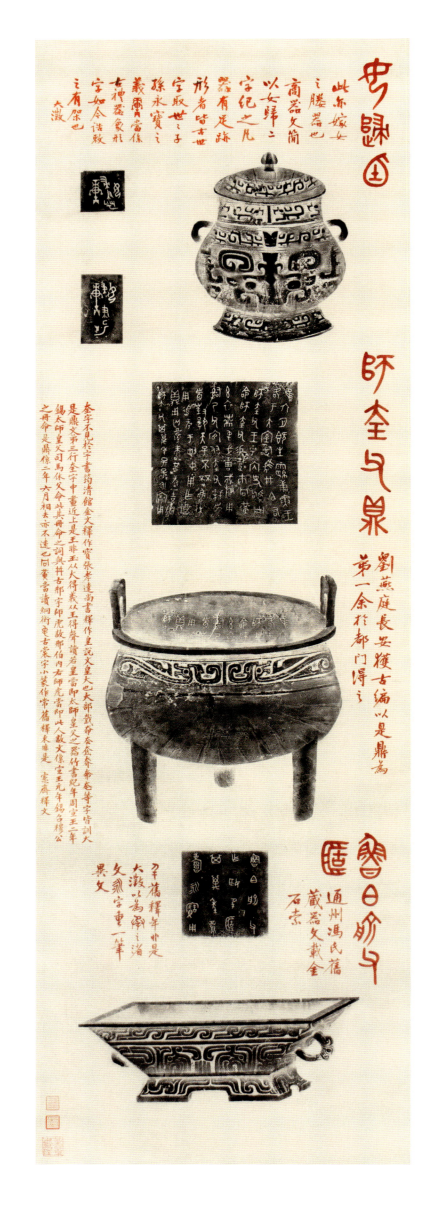

安歸

此东嫁女
之媵器也
商器文簡
以女歸二
字紀之凡
器有足跡
形者皆古世
字取世之子
孫永寶之
義霤當係
克禮器象形
字如今誥敕
三有架也
六澈

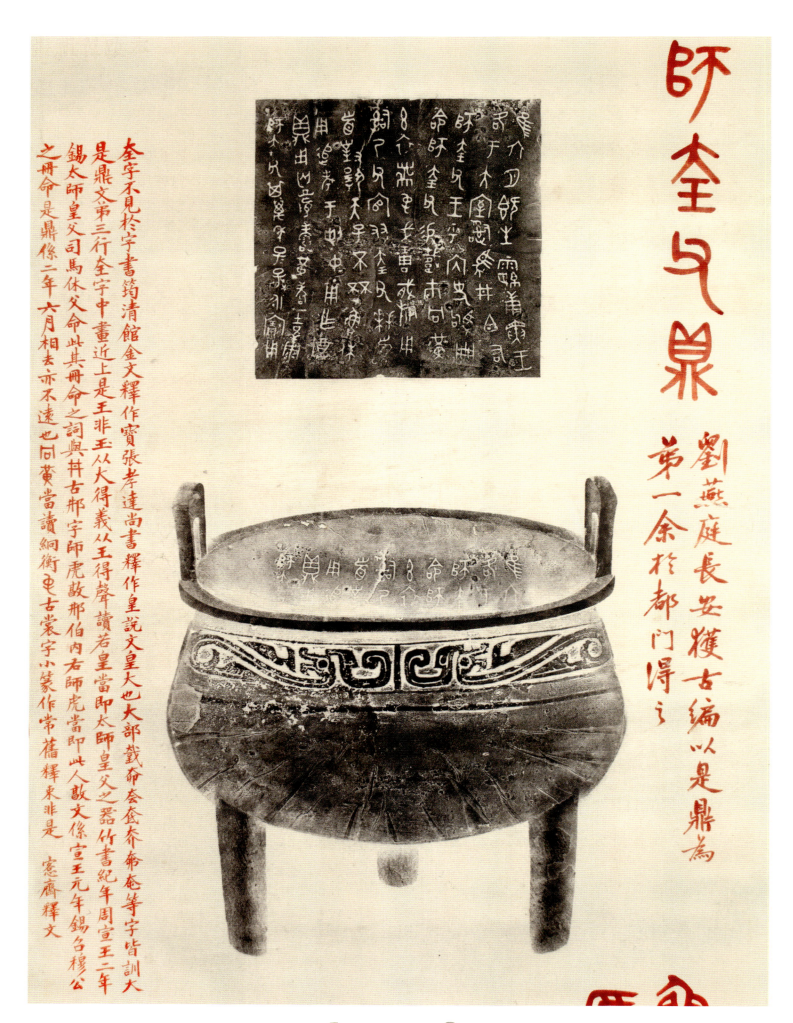

師奎父鼎

劉燕庭長安獲古編以是鼎為第一余於都門得之

奎字不見於字書筍清館金文釋作寶張孝達尚書釋作皇說文皇大也大部戴命盒盒喬希奄等字皆訓大

是鼎文弟三行奎字中畫近上是王非王从大得義从王得降讀若皇當即太師皇父之器竹書紀年周宣王二年

錫太師皇父司馬休父命此其冊命之詞與丼古邢字師虎敢邢伯內右師虎當即此人敢文像宣王元年錫各穆公

之冊命是鼎像二年六月相去亦不遠也同黃當讀綱衡更古裳字小篆作常舊釋夹非是　憲齋釋文

師奎鼎　現藏上海博物館

256

卷軸四

吳湖帆外簽：

　　亳觚、追敦、季良父盉。

1.《亳觚》

《亳觚》全形拓以及銘文拓片。

上方題記：

　　亳觚。《説文》"亳"，京兆杜陵亭也。從"高"省，"乇"聲。此觚"亳"字從"京"，從"止"，亳爲商湯建都之地，故從"京"，邦畿千里，惟民所止，是從"止"之義，較從"乇"爲長，其爲商器無疑也。大澂得於粵東。

右下方補記：

　　此觚之有棱者。

2.《追敦》

《追敦》全形拓及銘文拓片。

上方題記：

　　追敦。蓋失。曹氏《懷米山房吉金圖》有追敦蓋，文字完好，兵燹以後，不知流落何所矣。

3.《季良父盉》

《季良父盉》全形拓及銘文拓片。

上方題記：

　　季良父盉。《筠清館金文》有叒季良父壺，當係一人所作，"⿰⿱⿱⿱"古"盉"字。《説文》盉，調味也。器以盉名，蓋盛羹之器也。大澂得於都門。

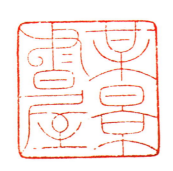

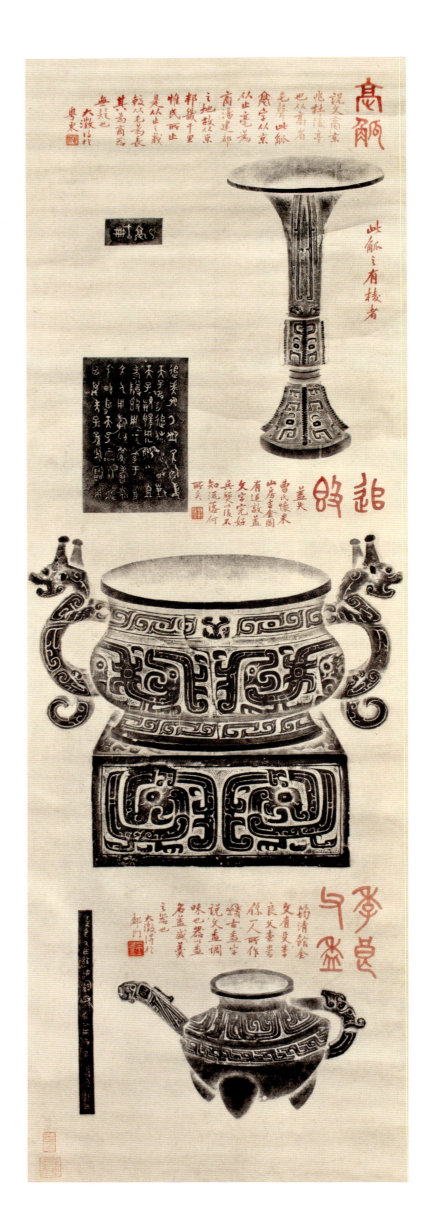

亳觚

說文亳京兆杜陵亭也从高省乇聲此觚亳字从京从止亳為商湯建都之地故从京邦畿千里惟民所止是从止之義較从乇為長其為商器無疑也 大澂記於

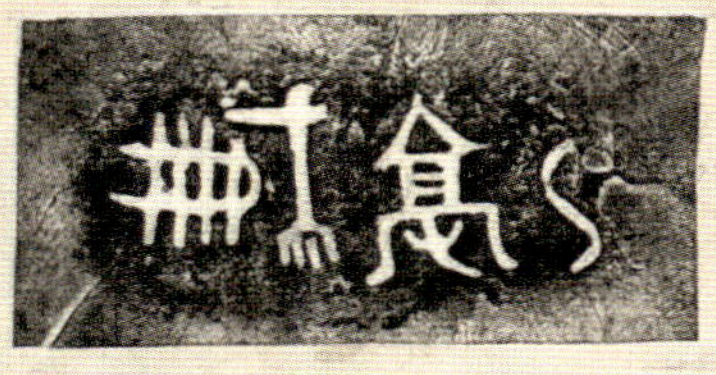

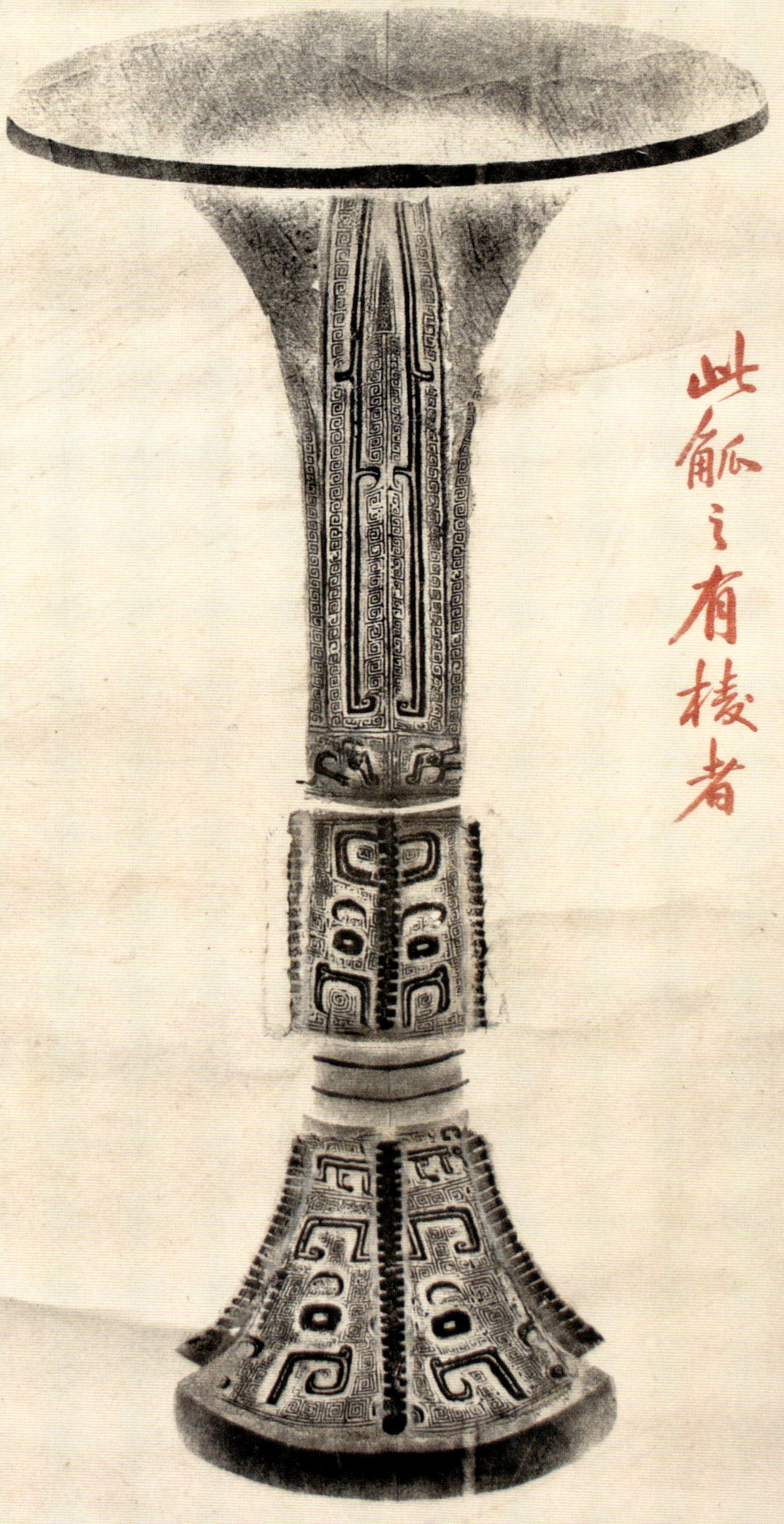

此觚之有棱者

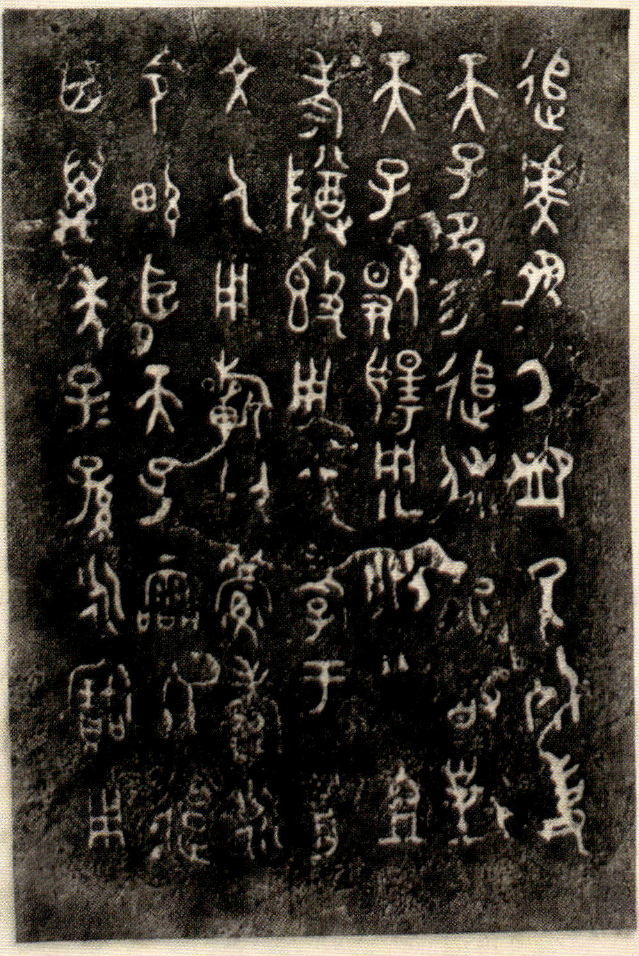

追敦

蓋失

曹氏懷米山房吉金圖有追敦蓋文字完好兵燹以後不知流落何所矣

季良父盉　現藏美國舊金山亞洲藝術博物館（布倫戴奇藏品）

追簋　現藏美國舊金山亞洲藝術博物館（布倫戴奇藏品）

盖失
曹氏懷米
山房吉金圖
有追敦盖
父字完好
兵燹以後不
知流落何
所矣

鈞清館金
父有受季
良父壺嘗
係人所作
鑄古盉字
說文盉調
味也器必蓋
名盖盛美
之器也
大澂得於
都門

卷軸五

　　丙父己方鼎、史頌敦。

1.《丙父己方鼎》二件。

《丙父己方鼎》全形拓以及銘文拓片各一份。

右上方題記：

　　丙父己方鼎二。方鼎不易得，二鼎
同文，完好無損缺，可寶也。

2.《史頌敦》

《史頌敦》全形拓以及器蓋銘文拓片各一紙。

右側題記：

　　史頌敦。是敦得之關中，辛卯（1891）
秋間，攜至金陵已歸劉省三中丞，省三
藏有《虢季子白盤》，亦寶器也。

左側題記：

　　此史頌奉命往蘇聽獄訟，蘇人賂以
金馬而作此敦也。曰法曰理曰蟄曰成，
皆斷獄之事，潘文勤（潘祖蔭）所藏一
鼎與此同文。《𤔲鼎》文作「𤔲」，舊釋「德」，
非是，當讀作「聽」。大澂以為「視聽」
之「聽」，與「聽訟」之「聽」必非一字。《洪
範疏》：「聽者，受人言，察是非也。」《周
禮·大司徒疏》：「聽，待也。」此從「待」，
從「目」，與訓「待」之義正合。

下方題記：

　　「𤁠」徐籀莊釋作「澤」，張孝達釋
作「法」，其義較長，鷹所以觸不直範
圍之使可守也。法令之行如流水，故從
「水」、「去」，其範圍則為「𤁠」，
故古「𤁠」字作「𤁠」。愙齋釋文。

史頌簋　現藏日本東京書道博物館

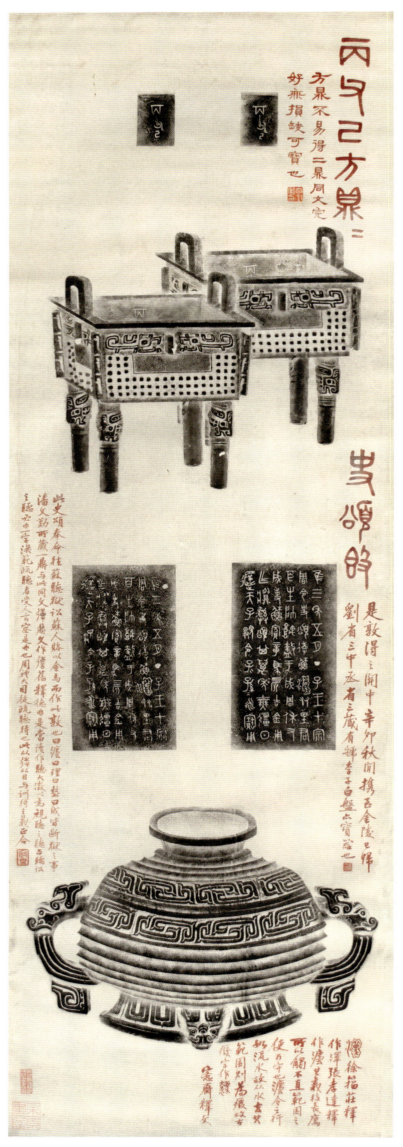

此史頌奉命往蘇聽獄訟蘇人賂以金馬而作此敦也曰瀆曰理曰蟄曰咸皆斷獄之事

潘文勤所藏一鼎與此同文彝鼎文作彝舊釋德也是當讀作聽大徵以為視聽之聽与聽訟

之聽必此字洪範疏聽者受人言察是卅也周禮大司徒疏聽待也此从徙从目与訓待之義正合

丙父己方鼎　文頌敦

丙午己方鼎二　方鼎不易得二鼎同文完好無損缺可寶也

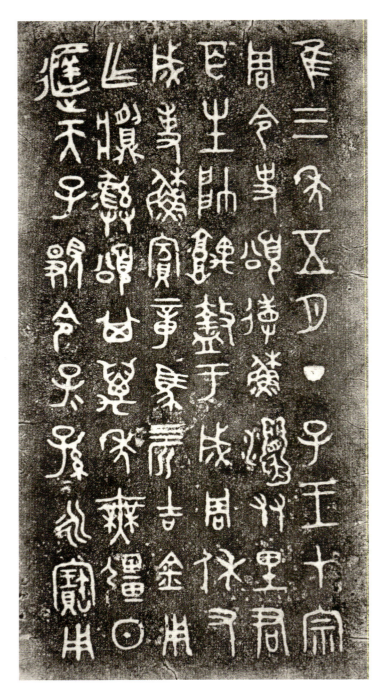

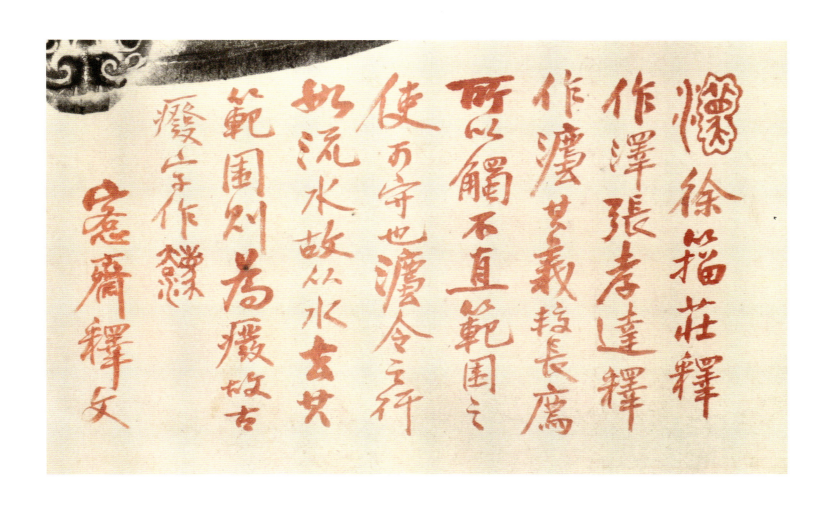

卷軸六

吳湖帆外簽：

　　微子鼎、宗婦盤、鈞權。

1.《微子鼎》（按：此鼎即著名的寰鼎。吳大澂初
名"寰鼎齋"，後更曰"寰齋"，即以此鼎故。）

《微子鼎》全形拓以及銘文拓片。

上方題記：

　　微子鼎。"閟"古"寰"字，二王之後爲客，
疑"閟"、"寰"皆"客"之異文。是鼎云：
"其用享於𤔲帝考"。以商帝之子爲周王之客，
非微子其孰能當之。

左側題記：

　　是鼎爲鳳翔周氏所藏，其友人攜至三原，
余以百金購得之，又有一敦與此同文，尚存
周氏，余僅得其拓本耳。大澂記。

2.《宗婦盤》

《宗婦盤》全形拓以及銘文拓片。

右上方題記：

　　宗婦盤。鄙國不可考，《説文》："鄒，
蜀地也，從'邑'，'㪤'聲。"或即此字。

左上方題記：

　　"𡛜"從"女"，從"兄"，從"聘"省，
"兄"所聘女當即"嫂"字，隸書一變而從"叟"，
義不可通矣。

3.《秦鈞權》

《秦鈞權》全形拓以及銘文拓片。

上方題記：

　　秦鈞權。是權出陝西寶雞縣第六村。

下方題記：

　　權重今庫平十三斤八兩，以余舊藏五十四
斤之大權較之，適得四分之一，乃知是權爲
三十斤之鈞權，其大者即百二十斤之石權也。

左側題記：

　　是權兩刻始皇詔書，其一詔第
一行字多漫漶，想因用久磨滅數字，
故刻二世詔書時，又補刻始皇詔書
於上，非一時所刻也。

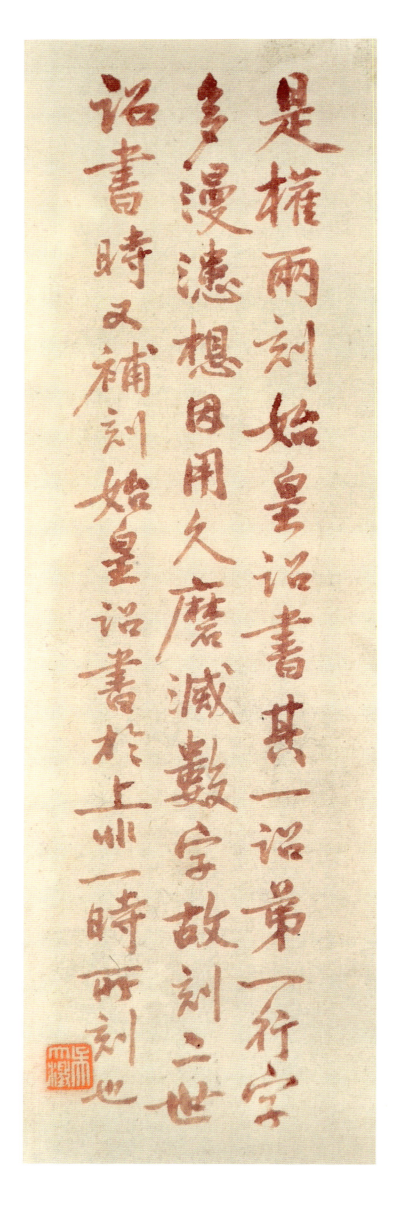

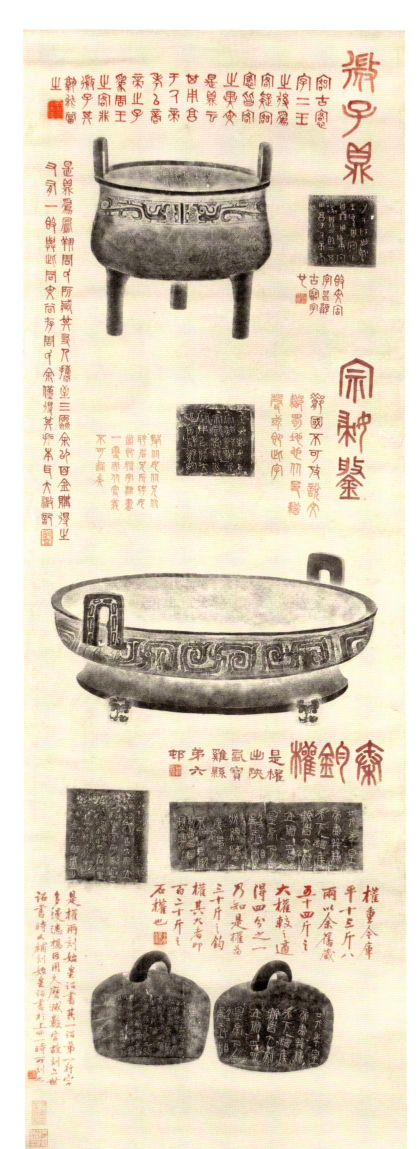

微子鼎　現藏南京博物院

宗婦盤　現藏上海博物館

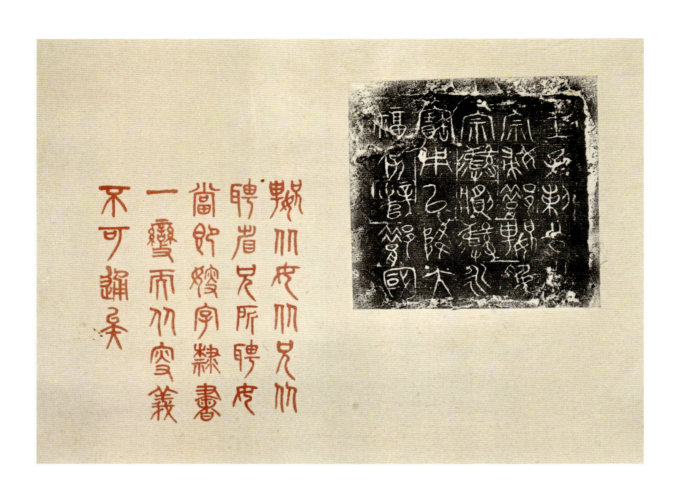

縣竹皮竹皮竹
聘者兄所聘皮
當於縷身隸書
一夔而竹空義
不可通矣

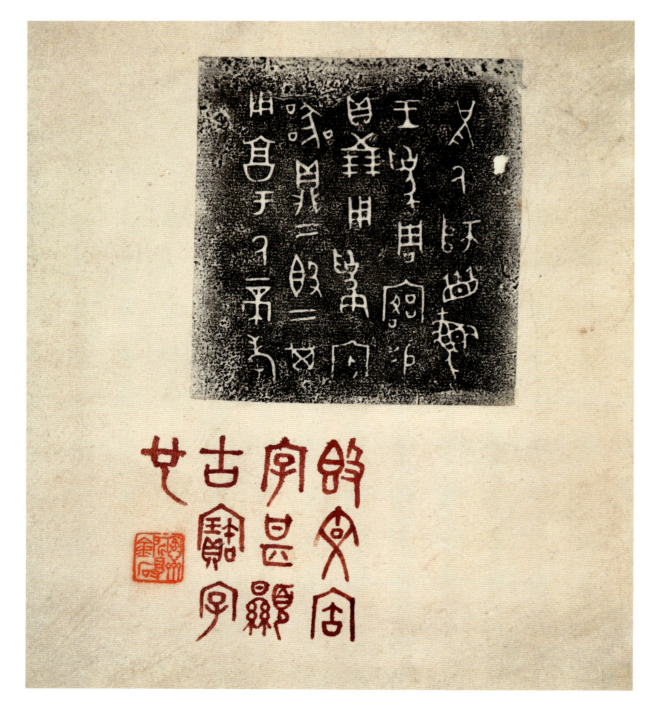

的皮皮皮
寅且顯
古窗窗
也

268

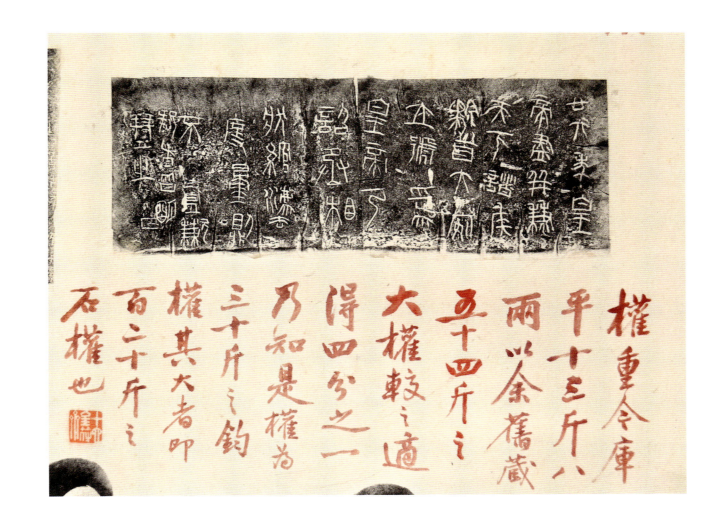

權重令庫
平十三斤八
兩以余舊藏
五十四斤之
大權較之適
得四分之一
乃知是權為
三十斤之鈞
權其大者即
百二十斤之
石權也

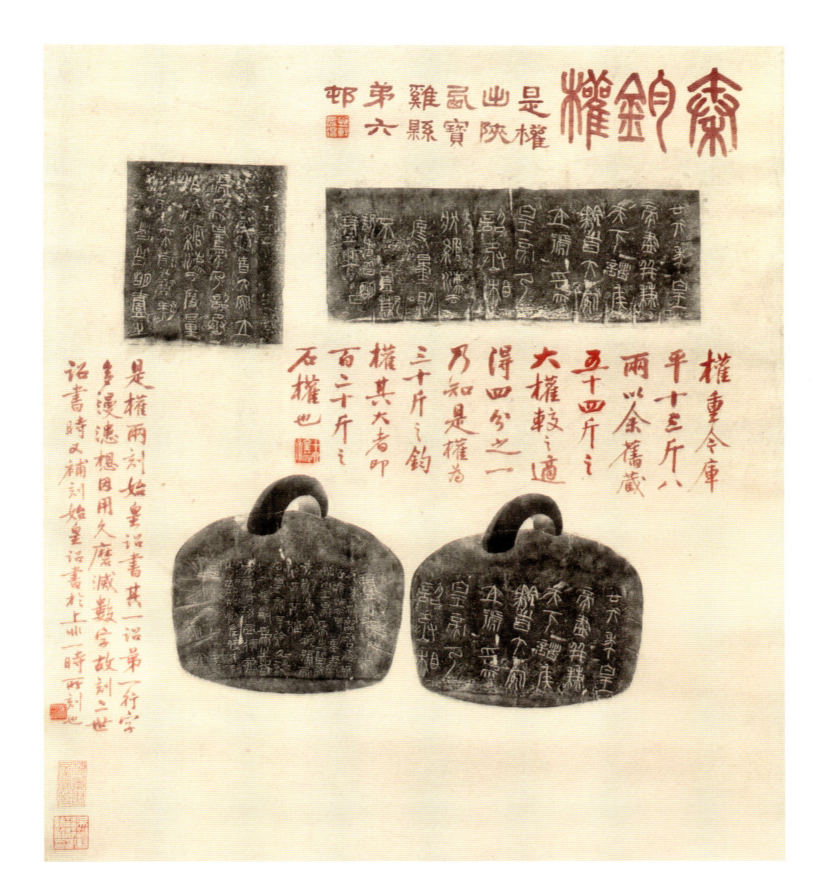

秦鍰權

權重今庫平十三斤八兩以余舊藏五十四斤之大權較之適得四分之一乃知是權為三十斤之鈞權其大者卽百二十斤之石權也

是權兩刻始皇詔書其一詔第一行字多漫漶想因用久磨滅數字故刻二世詔書時又補刻始皇詔書於上卅一時兩刻也

271

卷軸七

1.《子執旂觚》

《子執旂觚》全形拓以及銘文拓片。

上方題記:

子執旂觚。孟子謂士以旂,大夫
以旌。《說文》旃析羽註旂首,此象卜形,
首有三橫,疑即析羽形也。

2.《子璋鐘》

《子璋鐘》兩面拓片。

上方題記:

子璋鐘。子璋鐘有三,一爲新安
程木父所藏,一爲嘉興張叔未所藏,
今皆不知流落何所。余所得編鐘器最
小而文未完,曰"群孫",似祖廟所
用器。"旰"當讀作"臧",《詩》十
月之交曰予不戕,釋文"戕",王本
作"臧",臧善也。此云臧子,猶《沇
兒鐘》稱懋淑子也。大澂得於都門。

3.《福無疆鐘》

《福無疆鐘》全形拓本

上方題記:

福無疆鐘,大澂得於都門。

下方題記:

"猶"作器者之名,《說文》"髮"
字重文,或從"首"作"𩠖",此從"首"
從"彡",當即"髮"之古文,大澂竊
疑"髮"字不當從"犬",或象長髮
下垂形,猶須之從"彡"也。

4、《癸父乙敦》

《癸父乙敦》全形拓以及銘文拓片。

上方題記:

癸父乙敦。是敦爲李勤伯觀察(李
慎)所藏,余在關中曾見之,不知何
時流入廠肆,遂以四十金購得之。愙齋。

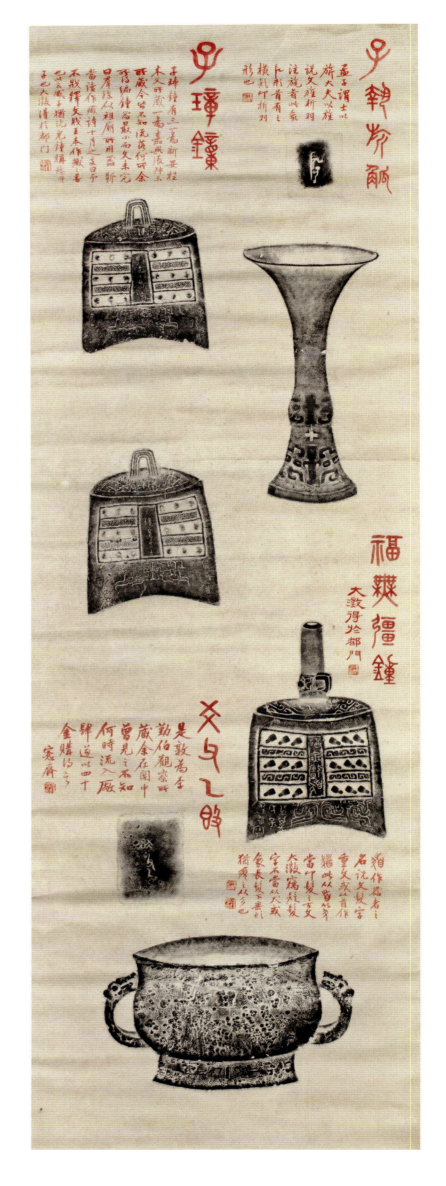

272

子璋鐘　現藏上海博物館

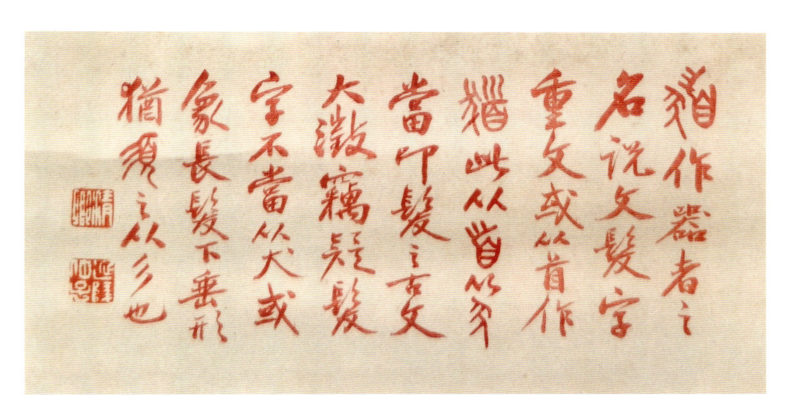

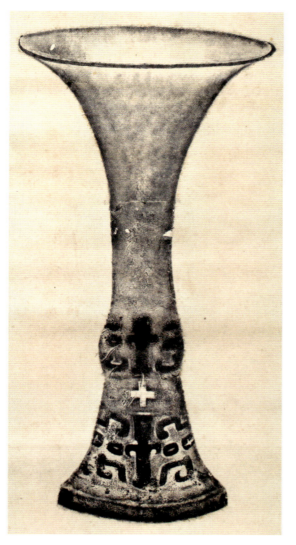
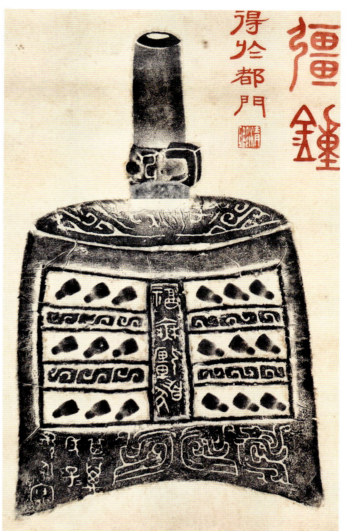

卷軸八

1.《趩尊》

《趩尊》全形拓以及銘文拓片。

右側題記：

　　趩尊。此漢陽葉氏平安館舊藏器，爲文六十有八，器小而字多者，惟是尊與袁文誠所得師遽方尊耳。

左側題記：

　　"𤔲"人名，與《石鼓文》"趩"字同。"丼"古"邢"字，"𢆶"舊釋"更"，於文意不可通，大澂以爲古"御"字"馭"之省文也，御乃且考服，即《詩》"以御于家邦"之意。《師虎敦》"命女𤔲乃且考啻官"，《師穌父敦》"既命女𤔲乃且考嗣"，亦册命中習見之文。"𩁹"當讀如《詩》"織文鳥章"之"織"，"識""織""幟"三字並通。"枼"古"世"字，與"枼"字同意。大澂釋文。

2.《孫父口鼎》

《孫父口鼎》全形拓以及銘文拓片。

上方題記：

　　孫父口鼎。子孫父癸卣，"孫"字作"𢿛"，《子孫角》作"𪇀"，皆與"蠱"字相類，猶'子'字之古文作"𨾊""𪔗"，乃古文奇字也。

　　是鼎亦在關中所得，雖僅三字，不能僞。愙齋。

3.《乙亥敦》

《乙亥敦》全形拓以及銘文拓片。

右側題記：

　　乙亥敦。"卩𪊽"當釋"卩綝"，《對王盉》"對"字從"火"，此其省文也。"丰"象三玉相連形，二玉爲"珏"，三玉爲"丰"，可補説文之闕。

趩簋　現藏上海博物館

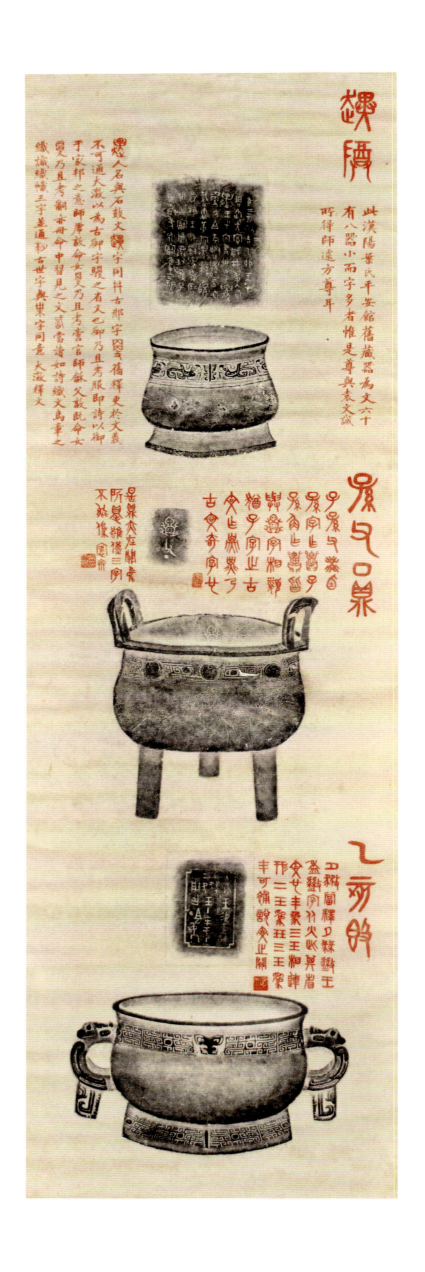

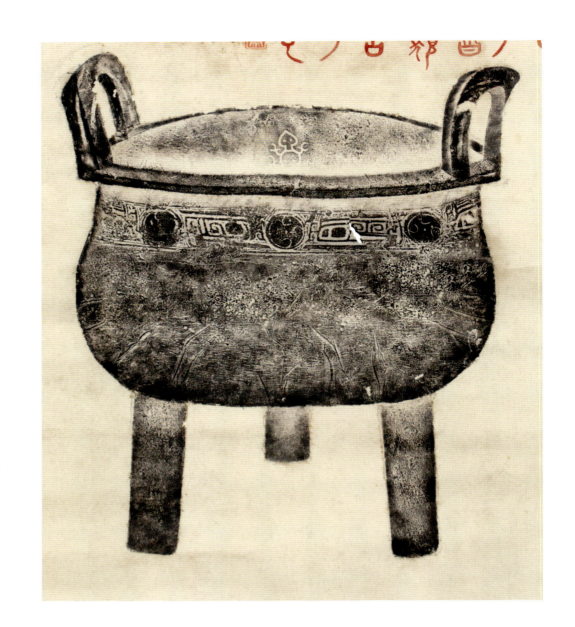

欒

此漢陽葉氏平安館舊藏器為文六十有八器小而字多者惟是尊與袁文誠所得師遽方尊耳

燬人名與石鼓文𤎩字同丼古邢字𡆥𢀛舊釋更於文義

不可通大澂以為古御字𩣓之省文也御乃且考服即詩以御

于家邦之意師𤏳敢命女𡔼乃且考嘗官師𥅆父敢既命女

𡔼乃且考嗣亦冊命中𥃩見之文𠷎當讀如詩織文鳥章之

織識織幟三字並通𤔥古世字與枼字同意　大澂釋文

題跋者人名資料索引

1. 收錄人物為本書圖版中出現的題跋者和重要觀款者。
2. 題跋者先按姓氏拼音排序，再按人名筆畫排序，單名在前，雙名在後。
3. 題跋者若生卒年不詳，則開列題跋之年月。
4. 題跋者若有多篇題跋，其後開列之"館藏號"與"頁碼"均為一一對應關係。
5. 本書共分三卷，故檢索頁碼前添加卷數號，1、2、3為標識。

拼音	題跋者	生卒年/題跋時間	字號	籍貫	齋號	館藏號		頁碼	
B									
Bao	鮑毓東	（1845—？）	石室主人	浙江錢塘	端盧室	Z1111	Z1029	1—81	2—7
C									
Cai	蔡鐘濬	1900—1974	字巨川，號易庵	江蘇丹徒	易庵	Z2435		3—175	
Chen	陳承修	1885—1932	字淮生	福建閩縣	狩文閣	Z1025		2—47	
	陳景陶	民國年間題記	字漁春，號悆齋	浙江奉化	悆齋	Z2110		3—185	
	陳夔龍	1857—1948	又名變鱗，字筱石，一作小石、韶石，號庸庵、庸叟、花近樓主	貴州貴築	花近樓、松壽堂、五十三參樓、夢蕉亭、藏海圍	Z1208		3—148	
Cheng	程曾煌		字硯君，號星門	江蘇吳縣	五鳳樓、五鳳硯樓、華光室	Z2518		3—113	
	程源銓	1888—1943	字齡孫，又名霖生	安徽歙縣	石濤堂	Z2226		3—101	
Chu	褚德彝	1871—1942	原名德儀，字守隅，號禮堂、裏堂、漢威、籀遺，鄭堂、松窗、舟枕山人、松窗遺人	浙江餘杭	食古堂、君子長生館、千甎窠、紅崖碑室、鄭樓、籀窟、角茶軒、竹尊窟、藥夯亭	Z1549 Z2296 Z1186 Z1200 Z2047 Z1209 Z1296 Z2135 Z2021 Z1297 Z2405 21A415 Z2413 Z1607 Z1156 Z2147 Z2414 Z1381 Z1380 Z1179 Z2003 Z1548 Z1387 Z2121 Z1294 Z1224 Z1001 Z2297 Z2034		1—85 1—101 1—131 1—147 1—176 1—181 1—207 2—33 2—37 2—99 2—159 2—169 2—183 2—187 2—191 2—193 2—203 2—209 2—211 3—17 3—33 3—51 3—111 3—121 3—159 3—179 3—199 3—211	
D									
Dai	戴熙	1801—1860	字醇士，號榆庵、松屏、鹿床、莼溪、孟辛、井東居士	浙江錢塘	味經閣、賜硯齋、敬修堂、習苦齋、春夢盦、吉祥止止室	Z1097		1—75	
	戴雨恩		蔚青	浙江雲阿		Z1209		1—177	
Ding	丁輔之	1879—1849	原名仁友，後改名仁，字輔之，號鶴廬、守寒巢主，後以字行	浙江杭州	鶴廬	Z1141		3—169	
Duan	端方	1861—1911	托忒克氏，字午橋、午樵、悟梔，號匋齋、涇陽陶父、樂道主人	滿州正白旗	匋齋、寶華庵、歸來庵	Z1199 Z2213 Z1309		2—177 3—163 3—181	
F									
Fan	方濬頤	1815—1888	字子箴，號夢園、忍齋	安徽定遠	二知軒、忍齋、古香四、待月簃、題襟館、寶米齋、碧玲瓏館、夢園	Z1121		1—121	
Fei	費久大	1859—1919	字鐵臣，又字惕臣，號當仁、玉虹詞隱、玉虹老人	江蘇武進	玉虹樓	Z1699		3—151	
	費以耕	（？—1870）	字餘伯	浙江烏程		S1894		3—244	
	費念慈	1855—1905	字屺懷，號西蠡、歸牧散人、藝風老人	江蘇武進	歸牧盦、楚齋	Z2302		2—91	
Feng	馮汝玠	1875—1940	字志青	浙江桐鄉	環齋壐	Z2388		2—221	
G									
Gao	高均儒	1812—1869	字伯平，私諡孝靖先生	浙江秀水	可亭、績東軒、鄭齋	Z1190		2—227	
	高時數	1886—1976	字繹求，又字弋蚓，號絡園	浙江杭縣	二十三翠齋、餘樂軒	Z1422 Z1227		1—105 2—71	
	高時顯	1878—1952	字欣木，號野侯、可庵	浙江杭縣	五百本畫梅精舍、梅王閣、方寸鐵齋、樂只室	Z1440 Z1367		3—63 3—197	
	高時豐	1876—1960	字魚占，號存道居士、苐亭	浙江杭縣	明勤齋、萬秋樓、淮圍	Z1141 Z2219		3—169 3—165	
	高其遜	民國己卯（1939）題		浙江杭縣		Z2219		3—165	
Gui	桂馥	1736—1805	字未谷，一字冬卉，號雩門、老苔、瀆井復民、冬柿、蕭然外史、晚學居士	山東曲阜	品竹齋、歸耕齋、十二篆師精合	Z1097		1—75	
H									
He	何紹基	1799—1873	字子貞，號東洲、東洲居士、闅黔粵蜀使者，晚號蝯叟	湖南道州	惜道味齋、東洲草堂、鶴鳴軒、浣花樓、峨眉瓦屋、環秀亭	Z1097		1—75	
Hu	胡唐	1759—1826	又名長庚，字子西，號西甫、西父、城東老人、木雁居士	安徽歙縣	木雁齋	Z1097		1—75	
	胡澍	1825—1872	字荄甫，又字甘伯，号石生、甘石、丹伯	安徽績溪	長守閣	Z2408 Z2055 Z2407		2—43 2—113 3—217	

280

拼音	題跋者	生卒年／題跋時間	字號	籍貫	齋號	館藏號	頁碼
Huang	黃士陵	1849—1909	字牧甫、穆甫、穆父，號黟山人、牧父、倦叟、黟山病叟、倦遊窠主	安徽黟縣	倦遊窠	Z1122	3—49
	黃山壽	1855—1919	原名曜，字旭初、晶初，號麗生、旭道人、旭遲老人	江蘇武進	伯晶齋	Z2285	1—57
	黃紹箕	1854—1908	字仲弢，一字穆琴，號鮮庵、漫庵、路齏	浙江瑞安	蓁綏閣、鮮庵	Z2364	2—81
	黃彭年	1824—1890	字子壽，號陶樓、更生、琴隝先生	貴州貴築	陶廬、學古堂、古石軒、萬卷樓、六幢亭、小酉山房	Z2302	2—91
	黃葆戉	1880—1969	字藹農，號青山老農、鄰谷先生，小名破缽	福建長樂	暖日廬、蔗香館	Z1409	3—225
	黃賓虹	1865—1955	初名懋質，後改名質，字樸存，號賓虹、賓鴻，別署冰鴻、賓公、予向、虹叟、黃山山中人	安徽歙縣	賓虹草堂、佩訓堂、片石居、青照臺、冰上鴻飛館、寶笱樓、穭廬	Z1157	1—185
	黃錫禧	光緒五年（1879）	字子鴻，號鴻道人、涵青閣主、勺圃	江蘇甘泉	棲雲山館	Z1121	1—121
J							
Jiang	江德量	1752—1793	字成嘉，號量殊、秋史	江蘇儀征	蟬藻閣、心太平庵	Z1097	1—75
	蔣菜	（1905—？）	字鴻文，號菜齋	浙江鎮海	菜齋	Z1221	3—207
	蔣黻	1866—1911	字伯斧，號斧公	江蘇吳縣	已學庵	Z1293 Z1296 Z1294 Z1295	2—9 2—33 3—159 3—187
	蔣寶齡	1718—1841	字子延，有筠，號霞竹、琴東、琴東逸史	江蘇昭文	琴東野屋、霜葉簃、小紅雪樓	Z2333	1—97
Jin	金邠	同治光緒間題跋	字嘉采，號葉庵、邠居	江蘇長洲	葉庵	Z1638	1—49
	金紹城	1878—1926	字鞏伯，一字拱北，號北樓，又號藕湖	浙江吳興	北樓	Z1367	3—196
L							
Li	李國森	1911—1972	字蔭軒	安徽合肥	選青艸堂	Z2517 Z1546 Z1023 Z1024 Z2039 Z1002 Z1490 Z2118 Z1562 Z1561 Z1532 Z1547 Z1072 Z2470 Z2273 Z1144	1—113 2—85 2—105 2—129 2—143 2—249 3—5 3—7 3—22 3—23 3—25 3—27 3—35 3—41 3—53 3—89
	李瑞清	1867—1920	字仲麟，號梅庵、梅癡、阿梅、清道人、玉梅花盦道士	江西臨川	黃龍硯齋、梅花庵	Z1293 Z1296 Z1297 Z1294 Z1295	2—9 2—33 2—37 3—159 3—187
	李葆恂	1859—1915	原名恂，字寶卿，號文石、叔默、戒庵、猛庵、紅螺山人、熙怡叟，辛亥革命(1911)後改名理，字寒石，號鳧翁，又稱孤笑老人	奉天義州	三邕翠墨簃、紅螺山館、無益有益齋、舊學庵	Z1309 Z2407	3—181 3—217
	李翰華	光緒五年（1879）	字佑卿，號梅仙	廣西永福		Z1121	1—121
	李聯騎	道光二十一年(1841)題		貴州銅仁		Z1577	3—234
Liang	梁晶芬	1859—1919	字星海，一字心海，又字伯烈，號節庵、葵霜、鮮民、藏山、藏叟	廣東番禺	節庵	Z1289	3—203
Lin	林葆恒	（1872—？）	字子有，號訒庵	福建閩侯		Z1208	3—147
Ling	凌霞	1820—1890	一名瑕，字子興，號病鶴、樂石野叟、塵道、癖琴居士	浙江歸安	天隱堂、天曙堂、癖好堂、觀自得齋、千覽亭、梅花草庵、續語堂、二金梅室、三高遺墨樓	Z1121	1—121
Liu	劉鶚	1857—1909	原名孟鵬，字雲摶、公約，後更名鶚，號鐵雲、老殘、洪都百煉生、如來最小弟子、蝶翁	江蘇丹徒	抱殘守缺齋、芬陀利室、十一弦館	Z1335	2—165
	劉世珩	1874—1926	字聚卿、蔥石，號楛庵、聚卿、楚園、靈田耕者、枕雷道士	安徽貴池	聚學軒、暖紅室、玉海堂、賜書台、宜春堂、鳳夢樓、一琴一硯齋、雙忽雷閣、十五幢亭、四鐙精舍、鐵如意齋、唐石簃、宜春堂	Z1296 Z1295	2—33 3—187
	劉亮章		劉銘傳後人	安徽合肥		Z2280	3—173
	劉恭冕	1824—1883	字叔俛，號勉齋，劉寶楠之子	江蘇寶應	廣經室	Z2408 Z2407	2—43 3—217
	劉培芬	同治戊辰（1868）題	字子江	江蘇武進	秋雲鶴夢居、説約齋	Z1699	3—151
	劉體智	1879—1962	字惠之、晦之，號善齋	安徽廬江	善齋、小校經閣、遠碧樓	Z1607 Z1064	2—169 2—173
	陸恢	1851—1920	字廉夫，號狷叟，一字狷盦，號井南舊客、話雨樓主、醜奴盦主、破佛盦主	江蘇吳江	冷香居、破佛盦、醜奴盦、容膝軒、話雨樓	Z2408 Z2407	2—43 3—217
Lu	陸增祥	1816—1882	字魁仲，號星農、莘農、莘莘	江蘇太倉	八瓊室、百磚硯齋、紅鱗魚室	Z1121 S1903	1—121 1—179
	陸繼輅	1772—1836	字祁孫，一作祁生，號修平，又商、季木、商對，號百葯	江蘇陽湖	崇百葯齋、龍蛇影外風雨聲中之軒	Z1309	3—181

拼音	題跋者	生卒年／題跋時間	字號	籍貫	齋號	館藏號	頁碼
Luo	羅振玉	1866—1940	字叔蘊、叔言、號雪堂、松翁、雪翁、貞松老人、仇亭老民、永豐鄉人、東海愚民	浙江上虞	大雲書庫、貞松堂、殷禮在斯堂、宸翰堂、四時嘉至軒、赫連泉館、唐風樓、楚雨樓、魯詩堂、百爵齋	Z1498 Z1293 Z2161 Z1296 Z1025 Z1028 Z1637 Z1491 Z1294 Z1295 Z2514 Z1324	1—151 2—9 2—31 2—33 2—47 2—185 2—207 3—37 3—159 3—187 3—195 3—221
Lv	呂懋恩	1874—？	字仲綸			Z2219	3—165
M							
Mei	梅鶴孫	1894—1964	名鉽，號鶴孫	江蘇江都	晚晴草堂	Z2435	3—175
Miao	繆星通	同治二年（1863）題	字釋由	安徽阜陽	志齋	Z1190	2—227
P							
Pan	潘祖蔭	1830—1890	字在鐘，小字鳳笙，號伯寅、少棠、東鏞、鄭盦	江蘇吳縣	鄭庵、滂喜齋、春雨齋、鄭庵、漢學居、攀古樓、二十鐘山房、八求精舍	Z1282 Z2407	3—213 3—217
	潘飛聲	1858—1934	字蘭史，號劍士、心蘭、老蘭、老劍、劍道人、說劍詞人、羅浮道士、獨立山人	廣東番禺	翦淞閣、水晶庵、崇蘭精舍、禪定室	Z1312 Z1157	1—17 1—185
Pang	龐國鈞	1884—1968	字蘭裳，號鶴緣、鶴園、葹闇、夢鶴詞人	江蘇吳江	鶴園、葹闇	Z1141	3—169
Pu	蒲華	1832—1911	原名成，字作英，號胥山野史，種竹道人	浙江嘉興	九琴十硯齋、九琴十研樓、芙蓉庵、夫蓉盦、劍膽琴心室	Z2015 Z1155	1—73 2—239
Q							
Qi	祁寯藻	1793—1866	字叔穎，一字淳甫，避諱改實甫，號春圃、息翁	山西壽陽	勤學齋、雙橋精舍、觀齋、涵碧軒	Z1309	3—181
R							
Ruan	阮元	1764—1849	字伯元，號芸台、雷塘庵主、頤性老人	江蘇儀徵	文選樓、琅環仙館、積古齋、掌經室、唐宋舊經樓、節性齋、石墨書樓、泰華雙碑之館、南萬柳堂、澹寧精舍	Z2432	1—189
	阮恩高	1831—1890	字景芬，又字沂農	江蘇儀徵		Z1121	1—121
S							
Shen	沈壬昌	同治五年（1866）題	字尃陀，號尃山	順天大興		Z2219	3—165
Sheng	盛昱	1850—1899	字伯熙、伯兮、伯義、伯希，號韻蒔、伯蘊	滿州鑲白旗人	鬱華閣、意園、觀齋	Z2364	2—81
Shi	史謙	光緒三十年（1904）題	號喻盦、欒林山民	江蘇溧陽	喻盦	Z2213	3—163
	史久紹	民國二十七年（1938）題		江蘇溧陽		Z2219	3—165
	史致謨	同治八年（1869）題	字彰聖，號幹輔	江蘇陽湖	雲深處	Z2408 Z2407	2—43 3—217
	史邦孫	光緒三十有二年（1906）題	字雲邁，號耦廬	河北宛平	耦廬	Z1699	3—151
Sun	孫星衍	1753—1818	字淵如，苑如、號伯淵、別署芳茂山人、薇隱、東方廉使、東魯觀察使者，	江蘇陽湖	一榭園、五硯堂、問字館、嘉穀堂、平津館、五松閣、岱南閣、廉石居、澄清堂、雨粟樓	Z1097	1—75
T							
Tao	陶湘	1871—1940	字蘭泉，號涉園	江蘇武進	百川書屋、喜詠軒	Z1025	2—47
Tong	童大年	1874—1955	原名暠，字醒盦，又字心安、心龕，號性涵、松君五子、金鼇十二峰松下第五童子	上海崇明	安居、依古廬、	Z2421 Z1143 Z2442 Z2151	1—163 2—163 3—13 3—59
W							
Wang	王禔	1880—1960	原名壽祺，更名禔，字維季，號福庵、屈瓠、持默老人、印奴、印傭、鋤石農、羅剎江民	浙江仁和	麋硯齋、春住樓	Z1608 Z5054 Z2135 Z2098 Z2279 Z1064 Z1440 Z1141 Z1001	1—27 1—69 1—207 2—69 2—125 2—173 3—63 3—169 3—199
	王仁俊	1866—1913	字捍鄭、幹臣、感菴，號籀鄦	江蘇吳縣	犐鄦簃、正學堂、存古學堂	Z1104 S1899 Z2408 Z2407	1—45 1—201 2—43 3—217
	王文燾	民國辛酉（1921）	字君覆，號竟庵、瑟庵、傲漁、埱庽、壽魯。王秉恩之子	四川華陽	寫古經室、福迎齋、時晴堂、雙銅鼓室、椿陰簃、靜庵、靜龕、瑟庵	Z2375 Z2181 Z2144 Z1528 Z1054 Z1154 Z2399 Z1575 Z1619 Z1576 Z2236 Z1122 Z1566	1—5 1—21 1—23 1—35 1—63 1—116 1—195 2—77 2—109 2—119 3—45 3—49 3—61
	王國維	1877—1927	字靜安、伯隅，號觀禮、觀堂、永觀、禮堂	浙江海寧	觀堂、靜庵、禮堂、永觀堂	Z1498 Z1068 Z2412 Z1068 Z1491 Z1070 Z1071	1—151 1—155 2—217 3—19 3—37 3—83 3—91

拼音	題跋者	生卒年／題跋時間	字號	籍貫	齋號	館藏號		頁碼	
Wang	王蘊章	1884—1942	字莼農、菀農，號西神、窈九生、紅鵠生、二泉亭長	江蘇無錫	一花一蝶亭、千二百輕鸞室、雲外朱樓、玉晚香籍、秋雲平室、特健藥齋、梅魂菊影室、雪蕉吟館、簹冷軒	Z1437 Z1237		1–205 2–25	
	王懿榮	1845—1900	字廉生、蓮生、濂生	山東福山	正讀亭、天壤閣、翠墨圖、明監齋、求闕文齋、古硯村人、養潛居士	Z1175 Z2364 Z1509 Z1175 Z1177		1–143 2–81 2–157 3–47 3–87	
	汪鋆	（1816—？）	字硯山，亦作研山	江蘇儀徵	十二硯齋、春草堂	Z1121		1–121	
	汪思敬	道光二十三年(1843)	字式欽，號儼齋	浙江海鹽人	汲古齋、擷芳館、冰霞閣、積古齋	Z1089		1–10	
	汪根蘭	1821—1879	字稚松	江蘇盱眙		Z2286		1–47	
	汪厚昌	1872—1943	字吉門，號了翁	浙江仁和	後飛鴻堂	Z1098 Z1334		1–125 1–171	
Weng	翁綬琪	光緒壬寅（1902）	字印若	江蘇吳江		Z2278		2–135	
	吳俊	同治七年（1868）題	字弈千、號蟲涛、賞繡居士	江蘇吳縣	榮性堂、竹圃	Z2408 Z2407		2–43 3–217	
	吳涵	1876—1927	字子茹，號藏龕，別署藏戡	浙江安吉	藏龕	Z1224 Z1106		3–121 3–191	
	吳雲	1811—1883	字少甫，號平齋、退樓、愉庭	浙江歸安	二百蘭亭齋、兩罍軒、抱罍軒、盤亭、聽楓山館	Z2279 Z2262 Z1087 Z2156 Z2229 Z1282 Z1545		2–125 2–199 3–93 3–125 3–127 3–213 3–239	
	吳徵	1878—1949	字待秋，號抱鋗居士、春暉外史、鷺鷥灣人、袛蒼亭長、老鋗	浙江崇德		Z1141		3–169	
	吳樸	1922—1966	字樸堂，號厚庵	浙江杭州	樸堂	Z1608		1–27	
	吳隱	1867—1922	原名金培，字石泉、石潛，號遯盦、潛泉、隨庵	浙江山陰	纂籍籍、松竹堂、三餘堂	Z1098		1–125	
	吳士鑑	1868—1934	字絅思，號炯齋、公檠、含英、含嘉、式溪居士、九鐘老人	浙江錢塘	炯齋、九鐘精舍、含嘉室、飛虹戴鷟之閒窩廬	Z1025 Z1224		2–47 3–121	
Wu	吳大澂	1835—1902	字清卿，號恒軒、愙齋、籀齋、二田居士、白雲山樵	江蘇吳縣	愙齋、師籀堂、瑞芝堂、攀古樓、止敬堂、十二金符齋、三百古鉢齋、二十八將軍印齋、龍節虎符館、梅竹雙清館、十銅鼓齋、瑤琴仙館、漢石經室、兩秦鼎室、百宋陶齋	Z1460 Z2302 Z2055 Z1282 Z2358 Z1012		1–43 2–81 2–113 3–213 3–117 3–247	
	吳廷康	1799—1887？	字元生，號康甫，又號贊甫，一作贊府，別號晉齋，晚號茹芝生，	安徽桐城	閒禮盦、慕陶軒、養性軒	Z2153 Z1194 Z1190		1–173 2–5 2–227	
	吳昌碩	1844—1924	初名俊，又名俊卿，字昌碩，號倉石、蒼石、倉碩、老蒼、老缶、苦鐵、大聾、石尊者、無須老人、破荷亭長	浙江安吉	缶盧、削觚廬、蕪園、破荷亭、石人子室、去駐隨緣室、禪甓軒、鐵函山館	Z1608 Z1504 Z1549 Z1200 Z1503 Z1157 Z2049 Z2266 Z2292 Z1297 Z2408 Z1505 Z1502 Z1548 Z2224 Z1224 Z1106 Z2407		1–27 1–61 1–101 1–131 1–169 1–185 1–209 2–13 2–15 2–37 2–43 2–189 2–233 3–17 3–81 3–121 3–191 3–217	
	吳湖帆	1894—1968	初名翼燕，字遹駿，後更名萬，又名倩	江蘇蘇州	醜籍、梅景書屋、四歐堂	Z1449		1–37	
	吳讓之	1799—1870	原名廷揚，字熙載，後以字行，改字讓之、攘之，號讓翁、晚學居士、方竹丈人	江蘇儀征	師慎軒、匏瓜室	Z2407		3–217	
X									
Xie	謝宇澄	道光七年（1827）題	字石雲	浙江嘉善	傳雅堂、七略齋	Z2335		3–189	
	許槤	1787—1862	初名映漣，字叔夏，號珊林、樂恬散人	浙江海寧	紅竹草堂、古韻閣、行吾素齋	Z1006		1–7	
	許瀚	1797—1866	字印林	山東日照	陶嘉書屋、攀古小廬	Z1577		3–234	
	許廷暄	同治十三年（1874）	字煦堂	滿洲		Z2055		2–113	
Xu	徐同柏	1775—1854	初名大椿，字壽藏，號籀莊、春甫	浙江嘉興	從古堂、敦和堂、藉書窠、溪南老屋、吉石羊金樓、松雪風竹梅月廬	Z1432		1–53	
	徐定生	同治九年（1870）	禮堂			Z1298		1–59	
	徐宗幹	1796—1866	字伯楨，又字樹人	江蘇通州	斯未信齋	Z1577		3–234	
	徐星鈐	同治三年（1864）	字暉垣，號郿生	江蘇常州		Z1699		3–151	
	徐增祥	（1871—？）	字堯卿	江蘇常州	寶盤軒	Z1208		3–147	
Y									
	楊峴	1819—1896	字季仇，一字見山，號庸齋、菀叟、菀翁、遲鴻殘叟	浙江歸安	庸齋、遲鴻軒、將開送老之堂、遲鴻軒	Z1460		1–43	
Yang	楊鐸	1810—1880	又名楊奕鐸，字石卿，號石道人	河南商城	函青閣、度心香室、三十樹梅花書屋	Z2286		1–47	
	楊沂孫	1813—1881	字子輿，號詠春、泳春、濠叟、觀濠居士	江蘇常熟		Z2408 Z2407		2–43 3–217	
	楊炳春	道光二十二年(1842)題	原名庚，字子慎，號漱芸	江蘇吳縣		Z1577		3–234	

排音	題跋者	生卒年 / 題跋時間	字號	籍貫	齋號	館藏號		頁碼	
Yang	楊鍾羲	1865—1940	姓尼堪氏，原名鍾慶，戊戌政變後改爲鍾羲，冠姓楊，字子勤，號留垞、雪橋、雪樵、聖遺留垞、止廎等	漢軍正黃旗	僵山簃、研左盒	S1899		1—201	
Yao	姚正鏞	（1811—？）	字仲海、仲聲，號柳衫、渤海外史	遼寧蓋平	吾意盒、種松堂	Z1121		1—121	
	姚廣平	道光咸豐年間題	紫垣	浙江吳興	漢鼎室	21A415		2—40	
Ye	葉志詵	1779—1863	字東卿、廷芳，晚號遂翁	湖北漢陽	平安館、怡怡草堂、師竹齋、簡學齋	S0270		1—41	
Yi	伊立勳	1857—1940	號峻齋、石琴，別署石琴老人、石琴館主	福建寧化	石琴吟館	Z2411		1—83	
	易大庵	1874—1941	字季馥，號大庵、大厂、魏齋、韋齋	廣東鶴山	魏齋、韋齋	Z1219		3—205	
	易培基	1880—1937	字寅村，號鹿山	湖南長沙		Z2166		3—230	
Yuan	袁克定	1878—1955	字雲臺、蕓臺，號蜷盦、慧能居士	河南項城	蜷盦	Z1313		2—107	
Z									
Zhang	張之綱	1867—1939	字文伯，號君輔，晚號謝村老民	浙江永嘉	絜亭	Z1332 Z1440 Z1141		2—65 3—63 3—169	
	張丙炎	1826—1905	字午橋，號藥農、榕園	江蘇儀徵	賜綺樓、冰甌館	Z1121 Z1108		1—121 3—131	
	張研雲					Z2014		3—229	
	張開福	（1763—？）	字質民，號石瓟，晚號太華歸雲叟	浙江海鹽		Z1432		1—53	
	張廷濟	1768—1848	字未未、叔未，號順安、竹田、眉壽老人、亭橋墓祠守者、海岳庵門下弟子	浙江嘉興	清儀閣、學壽齋、三硯齋、眉壽堂、桂馨堂、稻香樓、八瓶精舍、學老學齋、蘭心閣、竹田深處	Z2256		3—9	
	張祖翼	1849—1917	字狄先，號磊盦、坐觀老人	安徽桐城	磊庵、濠廬、頡頑樓、那羅延室、邍廬	Z1081		3—177	
	張鳴珂	1829—1908	原名國檢，字公束，號玉珊、玉山、寒松老人、窳翁	浙江嘉興	寒松閣、秋風紅豆樓、課吏館	Z2285 Z2047		1—57 1—181	
	張增熙	1875—1922	又名張熙，字弁群，號查客、楂客	浙江南潯	安心室	Z1549 Z1422 Z1548		1—101 1—105 3—17	
	張蔭桓	1837—1900	字樵野，號皓罃、紅棉老人、紅棉館主	廣東南海	百石齋、百石山房、鐵畫樓	Z2408 Z2407		2—43 3—215	
Zhao	趙魏	嘉慶十年（1805）題	初名祖仁，號毅庵、魏子	浙江杭縣	毅庵、夢悔樓	Z2335		3—189	
	趙佑宸	（1827—？）	原名有淳，字粹甫，號蕊史	浙江鄞縣	詒穀堂、平安如意室	Z2450		1—193	
	趙烈文	1832—1894	字惠甫，號能靜居士	江蘇陽湖	能靜居、天放樓、見微書屋、香風有鄰室、鷗邊吟榭、櫻桃傳舍、落花春雨巢、黛語樓	Z2302 Z1004		2—91 3—106	
	趙時棡	1874—1945	字叔孺，號紉萇	浙江鄞縣	二弩精舍、僕累廬	Z1438 Z1422 Z2383 Z1558 Z1378 Z1379 Z2382 Z1440 Z1208 Z1315		1—67 1—105 1—129 2—131 2—243 2—245 3—11 3—63 3—147 3—193	
Zheng	鄭榮	民國二十五年（1936）題	字朴孫，一字朴生	湖南長沙		Z1205		3—145	
Zhou	周星詒	（1833—1904）	字季貺，號窳櫶、窳翁、癸巳人、詒安山人	浙江山陰	書鈔閣、懷陵堂、古玉佛堪	Z1699		3—151	
	周慶雲	1866—1934	字景星，一字逢吉，號湘舲，別號夢坡	浙江烏程	息園、夢坡室、晨風廬、怡園、梅花仙館、五松琴館、友石亭、清遠樓、華萼樓	Z1157 Z1004		1—185 3—106	
Zhu	朱祖謀	1857—1931	原名朱孝臧，字藿生，又字古微，號漚尹、漚道人、彊村，上彊山民	浙江歸安	思悲閣、無箸庵	Z2292 Z1297		2—15 2—37	
	朱書麟	道光八年（1828）題	字詩舲，一字尼瑞，號骨母山人、大悲庵主	江蘇吳縣	大悲庵	Z1309		3—181	
	朱善旂	1800—1855	字大章，號建卿	浙江平湖	敬吾心室	Z2109		1—13	
	朱積誠	1890—1982	原名聲樹，字誠齋，號絜閣、聽竹居士	上海奉賢		Z1227		2—71	
Zhuang	莊心吉	1831—1878	字賡熙，號怡蘇、省吉	江蘇陽湖		Z2213		3—163	
Zou	鄒安	1864—1940	字壽祺，一字景叔，號適廬	浙江海寧	雙玉鈴齋、適廬、廣倉朋壽堂、攀古樓、雙玉璽齋、雨敦蓋窨	Z1498 Z1186 Z1498 Z1493 Z2278 Z1488 Z2143 Z2141 Z1491 Z1440 Z2051		1—141 1—147 1—151 2—121 2—135 2—139 2—231 2—237 3—37 3—63 3—75	
Zuo	左權	清末民初	字詩舲	江蘇武進	春星帶草堂	Z1450 Z1440 Z1208 Z1141		1—15 3—63 3—147 3—169	
	左孝同	1857—1924	字子異，一作子禩，號逸叟、遯庵、遯齋	湖南湘陰	遯庵、遯齋	Z2431		2—29	

後記

　　本書文稿是筆者在上海圖書館碑帖拓片整理中所見所記，時間跨度前後歷經十餘年。

　　自 1995 年開始，在筆者整理館藏碑帖拓片之初時，并不知道這份工作會持續數十年，也不知道其中會蘊藏多少寶藏，當時的筆者，就像一名挖煤的礦工，祇知道有 600 平米堆積如山的碑帖拓片，一切多是邊學邊幹。先整理碑帖裱本，再整理碑帖拓片，最後整理碑帖卷軸，當時的出發點是，考慮到碑帖裱本大多有題簽、題跋便於整理編目，整理完裱本，絕大多數的碑帖也就"一見如故"，開始整理拓片時就感覺遊刃有餘，這看似一條"捷徑"，其實，讓筆者深陷誤區，至今後悔不已。因為，碑帖藏品最精華的部分，多集中在裱本裏，拓片基本多是普品。就在筆者對碑帖知之甚少時，首先經手整理了藏品中的精品，做了一回徹徹底底的"豬八戒吃人參果"，還沒品出滋味，就匆匆過手了。回想筆者對碑帖動了真感情的時候，卻是在整理那些"棄之可惜，食之無味"的拓片上，心中卻時時掛念着那些匆匆過眼的碑帖裱本。2010 年，當館藏 20 餘萬件的碑帖拓片整理完畢後，緊接着開啟了卷軸整理階段，此時的筆者吸取了此前的教訓，決定細嚼慢咽了，蒼天不負有心人，碑帖拓片卷軸中的確藏寶，善本迭出，驚喜不斷。但是，很快就遇到另一個棘手的問題。

　　在整理卷軸時，遇見的藏品，除了碑帖外，還有大量金文和鐘鼎全形拓，當時的筆者，遇見金文就像看到外語、"天書"一般，無法辨識，難以編目，叫苦不迭，曾經一度想到放棄，但是，當看到上海圖書館有如此多的金文拓片時，筆者覺得沒有退路，漸漸覺得這是一個更大的寶藏，入寶山豈能空手而回，一咬牙、一跺腳，就這樣硬着頭皮從零開始。

　　當時很多老師朋友都勸筆者在碑帖版本學研究後，可以開展碑帖文獻學方面的研究，攀登學術新高地。但是，筆者考慮再三後，決定還是開展金文拓片的整理與研究工作，其理由主要有三：其一，塵封數十年的金文拓片，已經我手，一旦放棄，不知還要耽擱多少年，內心深處着實對不起這批已經露頭的珍貴藏品；其二，上海圖書館有如此豐富的"金石"藏品，筆者僅僅經手碑帖，放棄金文，豈不是半途而廢，遂生"金石雙楫"的憧憬；其三，考慮到做學問和搞研究，要"因地制宜"，這就好比"吃螃蟹"，在館藏資源如此豐富的情況下，當你有着吃不完的"大閘蟹"時，一定不會去啃"蟹腳"，繼續開展金文整理與研究就是專挑"蟹黃"

吃，其它一切研究選題都成為"蟹腳"，應該毫無理由地暫緩與讓路。

如此這般，筆者就新手上路了，嘗遍了其中的辛酸苦辣，歷經了艱難險阻，總算完成了對上海圖書館金文與鐘鼎彝器全形拓的初步編目工作。於筆者而言，對商周史、古文字學水平提高有限，但對金文拓本的認知卻上了一個大台階，雖然無法夢回三千年前"青銅時代"，但也算"親歷"一趟清代的"金石歲月"，對乾嘉以來的金石收藏文化有了刻骨銘心的感悟，此書的編纂，就好比是武陵漁人自桃源歸來，豈能不與大家說道說道，讚歎一下仙境的奇花異草。

但真要下筆撰寫，卻不知從何說起。首先遇到的問題是，"自己的知識太有限，館藏的金文太豐富"的矛盾。考慮再三，要解決這一矛盾，最好的辦法就是，不以個人意志瞎發揮，如實記錄所見所聞，還歷史上吉金收藏與研究的本來面目，這就好比是拿着長篇"電視劇"的劇本，去拍攝一部短篇"紀録片"，留更多的想像空間給讀者去追尋。

一部好的"紀録片"一定是用最少的鏡頭去撲捉最動人的"故事"，當然還要考慮敘事的完整，最終希望呈獻的是，過去一二百年來金文拓片鑒藏的本來面目。雖然"劇本"豐滿，"明星"雲集，但是此書不能是資料的堆積，不能是圖片的排列，而是要還原這一過往的、宏大的金石復興的歷史場面，勾勒出當時金石"朋友圈"的人文活動軌跡，複現古人賞玩金文拓片的"音容笑貌"，意在表現古人的慧眼獨到與用心良苦。

本書的編纂過程中，得到了身邊眾多金石好友的鼓勵和幫助，正是無數金文拓片愛好者如癡如醉地傳拓、收藏與研究，給筆者帶來無盡的前進動力，促使筆者要努力為他們編纂一部最好的金文拓片鑒藏書籍。這一願景的實現，必須感謝上海圖書館周德明副館長、黃顯功主任，是他們給筆者整理研究的自由、利用資料的自由和出版發表的自由，領導們一直鼓勵筆者，說我的研究課題的對象，不是館藏現成的善本，每一件都是從塵封數十年的紙堆中親手淘選出來的，這是對館藏資源最好的豐富和揭示。因此，本书列入上海图书馆学科带头人学术成果出版资助项目。在此，筆者要感謝領導的睿智與開明，感恩筆者身處的時代與環境。其次，還要感謝安徽亳州汪海先生，他為本書配置了彝器實物照片，核實了不少器物的最終收藏地點。當然，最該感謝的還是文物出版社，在繼《紙上金石》之後，為弘揚金石文化，再一次促成《紙上吉金》的最終問世。希望此書能成為對過往金石家的最好紀念，留下那個輝煌"金石歲月"的最美記憶。

2020 年 6 月，仲威寫於上海圖書館碑帖研究室